Thierry Karsenti et Lorraine Savoie-Zajc

La recherche en éducation : étapes et approches

3e édition

Éditions du
CRP

UNIVERSITÉ DE
SHERBROOKE

Faculté d'éducation

Troisième édition revue et corrigée
du livre *Introduction à la recherche en éducation.*

ISBN : 978-2-89474055-2

© Éditions du CRP, Faculté d'éducation
Université de Sherbrooke
2500, boul. de l'Université
Sherbrooke (Québec) J1K 2R1
Téléphone : (819) 821-8001
Télécopieur : (819) 821-7680
Courriel : Editions.Crp@USherbrooke.ca

Dépôt légal : 3ᵉ trimestre 2004

Imprimé au Canada

Bibliothèque nationale du Québec, Montréal
Bibliothèque nationale du Canada, Ottawa

Table des matières

Préface

Université de Montréal

Étudiant, j'avoue ne pas avoir été particulièrement friand des manuels de méthodologie de la recherche. Ils m'apparaissaient trop souvent comme des condensés
de règles abstraites soutenues par un discours très général sur la science (au
singulier); ces règles étaient souvent détachées des questions qui passionnaient
les étudiants et les chercheurs et des contextes sociaux qui leur conféraient leur
pertinence. En un sens, la méthodologie me semblait alors un passage obligé,
mais guère attrayant, et un ensemble de contraintes incontournables, conférant
à celui qui les respectait, la légitimité et l'aura de la science. Sauf exception,
la méthodologie (elle aussi au singulier) n'était pas présentée comme un réser-
voir de solutions pratiques élaborées par ce qu'aujourd'hui nous appellerions
volontiers une «communauté de pratique» scientifique, soucieuse de raffermir
et de raffiner l'art qui est le sien, c'est-à-dire l'art de questionner et de cheminer vers une ou des réponses. En ce sens, et malgré son caractère construit, un
bon rapport de recherche, donnant à voir le cheminement de la pensée du chercheur et de son équipe, les problèmes confrontés et les solutions trouvées, m'a
toujours intéressé et su soutenir mon attention de lecteur. Car on peut y déceler
la créativité du chercheur et le caractère artisanal du métier de chercheur.

Devenu professeur et chargé pendant un certain temps des cours de méthodologie générale de recherche en éducation, j'ai eu beaucoup de mal à trouver un
manuel qui soit approprié au champ pluridisciplinaire et professionnel de l'éducation et adapté à des étudiants qui, pour la plupart, ne se destinaient pas à une
carrière de chercheur, mais qui néanmoins se demandaient légitimement ce que
la recherche pouvait apporter à l'enseignement ou à la gestion d'une école. À
l'époque, le marché anglo-américain mettait en circulation un nombre considérable d'ouvrages généraux en méthodologie de recherche; ces manuels préten-
daient couvrir à peu près toutes les disciplines des sciences humaines et sociales,
mais répondaient invariablement une notion de scientificité fortement colorée
par le positivisme, la mesure quantitative et le schéma expérimental. J'ai dû alors
utiliser comme ouvrage de référence un manuel (traduit de l'anglo-américain)
conçu pour des étudiants en psychologie et j'ai tenté de combler par moi-même
la distance entre la psychologie et l'éducation, et entre la recherche conçue

comme application de règles et la recherche construite comme processus de résolution de problèmes.

J'aurais alors grandement apprécié l'ouvrage collectif de Thierry Karsenti et de Lorraine Savoie-Zajc, car il me semble répondre aux besoins précédemment notés : il se veut une introduction à la recherche en éducation, il est conçu pour des étudiants en formation professionnelle initiale à l'enseignement et il emprunte un point de vue nettement pluraliste en matière de méthodologie, insistant avec beaucoup d'à propos sur le nécessaire lien entre la construction de la problématique et du questionnement de recherche et le ou les types de méthodologies utilisées. En fait, dans ce livre, il n'y a pas, d'un côté, des questions et des problématiques théoriques et, de l'autre, des méthodes : il y a un processus intégré de recherche, justifiant ce que les auteurs appellent à juste titre une formation globale à la recherche. Tout l'ouvrage est d'ailleurs construit sur cette vision intégrée et plurielle de la recherche.

Les chapitres de l'ouvrage abordent l'ensemble des questions usuelles en méthodologie de la recherche, mais d'une manière résolument pragmatique, car les auteurs entendent proposer des éléments de réponse aux questions suivantes : Pourquoi entreprendre une recherche ? Comment en construire la problématique et le cadre théorique ? Sur quels paramètres fonder le choix de quelle méthode ? Tout en prenant en considération quelles implications éthiques ? Comment écrire la recherche et la diffuser auprès de quels publics ? Les auteurs traitent de ces différentes questions dans des chapitres relativement courts, manifestement écrits pour être lus et compris par des étudiants.

Le chapitre de Marta Anadón (premier chapitre) sur le développement historique de la recherche en éducation au Québec est, à ma connaissance, le seul texte existant sur cette question. Il constitue donc une introduction essentielle au domaine pour tout étudiant. Le lecteur souhaite alors qu'il donne lieu dans un avenir rapproché à des développements et à des approfondissements, voire à des analyses comparatives. Le deuxième chapitre, rédigé par Denis Harrison sur l'éthique de la recherche sociale, présente les préoccupations grandissantes en matière d'éthique ainsi que les notions et les principes fondamentaux : le respect de la dignité humaine, le respect du consentement libre et éclairé, le respect des personnes vulnérables, le respect de la vie privée et des renseignements personnels, le respect de la justice et de l'intégration, l'équilibre des avantages et des inconvénients de la participation à la recherche, la réduction des inconvénients et l'optimisation des avantages. Quelques exemples fort intéressants aptes à faire réfléchir les étudiants sur les enjeux éthiques de la recherche en éducation complètent ce chapitre, en partie inspiré du travail effectué par les trois conseils de recherche canadiens.

Certains chapitres sont plus pratiques que d'autres, tout en dépassant largement le plan des recettes : je pense notamment à celui de Gérard-Raymond Roy et de François Larose (dixième chapitre) sur la diffusion des résultats de recherche. Il est intéressant de constater que les concepteurs de l'ouvrage ont jugé important d'expliciter les savoirs, les règles et les consignes pertinentes pour ce type de démarches que trop souvent nous avons tendance à considérer, soit comme secondaire, soit comme évidente et ne nécessitant aucune formation particulière.

D'autres chapitres font résolument appel à la créativité du chercheur. Je pense plus particulièrement à celui d'Yvon Bouchard (troisième chapitre) sur la formulation de la problématique de recherche et à celui de Christiane Gohier (quatrième chapitre) sur le cadre théorique. Bouchard fait œuvre utile en tentant de clarifier pour les étudiants la notion de problématique, dont il retrace fort à propos la récente émergence dans le vocabulaire des chercheurs et des méthodologues et qu'il associe en partie au développement de la recherche qualitative/interprétative. Il aborde aussi l'élaboration de la problématique, ainsi que la formulation du problème et des objectifs de recherche. Il est particulièrement convaincant dans l'insistance sur le fait que la problématique est l'œuvre d'un chercheur singulier et que sa créativité doit être mise à contribution. Il souligne aussi le caractère itératif du travail de production d'une problématique, dont la formulation définitive est contemporaine de la rédaction du rapport final de la recherche. Bon nombre d'étudiants connaissent de grandes difficultés à cette étape de la recherche, l'exigence de la problématique leur apparaissant nébuleuse, voire insaisissable. À cet égard, le chapitre de Bouchard ne leur fournit pas de prêt-à-porter sécurisant, mais il leur présente un cadre à l'intérieur duquel ils peuvent tenter de relever le défi de cette étape cruciale de la recherche.

Tous les chapitres réfèrent à l'abondante documentation existante sur la méthodologie de la recherche dans les sciences humaines et sociales et dans les sciences de l'éducation. Notamment, dans les chapitres consacrés à diverses méthodologies – le sixième chapitre sur la recherche qualitative/interprétative (Lorraine Savoie-Zajc), le septième chapitre sur la recherche quantitative (Paul Boudreault), le huitième chapitre sur la recherche-action (André Dolbec et Jacques Clément) et le neuvième chapitre sur l'étude de cas (Thierry Karsenti) –, le lecteur trouve de bonnes synthèses de la recension des écrits. Il est ainsi à même de constater les convergences, les éléments qui font consensus au-delà parfois des différences de vocabulaire, et qui permettent à l'étudiant en formation de s'appuyer sur des paramètres solides en recherche. Il y a bel et bien un savoir de la recherche et de ses principales méthodologies – recherche-action – et l'ouvrage a le grand mérite de rendre ce savoir accessible.

Chaque chapitre comprend aussi des exemples pertinents et spécifiques au monde de l'éducation, des activités d'appropriation et une bibliographie commentée. L'ouvrage se termine sur un glossaire de termes fort utile et de nature à faciliter la compréhension de l'étudiant en formation initiale et de l'apprenti chercheur.

Les manuels sont souvent de bons témoins de l'évolution d'un champ d'étude. Même si ce livre prend en compte l'importante documentation méthodologique dans les sciences humaines et sociales, il témoigne à mon sens de l'émergence et de l'évolution des sciences de l'éducation vers une relative spécificité et une autonomie croissante comme champ de recherche. De cela, il faut se réjouir, tout en acceptant les exigences qui y sont associées. Celles-ci, ainsi que la conclusion de l'ouvrage nous le rappelle, portent sur le maillage de la connaissance et de l'action, de la rigueur et de la pertinence.

*Il est d'un ambitieux
et d'un cerveau présomptueux,
vain et envieux,
de vouloir persuader les autres
qu'il n'y a qu'une seule voie d'investigation
et d'accès à la connaissance de la nature.*

*Et c'est d'un insensé
et d'un homme sans discours
de se le donner à croire à soi-même.*

*Donc bien que la voie
la plus constante et ferme,
la plus contemplative et distincte,
le mode de réflexion le plus élevé,
se doivent toujours préférer
et le plus honorer et cultiver ;
néanmoins, il ne faut pas blâmer
telle autre manière,
qui n'est pas sans bons fruits,
quoique ces fruits ne soient pas
du même arbre.*

(*Cause, III*, Giordano Bruno, 1548-1600)

Introduction

Vers une formation globale à la recherche

Thierry Karsenti et Lorraine Savoie-Zajc
Université de Montréal et Université du Québec en Outaouais

Ce livre, une initiation générale et essentielle aux méthodes de recherche en éducation, a pour but d'amener étudiants-chercheurs et praticiens à mieux comprendre et à mieux analyser les différentes étapes et théories du processus de recherche en éducation.

Cet ouvrage est conçu pour des étudiants inscrits au baccalauréat, à la maîtrise ou encore au doctorat en éducation. Certains chapitres ou parties de chapitre dépassent largement le stade d'introduction et précisent judicieusement, de façon rigoureuse et novatrice, les méthodes actuelles de recherche.

◾━━Qu'est-ce que la recherche ?

Plusieurs étudiants ont du chercheur une conception erronée, celle de quelqu'un aux cheveux grisonnants et au dos recourbé qui, vêtu d'un tablier blanc et muni de petites lunettes, observe une expérience de chimie. Même s'il est bien ancré dans la société, ce stéréotype ne reflète évidemment pas l'ensemble des chercheurs, aussi bien ceux de sciences appliquées et de sciences, comme la chimie, que ceux de sciences humaines, comme l'éducation. En fait, souvent sans le savoir, tant les étudiants que les praticiens de l'éducation entreprennent de modestes recherches. Comme nous le verrons, ce qui distingue la recherche d'une «expérience pédagogique» ou d'un «essai-erreur» en salle de classe réside surtout dans la rigueur et la méthode ou la démarche avec laquelle une expérimentation est entreprise.

À l'instar de Van der Maren (1999), on peut affirmer qu'il n'y a pas de recherche s'il n'y a pas une question, une interrogation, un problème de départ pour lesquels la réponse n'est pas encore connue. Lenoir (1996), citant Beillerot (1991), rappelle le sens familier du mot recherche qui signifie «l'effort pour trouver un objet, une information ou une connaissance» (Lenoir, 1996, p. 207).

À cette définition de sens commun, il est possible de juxtaposer une définition à caractère plus scolaire: le processus de recherche en éducation est traditionnellement décrit comme une activité scientifique qui contribue à l'avancement des connaissances ou qui permet de résoudre un problème spécifique grâce à la collecte systématique de données, à leur analyse et à l'interprétation des résultats (McMillan et Wergin, 1998; Schwandt, 1996).

Selon Heron (1996), une telle définition de la recherche s'inscrit dans le courant positiviste et remonte même aux travaux d'Aristote. Ce dernier voyait le développement de l'intellect humain comme le but le plus élevé à atteindre; la finalité de production de connaissances de la recherche participe à une telle visée. Heron (1996) et Schwandt (1996) adoptent une position critique par rapport à l'énoncé d'une telle finalité. Ils proposent que la recherche en éducation, à cause de la dimension professionnelle et de la pratique particulière à laquelle elle s'intéresse, poursuive d'abord des buts d'amélioration de la pratique enseignante et que, en second plan, elle s'attarde à dégager les savoirs produits par une telle transformation. Ces savoirs ne sont pas généralisables, mais ils donnent sur des propositions d'application, éventuellement transférables à d'autres groupes qui partageraient une problématique et des questionnements similaires. La recherche est ainsi vue comme une pratique discursive; elle soutient le développement de savoirs; elle informe les êtres humains et oriente les décisions qui guident leur conduite personnelle et professionnelle; elle devrait soutenir la croissance personnelle (Reason, 1996). Ces finalités associées à la recherche, celle de produire de nouvelles connaissances et celle de transformer des pratiques, constituent, à divers degrés et selon les types de recherche, les points d'ancrage qui justifient les pratiques de recherche.

Pour qu'une démarche soit considérée une «recherche», trois conditions s'imposent: «une production de connaissances nouvelles (premier critère), une démarche d'investigation rigoureuse (deuxième critère), une communication des résultats (troisième critère)» (Lenoir, 1996, p. 207).

Au premier critère, nous ajoutons la dimension «transformation des pratiques», comme Heron et Schwandt l'ont fait valoir, car cet aspect caractérise certaines formes de recherche, dont la recherche-action.

Ainsi, parce que la recherche en éducation vise la production de nouvelles connaissances et, dans certains cas, des transformations de pratique (premier critère), elle repose toujours sur une épistémologie (1) [1], c'est-à-dire sur les

---

1   Le chiffre renvoie aux dimensions de la recherche présentées à la figure 1, page 16.

présupposés qui sont à l'origine de la production des connaissances et sur la manière dont ils influencent l'activité même de recherche. Les recherches peuvent alors être classées selon leur épistémologie.

Le deuxième critère, celui de la démarche rigoureuse de la recherche, implique que le processus de recherche s'effectue selon une procédure systématique et explicite, mais qui peut varier selon les types (2) de recherche et selon les méthodologies (3). La notion de « méthodologie » renvoie à un ensemble de pratiques dans la manière de poser le problème de recherche, dans les stratégies de collecte et d'analyse des données, dans les types d'interprétation effectués et, finalement, dans le choix des critères de rigueur qui permettent d'évaluer le caractère d'exactitude et la crédibilité des recherches.

Le troisième critère, la communication des résultats, rappelle que la recherche est une pratique dont les résultats sont validés par les pairs ou par des groupes d'individus susceptibles de poser un regard critique sur les connaissances produites et d'être témoins des transformations de pratique effectuées. Il convient alors de s'intéresser aux attitudes et aux compétences qu'un chercheur (4) doit posséder et de mettre en question les finalités (5) de la recherche selon les enjeux concernés, ce qui oriente par le fait même la diffusion des résultats vers certains publics plutôt que vers d'autres.

2 Pertinence de la formation à la recherche

Certains étudiants, particulièrement au baccalauréat, se demandent pourquoi il y a une formation à la recherche en éducation et aussi pourquoi initier les futurs maîtres à la recherche dans le cadre d'un programme de formation professionnelle. Examinons trois éléments de réponse.

2.1 Professionnels engagés, formation continue et responsabilité éthique

Bien qu'il existe plusieurs réponses possibles, la plus éminente semble celle de permettre à tout enseignant de trouver des solutions, au moyen de la recherche, pour améliorer sa pratique ou résoudre des problèmes qui y sont liés. C'est en partie ce que Gauthier, Martineau, Malo, Desbiens et Simard (1997) appellent la responsabilité éthique. Outre cet aspect concret et évident de résolution de problèmes liés à sa pratique, le professionnel de l'éducation possède aussi des caractéristiques et des qualités qui font de lui un professionnel engagé dans une démarche de réflexion et de formation continue ; l'enseignant-chercheur est consommateur de résultats de recherches qui l'informent et l'incitent à réviser, à nuancer et à adapter ses pratiques selon la compréhension qu'il en tire et la pertinence qu'il y voit.

Comme le processus de recherche est systématique et implique une observation des circonstances entourant un problème à résoudre, une démarche explicite de résolution de problème ainsi que le partage des résultats de la démarche, un tel processus implique aussi que l'enseignant-chercheur soit attentif aux variations de son environnement, qu'il soit éveillé aux événements problématiques pour lesquels les réponses et les interprétations ne figurent pas à son répertoire d'expérience de même qu'il soit motivé pour en apprendre davantage sur sa réalité et celle de ses élèves ou de ses étudiants. À cette fin, il consent à dépasser la démarche d'essai-erreur pour trouver une réponse à l'inexplicable ou à passer outre au sens commun qui lui propose des méthodes ancrées dans une « tradition » ou dans une « théorie personnelle » de l'enseignement qui s'est constituée au cours des ans. La recherche devrait donc faire partie des répertoires d'action et de résolution de problèmes des enseignants. Elle est vue comme un processus qui maintient la stimulation et la curiosité d'en savoir plus sur un sujet qui attire l'attention. En ce sens, elle constitue une stratégie importante de formation continue.

2.2 *L'importance de comprendre et de poser un regard critique sur la recherche*

La recherche en éducation participe de façon significative à la fois aux théories et à la pratique éducatives. Plusieurs nouvelles tendances en éducation, dont l'enseignement stratégique (Tardif, 1992) ou encore l'apprentissage coopératif (Johnson et Johnson, 1985), sont reconnues par différentes recherches. Il semble essentiel que l'enseignant qui espère adopter telle ou telle technique, telle ou telle nouvelle méthode, comprenne en quoi cette méthode peut contribuer à améliorer sa pratique ou l'apprentissage des élèves. Il importe également que le praticien saisisse bien comment une nouvelle approche a été étudiée, voire validée, afin de poser un regard critique et éclairé sur les nouvelles approches qui lui sont présentées.

Tous les praticiens de l'éducation sont constamment exposés à des résultats de recherche. Ces résultats sont diffusés dans des revues à caractère scientifique, comme la *Revue des sciences de l'éducation*, la *Revue canadienne des sciences de l'éducation*, les *Cahiers de la recherche en éducation*, etc. Il y a aussi les revues professionnelles ou spécialisées comme *Vie pédagogique*, la *Revue de la pédagogie branchée* (Infobourg) et autres, où des résultats de recherche sont vulgarisés. Néanmoins, au-delà des revues en éducation, qu'elles soient à caractère scientifique ou professionnel, une trace de la recherche en éducation apparaît couramment dans la plupart des médias. À titre d'exemple, le quotidien québécois *Le Devoir* publie régulièrement les résultats de recherches en éducation. Combien de fois a-t-on entendu parler du taux de décrochage scolaire? Des problèmes reliés à la mixité dans les écoles? De la piètre qualité du français des élèves? Du manque de motivation des apprenants? Souvent. En tant que professionnel de l'enseignement, il semble impératif de bien pouvoir comprendre comment ces recherches ont été analysées non seulement pour mieux saisir l'importance des résultats rapportés, mais aussi pour éventuellement poser des gestes concrets qui permettront de remédier à ces problèmes.

L'enseignant-chercheur, surtout s'il est motivé à mieux connaître son environnement et s'il désire capter des façons de l'améliorer, est naturellement intéressé par les travaux de recherche qui le concernent. Comme un consommateur de recherche, il est en mesure de lire et de décoder le sens des recherches qu'il consulte; il sait aussi prendre une position critique à leur égard. Sa connaissance du processus de recherche lui permet de poser les questions appropriées au sujet de la rigueur, de la cohérence, de l'intérêt de telle ou telle recherche pour lui et ses élèves. Il est également capable d'apprécier le degré de transfert qu'il est possible d'effectuer entre les résultats produits dans un contexte quelconque ou avec un échantillon spécifique et sa propre classe.

L'étude des méthodes de recherche en éducation se doit d'inspirer et de stimuler les futurs enseignants, tandis que la réflexion sur les erreurs peut signaler les écueils à éviter et aviver un sain esprit critique. À cet égard, il n'est plus permis de négliger délibérément diverses théories ou méthodes de recherche véhiculées dans la société ni de passer sous silence l'œuvre de certains chercheurs, didacticiens ou éducateurs. Le véritable esprit scientifique autant que la simple loyauté exigent de chercher dans tous les systèmes et événements la part de vérité qu'ils renferment.

2.3   Former la relève scientifique

Comme plusieurs le soulignent (Krathwohl, 1998), de nombreux chercheurs renommés en éducation ont débuté par un cours sur la recherche ou par un petit projet de recherche. Cet avant-goût de l'investigation scientifique leur a donné la piqûre de la recherche: cette lancée, c'était tout ce dont ils avaient besoin pour développer leur plein potentiel de chercheur. Enfin, nul praticien de l'éducation ne peut souhaiter vouloir en savoir moins dans son domaine, et même ceux pour qui les études avancées sont encore loin devant peuvent aussi se laisser séduire par les avantages incontournables d'une initiation à la recherche remplie de défis. La formation à la recherche permet d'assurer la relève scientifique ; elle participe à la formation des futurs artisans des théories de demain.

Une meilleure compréhension des méthodes de recherche de même qu'une familiarisation accrue aux techniques de documentation contribuent au progrès pédagogique. Cela permet aussi de faire un choix satisfaisant parmi les idées que nous ont léguées des siècles de formation. C'est en ce sens que le futur enseignant doit se former à la recherche, car elle constitue un mécanisme important du développement professionnel qui lui permettra de grandir dans sa profession.

▶ Carte conceptuelle de la recherche

La carte conceptuelle qui suit (figure 1) situe les divers volets constitutifs de la notion de recherche que les auteurs du présent ouvrage abordent chacun selon leur thématique et elle en facilite la compréhension. Cette carte conceptuelle représente le processus de recherche comme un réseau intégrateur de plusieurs volets interreliés. Ainsi, une bonne recherche exprimerait une cohérence interne, c'est-à-dire que les prises de position dans chacun des volets formeraient un tout consistant avec l'ensemble de la démarche.

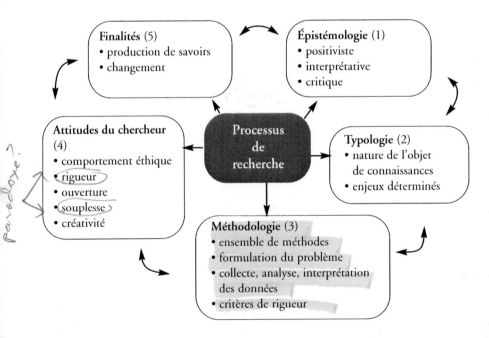

Figure 1
Volets descriptifs de la recherche

Chapitre 2 ! !!

Les différents chapitres du livre abordent l'un ou l'autre de ces volets, selon la spécificité du thème exploré.

4 Structure de l'ouvrage

L'ouvrage compte des chapitres consacrés à l'exposé proprement dit des contenus. Cet exposé débute par un bref aperçu de l'historique et des dimensions épistémologiques de la recherche en éducation (premier chapitre) ; il se poursuit par l'examen des conditions d'ordre éthique dans lesquelles évolue la recherche en sciences humaines et sociales (deuxième chapitre). Ces deux premiers chapitres constituent en quelque sorte des préalables à la recherche en éducation.

Suivent trois documents qui correspondent à ce qu'il est convenu d'appeler la structure classique d'un rapport de recherche : il s'agit de la problématique (troisième chapitre), du cadre théorique (quatrième chapitre) et de la méthodologie (cinquième chapitre). Enrichit immédiatement le cœur de l'ouvrage la présentation de quatre types de recherches : la recherche interprétative ou qualitative (sixième chapitre), la recherche quantitative (septième chapitre), la recherche-action (huitième chapitre) et l'étude de cas (neuvième chapitre).

D'une certaine manière, le dixième chapitre concerne tout le travail qui rend la recherche accessible. Cette dimension a trait au travail minutieux que requiert la présentation des textes de recherche. Un tel travail touche également la qualité d'organisation des textes de recherche, qualité qui se révèle bien souvent une condition *sine qua non* à la diffusion des résultats de recherche : ce sont là deux volets essentiels aux retombées favorables de la recherche.

Un glossaire des principaux concepts en recherche en éducation, notamment ceux qui sont abordés dans chacun des chapitres, se trouve en annexe. Un outil qui se veut utile au lecteur « stratégique » qui, tout au long de sa lecture, enrichit son vocabulaire et sa maîtrise du lexique scientifique. Cette section devrait permettre au praticien et à l'étudiant-chercheur de s'approprier les principales notions et les principaux concepts relatifs à la recherche en éducation, et leur en faciliter une compréhension approfondie.

5 Structure des chapitres

Par son contenu et sa structure, cet ouvrage va au-delà de la recherche en éducation. Il reprend de façon intégrale et de façon intégrée l'ordre chronologique de la présentation des chapitres ou des sections d'un article, d'un mémoire ou d'une thèse : problématique, cadre théorique, méthodologie, etc. Un agencement commun à l'ensemble des chapitres comprend un résumé, une introduction, un développement et une conclusion, le tout suivi d'activités d'apprentissage et de suggestions de lectures complémentaires ; cet agencement commun facilite à la fois la lecture et l'utilisation de l'ouvrage, et il permet à chaque lecteur de s'approprier graduellement et plus facilement les notions théoriques.

À chaque chapitre, l'étudiant-chercheur a la possibilité d'acquérir des connaissances théoriques indispensables à la maîtrise du processus de recherche. Cette démarche est stratégique : l'étudiant planifie son apprentissage de façon autonome, ce qui lui permet d'acquérir une méthode de travail efficace qu'il pourra réinvestir dans d'autres domaines. Grâce au résumé du chapitre, l'étudiant se fait une première idée du contenu à maîtriser. La lecture du chapitre lui permet de vérifier la compréhension qu'il a de cette théorie. Il applique enfin la théorie au moyen des exercices d'application qui font appel à son sens critique et à sa capacité d'établir des liens entre les connaissances et de les organiser. Rappelons que tout au long de cette démarche, un glossaire accessible à la fin du livre lui permet d'enrichir son vocabulaire et sa maîtrise du langage scientifique.

Premier chapitre

Quelques repères sociaux et épistémologiques de la recherche en éducation au Québec

Marta Anadón
Université du Québec à Chicoutimi

▰▰Plan du chapitre

▰▰Résumé

En cette fin de siècle et de millénaire, la recherche en éducation au Québec est à un tournant majeur. Interpellée de toutes parts par les milieux de pratiques professionnelles, elle doit répondre à de nouvelles exigences qui placent la profession enseignante au centre des préoccupations du monde de l'éducation. Pour répondre à ces nouvelles demandes, la recherche en éducation s'est placée au cœur de la dialectique théorie-pratique, de la transformation de pratiques et du développement professionnel des chercheurs et des praticiens. Afin de saisir l'importance et la raison d'être de ces nouvelles préoccupations et de ces façons de faire récentes de la recherche en éducation, une lecture historique est ici proposée. Ce regard rétrospectif vise à reconstituer la genèse des problèmes auxquels la recherche en éducation est actuellement confrontée; il permettra aussi de fournir des éléments pour effectuer une analyse critique des enjeux de la recherche en éducation.

■■■■Introduction

La recherche en éducation n'a que trente ans d'existence ; elle est à ses débuts au Québec. Elle cherche encore des approches rigoureuses et capables de prendre en compte la complexité de l'objet de recherche que constitue l'éducation ; elle cherche aussi à établir des modes de collaboration féconds et efficaces avec les praticiens.

Plusieurs auteurs affirment que la recherche en éducation aurait été jusqu'ici une recherche sur l'éducation, éloignée des intérêts des milieux de pratique, incapable de développer son propre champ disciplinaire et d'élaborer un savoir au bénéfice des acteurs de l'éducation (Bisaillon, 1992 ; Carr et Kemmis, 1986 ; Goodson, 1993 ; Kennedy, 1997 ; Van der Maren, 1995, 1999). C'est pourquoi la recherche en éducation fait depuis quelques années l'objet de multiples questionnements quant à ses finalités, à sa pertinence sociale et économique, et à sa capacité de répondre aux nombreux défis et problèmes auxquels sont confrontés les systèmes éducatifs.

Toutefois, en éducation, des approches de recherche récentes tentent actuellement de faire le pont entre la théorie et la pratique ; elles ont comme objectif l'amélioration de la pratique éducative et préconisent un processus de recherche de concert avec les acteurs concernés. Ces « principes » sont à la base des nouvelles dynamiques de recherche susceptibles de contribuer au changement, à la solution des problèmes d'éducation et au développement professionnel des acteurs en éducation.

En conséquence, des manières novatrices de faire la recherche et de produire un discours scientifique en éducation sont en cours d'élaboration ; elles donnent une place prépondérante aux actions et aux rôles des différents acteurs du monde de l'éducation : élèves, enseignants, administrateurs, décideurs, etc. Dès lors, il semble possible pour les chercheurs de produire un savoir qui soit vraisemblablement de nature à « toucher » les divers aspects de la pratique éducative.

Pour bien situer dans le temps cette transformation tant sur le plan des finalités que sur celui des manières d'aborder le phénomène éducatif, nous traçons un bref historique de la recherche en éducation au Québec ; ce rappel va de la création des départements et des facultés d'éducation jusqu'à aujourd'hui. Deux points d'ancrage guident cette évolution de la recherche en éducation. Le premier, d'ordre social, fait référence aux demandes sociales qui, au cours de chaque période, ont contribué à orienter et à réorienter la recherche et qui ont provoqué les changements observés actuellement dans ce champ d'investigation. Le second, d'ordre épistémologique, concerne les modèles, les conceptions, les paradigmes et les approches de recherche qui traversent les sciences sociales et humaines, et plus particulièrement les sciences de l'éducation.

2 Quatre moments historiques de la recherche en éducation au Québec

La lecture historique, d'avantages non négligeables, permet de reconstituer la genèse des problèmes actuels auxquels la recherche en éducation est confrontée et elle fournit les matériaux nécessaires à une lecture critique des enjeux de la recherche. Plusieurs auteurs ont déjà tracé la ligne d'évolution de la recherche québécoise (Ayotte, 1984) et, dans le cas qui nous préoccupe, de l'évolution de la recherche en éducation (Conseil des universités, 1986; Fontaine, 1994). C'est à partir de ces bilans que nous établissons quatre grandes périodes dans l'évolution de la recherche en éducation.

La première période, celle des années 1960, représente l'émergence d'une recherche sur l'éducation. Pendant cette période, le projet de démocratisation de l'enseignement prend toute son ampleur avec la mise sur pied de la Commission Royale d'enquête sur l'enseignement (1961) et la création du ministère de l'Éducation (1964). Dans ce contexte, la réforme scolaire, qui est éminemment politique, doit s'appuyer sur un ensemble de justifications scientifiques.

La décennie 1970 et les premières années de 1980 constituent la deuxième période. Celle-ci se caractérise par l'émergence d'une critique de la société et de l'école. Plusieurs recherches visent alors à démontrer que les inégalités sociales et scolaires persistent malgré la démocratisation de l'enseignement. Dans ce contexte, les universités, les milieux syndicaux, le Conseil supérieur de l'éducation, le Conseil des universités et le Conseil de collèges mènent des activités de recherche en éducation. Cependant, au début des années 1980, la crise économique entraîne des compressions budgétaires dans les domaines de la santé, des services sociaux et de l'éducation; cela remet profondément en question le système scolaire et la formation qu'il assure. Dans ce contexte, l'État providence est durement attaqué, les idéologies contestataires qui ont caractérisé les décennies précédentes laissent la place à de nouvelles valeurs centrées sur l'individu. Le conservatisme et le néolibéralisme qui se démarquent donnent réponse aux nouvelles demandes sociales axées sur la recherche de la qualité, de la performance et de l'excellence en éducation. Ces valeurs transforment le visage de l'école québécoise de plus en plus préoccupée de répondre aux nouvelles exigences de la société. Sur le plan de la recherche, les modèles expérimentaux sont en crise, parce qu'ils se révèlent incapables de résoudre les problèmes éducatifs. La nécessité de renouer avec les pratiques concrètes des acteurs se fait sentir. Prennent place de nouvelles analyses fondées sur l'observation des pratiques pédagogiques et la prise en compte des points de vue des acteurs. Leurs vécus des situations, leurs rapports aux pratiques scolaires et les sens qu'ils attribuent à leur action occupent une place importante dans la recherche en éducation.

La troisième période, que nous appelons « émergence et stabilisation d'un nouveau paradigme », s'étend de 1984 au début des années 1990. C'est au cours de cette période que le modèle de recherche scientifique jusque-là dominant est remis en cause. Un fort questionnement épistémologique anime les milieux de recherche en sciences humaines et sociales. La réflexion sur la production du savoir dit « scientifique » et sur les problèmes théoriques et méthodologiques qui en découlent préoccupe les milieux de la recherche en éducation. De cette réflexion ressort une nouvelle intelligibilité de la production du savoir scientifique, une compréhension renouvelée de l'objet de la recherche en sciences de l'éducation.

La décennie 1990 devient la scène d'un nouvel axe de recherche en éducation ; il vise tout particulièrement la formation et la profession enseignante. Ces problématiques qui sont abordées en termes d'action/signification mettent l'accent sur une démarche globale, contextuée considérant le sens que les acteurs impliqués attribuent à la situation éducative et à leur action. Les chercheurs s'engagent dans une réflexion beaucoup plus poussée tant sur le plan épistémologique (raffinement des postulats et des langages, élaboration des critères de scientificité, etc.) que sur le plan méthodologique (échantillonnage, généralisation, élaboration des techniques de collecte et d'analyse des données qualitatives, etc.). Ces développements nous permettent d'affirmer qu'à partir de 1990, le paradigme atteint sa maturité et que la recherche en éducation est indéniablement marquée par cette manière de concevoir la production des connaissances scientifiques en sciences humaines et sociales.

2.1   *Émergence d'une recherche sur l'éducation* (1960 ➤ 1970)

Pendant la Révolution tranquille, la recherche sur l'éducation a été associée à l'élaboration des grandes politiques éducatives (démocratisation, régionalisation, polyvalence, etc.). Le choix de la conjonction « sur » est important car, à cette époque, la recherche était effectuée par des chercheurs issus d'autres sciences sociales et humaines qui répondaient aux demandes urgentes du ministère de l'Éducation du Québec, récemment créé. Dans ce contexte, la recherche avait un but axiologique; ses résultats étaient à la base de l'élaboration des orientations et des politiques éducatives. L'enjeu était éminemment politique, car il importait d'élaborer, dans les meilleurs délais, des politiques éducatives à partir des nouvelles valeurs qui considéraient l'éducation comme moteur de changement social, de mobilité et de réussite. Ces travaux ont contribué largement à la mise en place des politiques de démocratisation suivant la volonté politique de favoriser l'égalité des chances pour tous. Paradoxalement, même si les préoccupations en sciences sociales étaient centrées sur l'éducation, les professionnels du domaine n'étaient pas impliqués.

À cette même époque ont été créés les départements et les facultés des sciences de l'éducation dont l'objectif était de transférer aux universités la formation des enseignants laissée jusque-là presque exclusivement aux mains de l'Église (sauf les écoles normales d'État centrées à Montréal et à Québec). Ce mouvement de sécularisation et de qualification voulait donner à la formation des maîtres un caractère professionnel moins traditionnel et moins technique, mais plus universitaire et plus scientifique. C'est en ce sens que le Gouvernement a créé l'Université du Québec. À compter de 1971, l'ensemble des universités québécoises a assumé, par contrat avec le gouvernement, la responsabilité de la formation des enseignants des ordres primaire, secondaire et collégial. Trois buts principaux ont marqué ce changement: renforcer l'enseignement disciplinaire, faire profiter la formation des enseignants de l'interfécondation de l'enseignement et de la recherche, rehausser le niveau et le prestige de la profession enseignante.

Ainsi, la formation des maîtres et la profession enseignante se sont inscrites dans le mouvement scientifique car, pour entrer de plain-pied dans la Révolution tranquille, la formation à l'enseignement devait rejoindre les disciplines scientifiques. Le savoir disciplinaire, pédagogique et surtout psychologique devient celui qui définit maintenant le savoir professionnel des enseignants au sein de la formation des maîtres. La profession se trouve ainsi «disciplinée» par un corps de savoirs issus de la recherche scientifique, plus abstraits et reconnus comme de hauts savoirs.

Cependant, le corps professoral de ces nouveaux départements et facultés d'éducation, largement héritier des écoles normales et mal préparé à faire de la recherche, était centré sur la formation des maîtres et se considérait comme transmetteur des savoirs scientifiques élaborés par les spécialistes de différentes disciplines. La psychologie était à l'honneur, car les psychologues fournissaient les repères fondamentaux sur lesquels devait se bâtir la pédagogie. De cette manière, une formation centrée sur les savoirs disciplinaires permettait de faire entrer la formation des maîtres dans la spécialisation scientifique même si les professeurs des sciences de l'éducation n'étaient pas les producteurs des connaissances dans le domaine. En effet, ces départements et ces facultés n'avaient pas de mission de recherche et très peu de professeurs concevaient leur tâche en y intégrant une fonction de chercheur. En ce sens, on peut affirmer, avec Fontaine (1994), que cette étape d'émergence ne se caractérise pas par le développement de la recherche dans les départements et les facultés d'éducation préoccupés par l'implantation des programmes de formation des enseignants.

Par ailleurs, l'insertion de la formation des maîtres dans les universités ne s'est pas faite sans heurts. Les unités des sciences de l'éducation n'avaient pas, et peut-être n'ont-elles pas encore, une grande coordination avec les autres unités «académiques» de l'université ; ceci les a conduites à des conflits, tout particulièrement avec les secteurs disciplinaires qui partageaient avec eux la formation des enseignants du secondaire et du collégial. On peut affirmer que seul l'objectif de renforcer l'enseignement disciplinaire a été atteint.

2.2   *Emprise du paradigme positiviste et expérimental* (1970 ➤ 1983)

À partir des années 1970, avec la création du programme Fonds d'aide aux chercheurs et d'action concertée (FCAC), les universités mettent en place des structures de recherche, et les effectifs des programmes de maîtrise et de doctorat en éducation augmentent. *Une nouvelle logique commence à se développer au sein des départements et des facultés d'éducation.* Si la logique de construire et de réaliser une formation professionnelle des maîtres avait prédominé jusqu'à ce moment-là, maintenant on valorise une logique universitaire orientée vers la recherche et les études des cycles supérieurs, logique qui tente de développer et de faire reconnaître par la communauté scientifique une connaissance pédagogique. Implicitement, on croyait qu'une science appliquée à l'éducation pouvait se construire en puisant dans les théories et les méthodes des autres sciences humaines, principalement dans celles de la psychologie béhavioriste et de la sociologie. Les analyses macrosociologiques d'inspiration fonctionnaliste ou marxiste servaient à rendre compte du rôle de l'école dans la société et à se questionner sur les manières de répondre aux exigences de la nouvelle société plus démocratique et moderne. La démocratisation de l'enseignement, mise de l'avant par la réforme Parent, est alors sujette à de vives critiques. Les universitaires et la Centrale des syndicats du Québec (CSQ) mènent des recherches qui dénoncent la société technocratique, bureaucratique et capitaliste ainsi que le rôle de l'école, de l'enseignement privé et de la confessionnalité scolaire, car les inégalités sociales et scolaires persistent dix ans après la Révolution tranquille (Anadón, 1989). Plusieurs recherches s'attardent au phénomène de la scolarisation au Québec. Par exemple, Escande (1973) met en lumière les différences dans les cheminements scolaires des étudiants du collégial. Sa recherche est suivie de la grande enquête sur les aspirations scolaires et les orientations professionnelles des étudiants (ASOPE). Les résultats de cette étude québécoise montrent un écart significatif dans la réussite et le passage aux études postsecondaires entre les élèves des milieux défavorisés et ceux qui sont issus de milieux favorisés. Les clivages sociaux selon le sexe, les disparités entre les cheminements scolaires de francophones et d'anglophones, la montée de l'école privée par rapport à l'école publique sont quelques-uns des thèmes qui retiennent l'attention de la recherche pendant la première moitié de cette période.

La psychologie apportait, pour sa part, des connaissances sur l'élève et sur l'apprentissage ; la psychopédagogie s'imposait comme une nouvelle « science » centrée sur l'éducation. Une nouvelle pédagogie, plus scientifique, se développait, provoquant des changements importants au plan du programme, des méthodes d'enseignement, de la place de l'élève dans l'apprentissage, etc. S'inspirant de ces développements disciplinaires, plusieurs pratiques pédagogiques ont été, et sont encore aujourd'hui, empreintes d'un empirisme trivial qui pose le rôle du sujet qui connaît comme un récepteur ou un spectateur passif. D'ailleurs, l'étymologie du mot empirisme nous ramène à l'expérience car, pour l'empirisme, n'est valable comme objet d'analyse scientifique que ce qui est observable, réductible à l'expérience concrète et, partant, identifiable dans l'environnement.

Une orientation déterministe du comportement humain a caractérisé les sciences de l'éducation, les recherches en didactique, en évaluation, les interprétations de l'inadaptation scolaire, les conceptions du processus enseignement-apprentissage et les études macrosociologiques sur l'égalité des chances face à l'école et à la société, sur la mobilité ou la reproduction sociale et scolaire. Une même conception similaire de la recherche scientifique en éducation s'installe. Pour « faire de la science » en menant une étude en éducation, il fallait émettre des hypothèses, vérifier à l'aide des instruments de mesure valides l'existence des variables contenues dans les hypothèses et établir des corrélations entre les données obtenues. Bref, pour être scientifique en éducation, il fallait adopter le modèle reconnu en sciences de la nature, lequel modèle prend sa source dans le paradigme positiviste.

Selon ce paradigme, la science sert d'abord à mettre en évidence les régularités qu'on suppose sous-jacentes à tout phénomène. Pour y parvenir, on décompose les phénomènes en variables et on cherche à établir des liens de causalité. L'expérimentation et la quantification sont les moyens privilégiés pour produire des connaissances. Dans ce paradigme, le but de la recherche en sciences humaines, comme d'ailleurs dans toutes les autres sciences, est d'élaborer des lois, des structures ou des régularités, soit en faisant abstraction du contenu symbolique qui est constitutif de la vie sociale, soit en considérant que l'objet d'étude n'est pas différent de celui des sciences de la nature et qu'il peut, en conséquence, être saisi par les mêmes procédures. Cette approche est qualifiée de nomothétique (du grec : *nomos* = loi).

Malgré ces développements, épistémologiquement uniformes, le champ des sciences de l'éducation au Québec est encore loin de produire une culture de formation et de recherche comme il en existe dans d'autres secteurs universitaires. Déjà en 1979, dans le cadre de la Commission d'étude des universités, le Comité d'étude sur la formation et le perfectionnement des enseignants dressait dans son rapport (le rapport Angers) un bilan plutôt négatif de la recherche en éducation ; il affirmait que le Québec devait se doter d'une politique dans ce domaine et que la recherche en éducation devait être une priorité de la décennie 1980.

Plusieurs éléments peuvent aider à comprendre cette situation. Premièrement, l'éducation n'est pas encore un domaine structuré du savoir ayant des fondements conceptuels et des méthodes qui lui sont propres (Legendre, 1993). Deuxièmement, les chercheurs qui sont souvent préoccupés de faire avancer leur discipline d'attache abordent les problématiques éducatives d'un point de vue monodisciplinaire niant l'interdisciplinarité qui caractérise tout phénomène éducatif (Anadón, 1990). En effet, les spécialistes accordent leur première allégeance à leur appartenance disciplinaire, c'est-à-dire à la psychologie, à la sociologie, à l'histoire ou à la philosophie ; ceci a comme conséquence un éloignement du monde de l'enseignement-apprentissage. Finalement, selon Goodson (1993), ces spécialistes de l'éducation méconnaissent la réalité scolaire et, dans un grand nombre des cas, on peut dire que les chercheurs en éducation se sont coupés de leurs pairs qui œuvrent en milieu scolaire.

Afin de garantir leur survie et leur développement dans l'université, les professeurs-chercheurs en sciences de l'éducation se sont attachés de plus en plus à leurs disciplines respectives et se sont conformés aux exigences du modèle universitaire qui donne prestige et reconnaissance à la recherche fondamentale, aux publications arbitrées par des experts et à l'appartenance à une famille restreinte de spécialistes. De cette manière, le champ des sciences de l'éducation est divisé en plusieurs sous-champs ou domaines, chacun revendiquant une part importante de l'acte éducatif: l'évaluation, les didactiques disciplinaires, la psychopédagogie, l'adaptation scolaire, l'administration, les fondements, l'andragogie, l'éducation physique, etc. Cet éclatement en différents sous-champs, qui est accompagné de logiques de développement différentes, a entraîné des conflits et des tensions et provoqué des savoirs partiels sur le phénomène éducatif. En outre, ces secteurs se sont révélés insaisissables dans leur totalité par un seul modèle d'analyse ou à partir du point de vue étroit d'une spécialité. Les différentes disciplines se sont verrouillées dans leur savoir parcellaire et ont conservé une attitude de «chasse gardée» qui n'a pas aidé au développement de la recherche en éducation. Prise dans cette logique du développement disciplinaire, la recherche en éducation est devenue trop spécialisée, trop difficile à comprendre pour les praticiens, donc non pertinente socialement et professionnellement.

Cette réalité a eu des effets pervers. Si, d'un côté, la recherche en éducation a fait un bond considérable au Québec ces dernières années – il est étonnant de constater tout le chemin parcouru en si peu de temps –, d'un autre côté, elle s'est éloignée de la formation pratique des enseignants. Du même coup, les liens entre les départements et les facultés des sciences de l'éducation et les écoles primaires et secondaires sont pour ainsi dire disparus. Le savoir produit par la recherche universitaire est devenu un savoir séparé et distinct de celui du milieu scolaire et sans signification pour les praticiens.

2.3   *Émergence et stabilisation d'un nouveau paradigme (1984 ➤ début des années 1990)*

De la deuxième moitié des années 1980 au début des années 1990, les sciences sociales traversent une période de transition importante. La conception classique de la science qui domine depuis plusieurs siècles subit plusieurs mises en question dont il est impossible de présenter ici tous les débats et les révisions critiques qui ont caractérisé cette époque. Sur le plan épistémologique, par exemple, certains philosophes contestent l'idée que le but de la science est de découvrir la vérité sur le monde empirique et refusent la croyance en une science objective, neutre et à portée universelle (Fourez, 1988). Sur le plan méthodologique, plusieurs contestent la prétention de la méthodologie expérimentale (des sciences de la nature) à vouloir examiner tous les thèmes, tous les objets au moyen de la même approche méthodologique comme si tout objet pouvait être étudié avec la même méthode. On refuse donc l'imposition des règles «méthodiques» qui découragent l'imagination créatrice (Chalmers, 1987; Feyerabend, 1979; Morin, 1977; Pourtois et Desmet, 1988).

Pendant cette période, les chercheurs en sciences humaines et sociales, tout comme ceux en éducation se donnent des postulats épistémologiques nouveaux, fondamentalement différents, voire divergents, de ceux des sciences de la nature. Ils cherchent à se regrouper autour d'autres « visions », tentent de préciser la spécificité de la recherche en sciences humaines (l'individu et le social), travaillent à élargir le front des méthodes et des instruments de saisie et d'analyse des données, et à définir de nouveaux critères de scientificité (Lincoln et Guba, 1985 ; Pirès, 1993 ; Savoie-Zajc, 1993b, 1996b). Ils postulent que le monde social est significativement différent du monde naturel, que nous ne pouvons pas le concevoir par nos sens, mais plutôt par un travail d'interprétation, que l'expérience humaine se caractérise par la continuité, mais aussi par le changement et qu'en raison de cela, elle est imprévisible, que les problèmes humains sont locaux, toujours contextuels et, par conséquent, que les sciences sociales et humaines ne peuvent pas prétendre à l'élaboration de lois générales.

Ainsi, la problématique liée à l'explication et à la compréhension fait surface. Il faut établir clairement la différence entre le but des sciences de la nature et celui des sciences humaines et sociales. Les sciences de la nature cherchent à expliquer par des relations causales les phénomènes naturels, ce qui entraîne la formulation de lois à prétention universelle. Les sciences humaines visent à comprendre les phénomènes humains tels qu'on peut les observer dans leur milieu naturel, elles prennent en compte les significations que les sujets construisent eux-mêmes de leurs actions.

Dans ce contexte, les « grandes théories », dont celle du béhaviorisme en psychologie ou celles du fonctionnalisme et du marxisme en sociologie, se trouvent en perte de légitimité. Les points de vue déterministes, centrés sur les structures et les grands systèmes, ne permettent plus de comprendre la réalité éducative. Devant cette crise, la recherche en sciences sociales et en sciences de l'éducation se tourne vers les pratiques concrètes des acteurs, vers la construction sociale de la réalité. La dimension pratique et subjective est valorisée, l'intentionnalité des acteurs et la complexité de la réalité sociale sont prises en compte.

Du même coup, les limites du paradigme positiviste sont mises en évidence par un grand nombre de chercheurs. Au Québec, le moment crucial de la critique se situe au milieu des années 1980 avec la création de l'Association pour la recherche qualitative en 1984, une initiative de chercheurs en sciences de l'éducation conscients des limites de l'utilisation du paradigme des sciences de la nature en éducation (Deschamps, 1995). Plusieurs reproches au modèle expérimental ont jailli du colloque de fondation : une grande tendance au réductionnisme, une recherche de régularités et de généralisations à tout prix et, fondamentalement, une incapacité à apporter des réponses aux problèmes rencontrés par les praticiens du monde de l'éducation.

La façon d'aborder les recherches en éducation évolue ; les chercheurs s'inspirent d'autres modèles, tels que l'interactionnisme symbolique, l'ethnométhodologie, la phénoménologie, la sociologie interprétative, la sociologie de l'expérience, la sociologie de l'acteur, etc. Peu importe les sources auxquelles les chercheurs en éducation se réfèrent lorsqu'ils font la recherche, la constante demeure toujours un grand souci de rendre compte de la réalité telle qu'elle est vécue par les personnes observées sans qu'il soit nécessaire de recourir à des instruments trop contraignants comme les grilles d'observations avec catégories prédéterminées ou des questionnaires fermés ou entrevues dirigées. Un nouveau paradigme émerge alors (naturaliste, constructiviste, interprétatif) et de nouvelles méthodologies se construisent en tenant compte de l'objet d'étude des sciences de l'éducation. L'objet des sciences humaines, comme celui des sciences de l'éducation, est significativement différent de celui des sciences de la nature, car il s'agit d'un sujet qui fait intervenir son intentionnalité et ses valeurs. Cet objet est porteur de significations sociales et culturelles ; il ne se laisse pas saisir par des méthodes d'observation du monde naturel. Dès qu'on est confronté aux phénomènes humains, on se trouve inévitablement en présence de l'action et on ne peut pas traiter l'action sans faire intervenir explicitement le sens.

Étant donné que l'objet de recherche est conçu en fonction de l'action/signification, le chercheur doit envisager le monde social par une activité d'interprétation, c'est-à-dire selon le sens qu'il attribue aux objets. Ainsi s'élaborent de nouvelles approches méthodologiques, plus « qualitatives » et interprétatives ; elles mettent en valeur la subjectivité, l'intentionnalité des acteurs et le caractère réflexif de la recherche.

Ce nouveau paradigme, plus approprié aux problèmes épistémologiques posés aux chercheurs qui désirent mieux comprendre les problèmes éducatifs, a aussi été stimulé par des facteurs sociaux. Les concepts et les méthodes qui le caractérisent semblent en réaction à la spécialisation, à la fragmentation de la vie sociale moderne, au rôle de l'expert. Dans le domaine de l'éducation, selon Bolster (1983), le recours à ce type de recherches est attribuable au fait que les perspectives des chercheurs et celles des enseignants deviennent plus compatibles. En effet, ces nouvelles approches de recherche réaffirment le postulat de l'efficacité de l'individu en lui reconnaissant un pouvoir de négociation à l'intérieur des groupes, et elles établissent la croyance dans la communauté, dans les valeurs de la personne et dans le pouvoir des individus à déterminer leur propre destinée. Ainsi, les développements de cette approche interprétative portent sur le sujet, parfois comme personne psycho-individuelle, parfois comme acteur socio-institutionnel. On voit ici comment le sujet est devenu le centre des préoccupations en sciences sociales et humaines, mais aussi en sciences de l'éducation. Il s'agit donc du glissement de la macro à la micro-analyse dont fait état Gohier (1997a) dans ses réflexions sur la place du sujet dans la recherche en éducation.

Ce changement paradigmatique et la prise de conscience dans les milieux universitaires des limites de la contribution de la recherche à la solution des problèmes en éducation ont amené un renouveau de la recherche en sciences de l'éducation. D'autres manières de faire la recherche et de produire un discours scientifique en éducation semblent donner une place prépondérante aux actions et aux significations des sujets ; la monographie, les études descriptives et exploratoires, l'étude de cas acquièrent leurs lettres de noblesse en sciences de l'éducation, car elles permettent de tenir compte de la réalité vécue par les acteurs du monde de l'éducation. Les chercheurs peuvent ainsi produire un savoir capable de transformer la pratique éducative.

2.4 *Maturité du paradigme et préoccupations centrées sur la profession enseignante et le développement professionnel (début des années 1990 ➤ aujourd'hui)*

Les années 1990 ont soulevé la question de la professionnalisation de l'enseignement. Au Québec, elle trouve écho dans les politiques du ministère de l'Éducation (Gouvernement du Québec, 1992, 1994). Celui-ci stipule que la formation à l'enseignement préscolaire, primaire et secondaire doit être de type professionnel, puisque l'enseignant, en tant qu'agent autonome et responsable, doit continuellement prendre des décisions professionnelles et s'adapter aux exigences de la situation éducative, aux caractéristiques des élèves ainsi qu'à l'évolution de la société. Les recommandations contenues dans le rapport du Conseil supérieur de l'éducation (1991) à propos de la profession enseignante et celui des États généraux sur l'éducation (1995-1996) vont dans le sens de promouvoir, chez les enseignants, une formation professionnelle. Dans cette foulée, une grande quantité de mesures gouvernementales et institutionnelles sont mises en place pour renouveler la profession enseignante. L'une des idées maîtresses de cette réforme est celle de la formation professionnelle en tant que continuum de formation (initiale ➤ continue). Ces nouvelles orientations placent la professionnalisation au centre des préoccupations du monde de l'éducation.

Au cœur de ce développement de la profession enseignante, la recherche en éducation s'est donné de nouvelles finalités : le perfectionnement et le développement professionnel par la réflexion sur l'action. Inspirés du modèle du praticien réflexif (Schön, 1983, 1987), les chercheurs soutiennent que la pratique et la réflexion sur la pratique peuvent fournir des occasions de développement professionnel.

Deux grands principes sont à la base de cette nouvelle manière de faire la recherche en éducation. Le premier affirme que la réalité éducative se caractérise par la complexité. On abandonne la conception d'une réalité simple et unique pour adopter celle des réalités complexes, plurielles, diverses et interactives. L'objet de l'éducation en général et la problématique de la formation et de la profession enseignante en particulier doivent être abordés dans toute leur complexité, c'est-à-dire en prenant en compte la pluralité des aspects en jeu. La recherche en formation des enseignants est envisagée en relation avec les milieux d'enseignement, en étudiant l'enseignant en situation, en ayant comme objectif un réinvestissement du savoir produit dans la pratique concrète, une transformation des pratiques et un développement professionnel.

La complexité du réel, mentionnée précédemment, est celle de l'humain et de son environnement. Ainsi, dans la recherche en éducation, axée sur l'enseignant et ses actions, se développent des approches théoriques et méthodologiques plus interprétatives, portant sur la personne, parfois comme sujet psychoindividuel, parfois comme acteur social. On remet en valeur le rôle de l'intentionnalité, celui des valeurs et du processus d'interprétation dans l'action humaine de même que l'irréductibilité du lien entre connaissance et action. Dans le sillon du paradigme compréhensif, on conçoit l'étude des phénomènes éducatifs comme une lecture interprétative faite par un homme qui se définit certes par sa rationalité, mais également par un point de vue social qui oriente et conditionne son action. Considérer l'enseignant à partir de cette perspective signifie que cette personne dispose d'une certaine marge d'autonomie qui lui permet d'agir à l'intérieur des contraintes institutionnelles et contextuelles (programmes, horaires, approches pédagogiques, projet éducatif de l'école, etc.). Autrement dit, affirmer que l'enseignant est un acteur social, c'est trancher avec les approches réductrices qui ont longtemps défini son rôle comme celui d'un exécutant passif et le considérer comme un médiateur, comme un sujet rationnel. Voilà le deuxième principe qui soutient l'actuelle recherche en éducation : l'enseignant est un acteur social créateur de significations, un être en devenir qui change au rythme du contexte, de son univers intérieur, de ses projets et désirs.

Cette affirmation fait référence à une triple prise de position : épistémologique, théorique et méthodologique. Sur le plan épistémologique, elle puise ses fondements dans la phénoménologie (Berger et Luckman, 1987 ; Husserl, 1985 ; Schutz, 1987), dans l'interactionnisme symbolique (Blumer, 1969 ; Mead,

1934) et dans la sociologie interprétative (Weber, 1968) qui ont caractérisé la période antérieure. Ces orientations accordent une importance centrale à l'intentionnalité des acteurs ainsi qu'à la complexité et au caractère changeant et insaisissable des processus impliqués dans le développement de l'action éducative, car les acteurs ne sont pas réductibles à une logique unique, à une structure déterminante, à un rôle ou à une programmation culturelle des conduites. Sur le plan théorique, la conception sous-jacente est celle d'une action sociale où interviennent les valeurs et l'intentionnalité de l'acteur concerné (Crozier et Friedberg, 1977 ; Touraine, 1984, 1992) dans une société critique (Habermas, 1987 ; Zuñiga, 1975). Ainsi, toute action sociale est unique, complexe et mouvante ; elle ne peut pas être saisie par un chercheur externe qui produit des connaissances objectives en isolant des variables et en mesurant des résultats. Cette perspective donne une importance prioritaire au rôle actif de l'acteur, capable de réflexion (Schön, 1983), capable de connaître par l'action (St-Arnaud, 1992) et conscient et responsable de ses choix (Zuñiga, 1994). Méthodologiquement, à partir de ces postulats, la recherche sur la formation et la profession des enseignants ne peut pas se contenter de la description ni de la mesure des éléments isolés. Elle a besoin d'approches susceptibles de tenir compte de l'interaction chercheurs-acteurs, de la dialectique théorie-pratique, de la subjectivité de l'un et de l'autre de même que du contexte dans la compréhension de l'enseignant en tant qu'acteur social.

Ces principes exigent un lien entre la théorie et la pratique, entre la recherche et l'action. Dans ce cadre, se sont développées de nouvelles approches de recherche, plus compréhensives, portant sur la personne et son développement professionnel. En effet, depuis quelques années, certains modèles de recherche mettent l'accent sur ce que Van der Maren (1995, 1999) appelle l'enjeu ontogénique de la recherche en éducation, c'est-à-dire celui qui vise la transformation des pratiques professionnelles. Ainsi, certains types de recherche-action comme ceux qui sont issus des courants pragmatico-interprétatif et critique (Savoie-Zajc, 2001) se donnent comme objectif de travailler avec les acteurs de l'éducation à l'identification, la clarification et la résolution des problèmes auxquels ils sont confrontés (Savoie-Zajc, 2001 ; Savoie-Zajc et Dolbec, 1994, 1999 ; Dolbec, 1997 ; Côté-Thibault, 1992 ; McNiff, 1995). Ces perspectives constituent des stratégies de développement professionnel, car la démarche de résolution de problèmes mis en place développe chez les personnes concernées le dialogue, la réflexivité et l'autoévaluation.

Une autre approche qui s'est développée au Québec, en privilégiant une implication des enseignants à des démarches de recherche est celle de la recherche collaborative (Désgagné, 1997, 1998 ; Désgagné, Bednarz, Couture, Poirier et Lebuis, 2001). Ce type de recherche met l'accent sur le travail réflexif conjoint entre chercheur et praticien avec l'objectif d'encourager les enseignants à mettre en cause leur pratique, à la questionner, à l'analyser et à co-construire avec le chercheur une certaine interprétation, un certain savoir à propos de cette pratique. Ce savoir sert à la fois la formation et la recherche.

Autre groupe des travaux préoccupé de l'action des enseignants se trouve dans le domaine de ce que se connaît aujourd'hui comme la quatrième génération de la recherche évaluative (Guba et Lincoln, 1989). La conception de l'évaluation qui la sous-tend dépasse les visées de mesure, de description et de jugement et recommandations qui caractérisent les trois premières générations. Ce type d'évaluation adopte une posture « répondante » aux significations et aux interprétations des acteurs favorisant le dialogue, la collaboration, la réflexivité et la négociation, (Anadón, Sauvé, Torres et Boutet, 2000 ; Anadón et Savoie-Zajc, 2003 ; Zuñiga, 1994).

Ces nouvelles formes de recherche où le chercheur devienne un collaborateur des acteurs impliqués, montrent que les intentions et les pratiques ont en commun de faire de la recherche « avec » plutôt que « sur » les enseignants. Malgré les accents particuliers de ces diverses formes de recherche participatives, elles partagent le postulat que certaines pratiques de recherche permettent un effectif développement professionnel car elles développent chez les personnes impliquées, la confiance en ses capacités personnelles, la responsabilité face à ses choix de stratégies d'action et le sentiment que cette action peut permettre de progresser vers une transformation personnelle et professionnelle.

Ainsi, la recherche en éducation se donne de nouvelles préoccupations, de nouveaux axes de développement qui mettent la pratique éducative au centre des relations entre la recherche et l'intervention. Comme l'actuel portrait historique ne peut pas se prêter à une analyse complète des différents axes de recherche, on se contente ici d'identifier certaines thématiques qui préoccupent actuellement la recherche en éducation. Schématiquement, on peut classer les présentes recherches sur la profession enseignante en quatre grandes problématiques : les cheminements antérieurs des professionnels de l'enseignement (trajectoires scolaire et sociale, attentes, représentations, modèles de la profession, etc.), la formation initiale (formateurs, contenus, savoirs, etc.), l'insertion professionnelle (la socialisation professionnelle, la construction de l'identité, etc.), l'exercice de la profession (le cadre de travail, la formation continue, etc.), et le développement professionnel.

Points importants de chaque période

Émergence d'une recherche sur l'éducation
(1960-1970)

○ mise sur pied de la Commission royale d'enquête sur l'enseignement (1961)
○ création du ministère de l'Éducation du Québec (1964)
○ élaboration des grandes politiques scolaires
○ orientation vers un but axiologique de la recherche
○ création des départements et facultés d'éducation en vue de :
  – renforcer l'enseignement disciplinaire
  – faire profiter la formation des maîtres de l'interfécondation de l'enseignement et de la recherche
  – rehausser le niveau et le prestige de la profession enseignante
  – il n'y a pas de mission de recherche
○ dominance des autres sciences sociales et humaines

La recherche en éducation, emprise du paradigme positiviste expérimental
(1970-1983)

○ création du programme FCAC d'aide aux chercheurs
○ valorisation de la recherche universitaire
○ uniformité épistémologique (positiviste-empiriste)
○ éloignement de la pratique enseignante
○ fragmentation dans l'étude du phénomène éducatif
○ bilan négatif de la recherche en éducation (rapport Angers)
  – l'éducation n'est pas un domaine structuré du savoir
  – elle n'a pas de fondements conceptuels et méthodologiques propres
  – recherches monodisciplinaires
  – coupure des milieux de pratique

Émergence et stabilisation d'un nouveau paradigme
(1984-début des années 1990)

○ mise en évidence des limites du paradigme positiviste
○ émergence d'un nouveau paradigme (expérience humaine, diversité, complexité, intersubjectivité)
○ passage de la macro à la microanalyse
○ préoccupation de produire un savoir significatif pour la pratique
○ nouvelles manières de faire la recherche

Maturité du paradigme et préoccupations centrées sur la profession enseignante
(Début des années 1990 à aujourd'hui)

○ problématique de la professionnalisation de l'enseignant et de l'enseignement
○ finalités de la recherche : perfectionnement et développement professionnel
○ réflexion sur l'action
○ prise en compte de la complexité de l'action sociale et éducative
○ mise en valeur de la dialectique théorie-pratique
○ mise au point d'approches plus compréhensives (recherche-action, recherche collaborative, recherche évaluative)
○ recherche préoccupée par la formation initiale et continue

3 Conclusion

Pour conclure ce parcours historico-épistémologique de la recherche en éducation au Québec, on peut affirmer que l'analyse de ces différentes périodes de la recherche et les réflexions qu'elle provoque portent à croire que nous sommes dans un moment très important du développement de la recherche en éducation. En effet, celle-ci prend un virage qui met fondamentalement l'accent sur le renouvellement de la pratique enseignante sans négliger la recherche fondamentale, le développement de la pensée et l'actualisation de la fonction critique que tout chercheur doit assumer dans la société.

4 Activités d'appropriation

• Pourquoi dit-on que la période 1960-1970 se caractérise par une recherche sur l'éducation ?

• Rendez compte des principaux éléments de la période 1970-1983 et montrez la suprématie du paradigme positiviste et expérimental dans la recherche en éducation.

• Pendant la troisième période de 1984 au début des années 1990, les sciences sociales et humaines sont fortement mises en cause. Sous l'influence de quelles « visions » épistémologiques, les chercheurs en éducation ont-ils mis en place un nouveau paradigme de recherche ?

• Pendant les années 1990, la recherche en éducation centre ses préoccupations sur la profession enseignante et sur le développement professionnel. Décrivez les deux grands principes qui sont à la base de ces nouvelles orientations de la recherche en éducation.

• Tout acteur social peut réfléchir en cours d'action ou sur son action ou sur « sa pratique ». Que serait une pratique réflexive pour l'enseignant en formation ? Comment cette pratique réflexive peut-elle contribuer à la recherche en éducation ?

5 Concepts importants

Vous trouverez une définition des mots clés suivants dans la section « Glossaire » : acte professionnel, approches disciplinaires, approches interdisciplinaires, épistémologie, modèle, paradigme, paradigme compréhensif/interprétatif, paradigme positiviste-empiriste, profession, professionnalisation.

ı◉▬▬Lectures complémentaires

Chalmers, A.F. (1987). *Qu'est-ce que la science ? Récents développements en philoso-phie des sciences*. Paris : Éditions La Découverte.

Cet ouvrage passionnant montre comment, depuis quelques décennies, il est devenu difficile d'ignorer le sujet dans la construction des connaissances scien-tifiques.

Fourez, G. (1996). *La construction des sciences. Les logiques des inventions scientifiques* (3ᵉ édition). Bruxelles : De Boeck.

Introduction à une épistémologie constructiviste et à une réflexion sur la construction sociale des savoirs scientifiques. Ce livre permet de dépasser les concepts des épistémologies empiristes et positivistes pour voir comment les pratiques scientifiques s'insèrent dans l'histoire de l'humanité.

Lessard, C., Perron, M. et Bélanger, P. (dir.) (1991). *La profession enseignante au Québec – Enjeux et défis des années 1990*. Québec : Institut québécois de recherche sur la culture.

Cet ouvrage collectif aborde de différents points de vue le travail enseignant et les mouvements de professionnalisation.

Mucchielli, A. (dir.) (1996). *Dictionnaire des méthodes qualitatives en sciences humaines et sociales*. Paris : Armand Colin.

Cet ouvrage collectif aborde les différents concepts utilisés en recherche qualitative.

Deuxième chapitre

L'éthique et la recherche sociale

Denis Harrisson
Université du Québec à Montréal

■■■■ Plan du chapitre

■■■■ Résumé

Ce texte retrace les étapes importantes du développement de l'éthique sur nos pratiques en recherche auprès des sujets humains. Il examine les conditions nouvelles dans lesquelles l'éthique évolue en sciences humaines et sociales. L'éthique en recherche est vue comme un ensemble de pratiques normatives, notamment dans le cadre des obligations, telles que les Comités d'éthique en recherche (CÉR), les certificats de conformité aux normes éthiques ainsi que l'examen imposé des dimensions éthiques comme le risque minimal, le consentement écrit, l'anonymat et la confidentialité. Par ailleurs, les réflexions sur l'éthique convergent vers un appel à la responsabilité des chercheurs, tel un citoyen en interaction avec d'autres citoyens. Pour terminer, le texte examine quelques questions éthiques qui peuvent se poser en recherche qualitative et quantitative ; en dernier lieu, il propose une discussion à partir de trois exemples.

■■■■Introduction

Supposons que vous soyez un professeur d'université et que vous effectuiez une enquête sur les comportements de coopération entre les étudiants. Dans un cours, vous distribuez un questionnaire à tous les étudiants de la classe et les obligez à le remplir à titre d'exigence du cours. Supposons encore qu'après cinq entretiens de recherche auprès des employés d'une grande organisation, le directeur des ressources humaines exige que vous lui fassiez rapport du contenu de ces entretiens, sinon il met un terme à votre enquête. Enfin, supposons que dans une recherche de type longitudinal, vous numérotiez les questionnaires de façon à pouvoir retracer les répondants et relancer un deuxième puis un troisième envoi après quelque temps auprès des mêmes répondants, sans toutefois leur mentionner que la numérotation des questionnaires sert à cette fin.

Ces trois exemples brièvement présentés posent autant de problèmes d'éthique en recherche auprès des sujets humains. Dans le premier cas, le chercheur ne peut obliger quiconque à répondre à un questionnaire. En effet, le sujet est toujours libre de répondre ou pas à un questionnaire et s'il accepte de le faire, il peut se retirer en tout temps d'un protocole de recherche. Dans le deuxième cas, si le chercheur remet à un tiers les documents de recherche obtenus auprès des répondants sans leur consentement après que le chercheur se soit engagé à la confidentialité et à l'anonymat, il déroge à un principe éthique accepté. Enfin, dans le dernier exemple, le numéro du questionnaire permet d'identifier le répondant à son insu, de façon à effectuer un nouvel envoi alors que ce dernier est persuadé que les réponses aux questions posées sont anonymes. Dans toute recherche qui implique une collecte d'informations auprès des sujets humains, la dimension éthique doit être considérée avec circonspection.

La recherche universitaire implique un processus de découverte et d'innovation et elle se déroule généralement auprès d'une population qui ne possède pas l'information dont dispose le chercheur. Le processus de recherche inclut une part d'incertitude, notamment quant aux risques que peuvent subir les sujets humains au moment de l'enquête. Les trois exemples précédents semblent relativement anodins, mais que feriez-vous si l'un des répondants vous poursuivait en justice parce que vos notes de terrain ont été égarées et retrouvées par quelqu'un qui les a lues, qui a identifié le répondant, et qui en parle publiquement alors que l'entretien devait rester confidentiel et anonyme ? Comment réagiriez-vous si, à la suite d'une série de questions concernant l'impact du divorce des parents sur le rendement scolaire, un enfant que vous interrogez faisait une crise d'angoisse ?

Dans ce chapitre, nous traitons de l'éthique en recherche auprès des sujets humains et particulièrement des derniers développements connus en la matière dans les universités canadiennes à la suite de la mise en œuvre de la politique des trois Conseils de recherche du Canada : le Conseil de recherches médicales du Canada (CRM), le Conseil de recherches en sciences naturelles et en génie du Canada (CRSNG) et le Conseil de recherches en sciences humaines du Canada (CRSH). Tout d'abord, nous tentons de définir l'éthique en recherche et en traçons l'origine et l'historique. Dans une autre section, nous présentons l'éthique normative qui consiste à codifier des pratiques de recherche et à définir avec plus ou moins de précisions ce qui relève d'une bonne pratique de recherche. L'Énoncé de politique des trois Conseils transforme les pratiques codifiées en renouvelant sous des formes plus rigoureuses et contraignantes les procédures d'acquisition d'un certificat de conformité aux normes déontologiques. Mais l'éthique ne s'arrête pas là, elle évolue dans une société pluraliste dont les citoyens ont le pouvoir d'en débattre la portée, les formes et le contenu. Aussi, dans une dernière section, nous proposons quelques jalons qui permettent de poursuivre la réflexion sur l'éthique en recherche.

2 Un nouveau contexte pour l'éthique

L'objet même de la recherche, le type de recherche, les interactions entre les chercheurs et les répondants, le traitement des informations colligées auprès de sujets humains et même la diffusion des résultats de la recherche doivent être considérés sur le plan éthique. Historiquement, les bénéfices de la recherche scientifique ont été jugés plus grands que les risques encourus par les personnes. On a cru que la science se produisait de manière objective et rigoureuse, qu'elle était en quelque sorte neutre face à la société. L'acquisition des connaissances sur l'humanité, sur son mode de fonctionnement et sur son comportement a été guidée par l'idée qu'il fallait d'abord et avant tout faire progresser la science. Cette notion de progrès qui a dominé durant une grande partie du XXᵉ siècle s'est imposée, légitimant en quelque sorte les recherches auprès de sujets humains sans trop se prononcer sur le sort des personnes qui, parfois à leur insu, se sont prêtées à différentes enquêtes. La préoccupation principale des chercheurs était alors avant tout méthodologique et stratégique ; il s'agissait d'obtenir des résultats valides sur le plan scientifique.

Depuis la fin de la Deuxième Guerre mondiale, le contexte politique et social a donné lieu à une réflexion approfondie sur les conséquences et les risques de la recherche pour les sujets humains, ce qui a conduit à une codification des principes éthiques. La recherche scientifique n'est plus un processus d'interaction qu'on place à l'écart des autres sphères d'activités sociales et politiques, auréolée et bénéficiant d'un statut protégé. De nos jours, nombre de recherches sont effectuées. La recherche est un mode dominant d'acquisition de connaissances sur l'humanité. Les chercheurs, qu'ils soient professionnels, professeurs ou étudiants, subissent beaucoup de pressions pour arriver à des résultats positifs dans des délais prescrits, puis à publier ces résultats dans un mémoire, une thèse ou un article ; ils obtiennent un diplôme ou de l'avancement, sont gratifiés de prestige et de renommée. Les carrières scientifiques se font et se défont au gré des découvertes et de leur importance. Un projet de recherche peut mener à des résultats valides sur les plans conceptuel et méthodologique, sans tenir compte des risques pour les sujets humains, c'est-à-dire en faisant l'économie de certains principes éthiques. Cependant, l'essor des droits humains et leur reconnaissance dans des chartes comme la *Déclaration universelle des droits de l'homme* en 1948, la *Charte des droits et libertés au Canada* en 1982, la *Déclaration d'Helsinki* sur la recherche clinique en médecine en 1964 et bien d'autres documents et leurs nombreux amendements subordonnent les activités sociales à des principes de respect de l'intégrité et de la dignité humaine. La recherche scientifique n'échappe pas à la portée de ces déclarations (Reynolds, 1979). Le contexte évolue également sous l'effet des développements récents des technologies, notamment les technologies biomédicales et les technologies de la reproduction humaine qui nous conduisent vers des frontières encore inconnues. Les questions sont si importantes qu'une nouvelle discipline s'y consacre entièrement. En effet, la bioéthique est à l'origine des développements les plus récents en éthique de la recherche soumis à ce faisceau de transformations de la recherche elle-même ainsi que des changements au sein des collectivités et des sociétés qui les produisent.

L'éthique relève du domaine de la philosophie qui se préoccupe des valeurs qui guident les conduites et les comportements humains. Fondée sur des principes moraux, l'éthique concerne essentiellement la détermination des principes qui distinguent le bien du mal, le bon du mauvais, le vrai du faux ; elle concerne aussi le sens qu'on donne à ces termes et à ceux qui renvoient aux principes de justice, d'équité et d'intégrité. Quels arguments justifient une position par rapport à une autre ? Quels jugements prononcés posent une appréciation normative du bien et du mal ? Dès lors, on comprend la très grande complexité de l'éthique puisqu'elle concerne tous les citoyens d'une société donnée à une époque déterminée. Il a déjà été possible et normal d'essayer de nouveaux médicaments ou de nouveaux traitements sur des patients sans en informer ces derniers et sans que les chercheurs ne soient par ailleurs blâmés à cause d'un comportement non éthique. D'ailleurs était-ce non éthique à cette époque ? De nos jours, tout sujet humain qui se soumet à un protocole de recherche devrait le faire de manière volontaire et en toute connaissance de cause.

L'éthique qui prend place dans les pratiques actuelles de recherche est le résultat d'un long processus de réflexion et de prise de décision qui engage à la fois les chercheurs et les sujets humains, mais également les responsables politiques et les citoyens. Départager le bien du mal n'apparaît pas d'une manière aussi limpide qu'il semble. Comme le mentionne Jonas (1990), si la morale chrétienne est en mesure d'énoncer un principe tel que « Tu ne tueras point », c'est que non seulement il est vraisemblable qu'un homme puisse en tuer un autre, mais que l'acte lui-même est accompli, et ce, depuis le début de l'humanité. Cependant, on sait qu'en certaines circonstances comme lors d'une guerre ou dans les cas de légitime défense, l'acte de tuer est accepté socialement à certaines conditions. L'éthique donne lieu à des débats frénétiques et à des conflits de valeurs qui ne se concluent que très rarement en solutions définitives. Même s'il est légitime de tuer l'ennemi au cours d'une guerre, l'acte apparaît répréhensible en soi. Tout dépend évidemment du point de vue : celui qui défend la souveraineté d'un territoire menacé par un voisin agressif ou celui qui défend la vie comme une valeur absolue en toutes circonstances.

La recherche n'échappe pas à ce débat de valeurs. Quel est le plus important ? Sacrifier un petit échantillon d'individus qui se prêtent à une expérience angoissante au profit de résultats de recherche qui seront profitables à une collectivité élargie ou interdire toute pratique de recherche qui met en danger l'intégrité physique et psychologique des sujets humains même si, ce faisant, l'humanité se prive de connaissances qui peuvent faire progresser le bien-être des individus ? Le cœur du débat en éthique de la recherche se trouve justement dans cette question : comment hiérarchiser des valeurs qui paraissent aussi importantes les unes que les autres ? Certains problèmes éthiques, tels que ceux qui ont été mentionnés au début de ce texte, sont résolus et semblent faire consensus au sein de la communauté des chercheurs. Ainsi, les participants à un projet de recherche sont généralement informés des objectifs et des effets prévisibles de leur participation. Ils sont volontaires, en pleine connaissance de cause, l'anonymat est protégé ainsi que la confidentialité, les informations ne sont divulguées que sous forme agglomérée. Dans la très grande majorité des projets de recherche, les sujets humains ne sont pas soumis à des risques insensés, les chercheurs sont honnêtes et intègres ; toutes les précautions sont prises afin d'éviter des préjudices aux répondants. Mais si on a réussi à s'entendre sur ces principes éthiques élémentaires, d'autres problèmes vont apparaître pour lesquels les solutions ne sont pas connues. Robert Levine raconte qu'à l'École de médecine où il a fait son apprentissage au début des années 1960, il a été chercheur et sujet de recherches pour plusieurs projets (Levine, 1999). Il a injecté dans les veines de patients des substances dont la sécurité était douteuse en regard de ce qu'on sait maintenant ; il a lui-même reçu une greffe de peau d'un donneur inconnu. Si rien ne s'est produit, c'est sans doute dû à la chance bien plus qu'à autre chose. C'était, dit-il, une période empreinte d'idéalisme, de confiance aveugle devant les bénéfices de la science et de pensées simplificatrices. Les problèmes éthiques semblaient rares et quand ils se posaient, les solutions étaient vite trouvées. Nous savons maintenant que certaines expériences ont été réalisées dans des conditions dont l'éthique serait à discuter. Dans certains cas, les chercheurs ont été récompensés pour leur découverte prestigieuse.

Les jugements éthiques diffèrent selon les époques ou selon les types de société, car les principes moraux qui les instituent ne sont pas soumis à une évaluation rationnelle. En effet, la distinction du bien du mal repose sur des conventions empreintes de subjectivité qui sont propres à une société particulière. Aucun code d'éthique universel ne traverse toutes les sociétés et toutes les époques. En effet, chaque collectivité, influencée par sa culture, développe ses propres codes moraux. Rien ne permet d'affirmer que la culture d'un groupe donné ou d'une collectivité à une période donnée soit supérieure à une autre. En quoi l'éthique de la recherche au début du XXᵉ siècle était-elle répréhensible ? L'anthropologue britannique d'origine polonaise, Malinowski (1985), n'avait pas de certificat de conformité aux normes éthiques de son université quand il observait les Trobriands dans les îles mélanésiennes du Sud. Il avait une idée bien personnelle de l'éthique qu'il fondait sur « une appréhension instinctive de l'individu en tant qu'être unique et cohérent dans son unicité : une personne » (p. 287). Pour le père de la théorie fonctionnaliste, un chercheur devait être authentique dans des situations différentes et être sincère en tout temps. Ces principes rompent avec la morale chrétienne de l'époque. En effet, pour Malinowski, qui a effectué des observations sur le terrain au moment où la Première Guerre mondiale sévissait en Europe, le précepte « Aime ton prochain » ne reflétait guère de vérité réelle. Il a réussi à bien démarquer son travail théorique et scientifique de ses rapports quotidiens avec la population locale, mais son journal d'ethnographe reflète les sentiments d'ambiguïté à l'égard des populations qu'il observait. Il s'est même querellé avec l'un de ses sujets de recherche. Au regard de maintenant, cela semble inacceptable, mais à son époque, les contremaîtres corrigeaient les employés par la bastonnade… Souvent irrité et irritable, Malinowski n'en a pas moins contribué, bien malgré lui, à concevoir une éthique moderne fondée sur la sincérité des relations avec autrui. Il a été l'un des premiers à s'installer à long terme parmi les populations indigènes; il a cherché avant tout à respecter les coutumes des populations et à se servir de leur avis et de leurs opinions comme source documentaire. Il est donc difficile de déterminer en dehors de tout doute raisonnable ce qui est une pratique éthique irréprochable dans une société donnée.

De nos jours, le jugement éthique repose sur l'équilibre des conséquences du processus de recherche pour les sujets humains quant aux bénéfices et aux risques pour les sujets. L'intégrité humaine est le concept central dans l'évaluation des risques. Il ne s'agit pas seulement de réduire ou d'éliminer complètement l'exposition des sujets à des dangers physiques ou psychologiques, mais toute manipulation, tromperie ou duperie, en ce qu'elle compromet l'être humain dans une position précaire, est moins acceptable en recherche à défaut d'être entièrement proscrite. Ce jugement n'est pas porté en dehors de toute autre considération sociale. Ainsi, l'éthique en recherche est corollaire du développement des considérations éthiques dans bien d'autres domaines, tels que l'éthique professionnelle par laquelle on peut interroger la pratique d'un ingénieur réalisant des économies sur la qualité des matériaux d'un édifice qui sera construit dans une zone sismique. En éthique environnementale, on se demande s'il est éthique d'envoyer des déchets toxiques vers un autre pays parce que les résidants d'ici n'en veulent pas. Ou encore, est-il éthique de mettre sur le marché des aliments transgéniques sans que l'étiquette en fasse mention? Dans la pratique des affaires, est-il éthique de licencier 2 000 employés au nom de la rationalisation afin d'accroître la valeur des actions? Est-il éthique de délocaliser une entreprise vers un pays du tiers-monde dont on sait que le travail des enfants est légal mais sous-payé et réalisé dans des conditions précaires?

La plupart des jugements éthiques sont essentiellement portés dans un cadre normatif; ils donnent lieu à des codes prescriptifs qui obligent les participants à s'y soumettre en dehors de tout jugement personnel. Les codes édictent les bonnes pratiques éthiques et les départagent des mauvaises. C'est sur ce plan que la recherche sur l'éthique se concentre. Le jugement scientifique sur l'être humain ne s'effectue plus de façon absolue, il doit dorénavant composer avec ce qu'il faut protéger chez l'être humain, même s'il y aura sans doute toujours des problèmes qui échapperont au filet de sécurité que tendent les codes d'éthique. Dans la prochaine section, nous examinons les préceptes et les conditions qui ont conduit à l'élaboration d'un nouveau code d'éthique en recherche.

3 Les fondements de la nouvelle éthique

Le Code de Nuremberg marque le début de l'ère moderne de l'éthique en recherche (Reynolds, 1979). Après la Deuxième Guerre mondiale, les alliés ont été choqués par les pratiques douteuses auxquelles les médecins nazis s'étaient livrés. Plusieurs expérimentations de recherche en médecine et en psychologie ont été effectuées, dans des conditions empreintes de cruauté, auprès de prisonniers des camps de concentration. Le Code de Nuremberg a été adopté à la suite du procès militaire que les alliés ont livré aux dirigeants nazis responsables de crimes de guerre. Le Code définit les principes éthiques et les droits des sujets humains qu'on connaît maintenant et qui sont mis en pratique en recherche : le principe du consentement volontaire ; l'évitement de souffrances physiques et mentales inutiles ; les expérimentations qui conduisent à des pertes permanentes ou temporaires de fonctionnement ou même à la mort ; le principe que les expériences scientifiques doivent être conduites par des chercheurs qualifiés qui portent attention aux difficultés que peuvent poser leur recherche pour l'intégrité des sujets humains ; le principe que les résultats de recherche doivent contribuer au mieux-être de la société et qu'on ne peut y parvenir par d'autres méthodes. Le Code de Nuremberg est le résultat d'une évaluation des pratiques de recherche en médecine. Toutefois, l'éthique en recherche se pose maintenant pour toutes les disciplines, y compris les sciences humaines et les sciences sociales dont les pratiques sont également soumises à une politique et à un code. Les pratiques des Comités d'éthique en recherche (CÉR) datent de quelques années. Dans les hôpitaux et dans les centres de recherche pharmaceutique et biomédicale, cela fait environ quarante ans que les projets de recherche sont soumis à une évaluation des CÉR. Mais en sciences sociales et humaines, c'est relativement nouveau. La psychologie est sans doute la discipline des sciences humaines qui a été la plus soumise à de telles pratiques.

3.1 L'éthique normative

Le changement le plus important en éthique normative consiste à la mise en œuvre d'une politique des trois Conseils intitulée *Éthique de la recherche avec des êtres humains* (1998). Les implications pour l'éthique en recherche sont importantes et nombreuses. Essentiellement ne sont traités ici que les aspects de la politique qui apparaissent comme les plus importants, à savoir la création d'un Comité d'éthique en recherche (CÉR) dans toutes les universités et centres de recherche canadiens, le consentement éclairé exigé dorénavant dans toute recherche sur des êtres humains et une conception de l'éthique qui s'amalgame à la notion de risque minimal pour les sujets humains.

L'énoncé de politique des trois Conseils remplace les codes d'éthique mis en place au cours des années précédentes dont le Code déontologique de la recherche utilisant des sujets humains du Conseil de recherche en sciences humaines. Il existait bien un Code auquel se soumettaient les chercheurs, mais son application semblait plutôt laxiste. En effet, les chercheurs ont toujours été soumis par un engagement écrit à des principes éthiques, dont ceux du libre consentement des sujets humains, de l'anonymat et de la confidentialité. Il suffisait de remplir un formulaire et de le faire approuver ; cela servait de sauf-conduit pour toute la durée de la recherche. La recherche était sans doute réalisée dans de bonnes conditions éthiques, mais peu de chercheurs s'en souciaient ou en discutaient avec les sujets humains ou encore avec les pairs. La grande majorité des recherches s'effectuaient sans problèmes apparents, du moins le croit-on, car nous n'avons que rarement l'occasion de nous demander ce qui se produit chez le sujet une fois que le projet est terminé. De trop rares recherches ont été menées dans le domaine de l'éthique en recherche, et encore moins en sciences sociales et humaines, tellement les chercheurs sont persuadés que leurs recherches produisent peu d'effets à cet égard. Ils croient faire bien ou, au pire, que l'effet est neutre. Seuls les cas les plus graves et les plus percutants sont «documentés», comme celui de ce sociologue qui, après avoir observé le comportement d'homosexuels dans un endroit public, a relevé le numéro de plaque de leur voiture, s'est enquis auprès de la police pour obtenir leurs adresses puis s'est présenté chez eux sous fausse représentation, prétextant un autre projet de recherche et mentionnant aux sujets que leurs noms avaient été choisis au hasard. Tout cela visait à recueillir des informations personnelles sur les sujets de la recherche que l'observation n'avait pas permis d'obtenir (Punch, 1994).

Les CÉR doivent examiner tous les projets de recherche subventionnés ou non, y compris les commandites, ainsi que les projets de mémoire et de thèse des étudiants inscrits dans les différents programmes de deuxième et troisième cycles. Le CÉR a le pouvoir d'accorder un certificat de conformité aux normes éthiques. Dans le cas contraire, il revient au chercheur de démontrer que son projet respecte les exigences éthiques telles que le stipule l'Énoncé et de documenter le projet de façon à ce que le CÉR puisse rendre une décision en toute connaissance de cause. Le CÉR a aussi le pouvoir de refuser une recherche dont les prévisions éthiques sont insuffisantes et d'exiger que le projet ne puisse être réalisé sans modification au protocole ou à la méthodologie. La politique introduit également le suivi éthique. Ainsi, il ne s'agit plus de montrer la valeur éthique du projet une seule fois au début des travaux, puis de réaliser le projet sans rendre compte à quiconque des dimensions éthiques. L'énoncé prévoit un suivi continu : les chercheurs devront se préoccuper de l'aspect éthique tout au long de la recherche par des contrôles périodiques des membres du CÉR. Encore ici, si les garanties ne sont pas suffisantes, le CÉR pourrait exiger du chercheur qu'il modifie son projet et, dans le cas contraire, le certificat de conformité aux normes éthiques pourrait être résilié. Un chercheur ou un étudiant qui ne se conforme pas à ces exigences ne peut plus faire de la recherche, il ne peut plus bénéficier de subventions de recherche et les universités ne pourront plus appuyer une démarche de recherche de l'un de ses membres qui contrevient aux principes et aux règles de l'Énoncé. D'ailleurs, les universités ne sont pas uniquement tenues de former des CÉR, elles doivent également adopter une politique en matière d'éthique qui s'inspire ou qui imite l'Énoncé des trois Conseils.

Examinons maintenant le contenu de cet Énoncé et les principes éthiques directeurs qu'il sous-tend. Dans leur ensemble, les principes énoncés ne diffèrent guère de ceux qui ont été adoptés dans les Codes d'éthique et de déontologie à la suite du Code de Nuremberg : le respect de la dignité humaine, le respect du consentement libre et éclairé, le respect des personnes vulnérables, le respect de la vie privée et des renseignements personnels, le respect de la justice et de l'intégration, l'équilibre des avantages et des inconvénients de la participation à la recherche, la réduction des inconvénients et l'optimalisation des avantages. Ces principes s'accordent avec les valeurs principales de la citoyenneté dans les démocraties occidentales. En effet, le sujet humain d'une recherche est avant tout un citoyen qui participe à la vie civile qui ne se conçoit que dans le cadre d'une conception démocratique de la société. La recherche ne se dérobe pas à ces principes, elle n'est pas une activité qui s'inscrit au-dessus des considérations humanitaires. Nous quittons l'ère de la recherche à tout prix, qui carbure au progrès scientifique, technologique et social. La recherche auprès des sujets humains est dorénavant subordonnée à des valeurs plus fondamentales : la dignité et le respect des personnes humaines.

Deux de ces principes, le consentement éclairé et le risque minimal, qui apparaissent innovateurs, sont transformés de manière à modifier passablement notre façon de concevoir l'éthique en recherche. Le consentement libre et éclairé se révèle un principe clé dans tous les rapports entre un chercheur et les sujets humains. Ce principe fondateur dans le Code de Nuremberg est reconduit chaque fois dans tous les codes d'éthique en recherche. Quiconque a déjà fait de la recherche sait que les gens doivent être informés de ce qu'on attend d'eux et ils doivent librement consentir à agir en ce sens. Néanmoins, libre au chercheur de divulguer ce qui lui semble être du domaine public et d'en informer le sujet sans introduire de biais méthodologique. L'Énoncé ajoute que ce consentement libre et éclairé devrait être signé dans tous les cas où le projet de recherche s'y prête. Ce n'est pas une règle absolue, mais le consentement écrit est fortement recommandé. Dans ce cas, il est difficile pour le chercheur de se dérober à sa responsabilité d'informer adéquatement le sujet. Ce dernier, tel un citoyen responsable, n'accorde son consentement qu'à partir du moment où il est informé des avantages et des inconvénients de sa participation au projet de recherche. Ainsi, un processus d'observation ou un entretien de recherche sur un objet quelconque n'est réalisé qu'après que la ou les personnes impliquées aient été informées des buts du projet et des attentes du chercheur à leur égard et qu'elles aient donné leur autorisation. Ce principe du consentement libre et éclairé, dans certains cas écrit, est le corollaire d'un autre principe qui consiste à réduire, sinon à éliminer, le risque pour tout participant à une recherche.

La notion de risque minimal est difficile à circonscrire. Elle signifie qu'un sujet humain d'un projet de recherche n'est pas exposé à des situations qui engendrent plus de risques ou d'inconvénients que dans la vie de tous les jours. Ainsi, divulguer des informations lors d'un entretien de recherche ou être l'objet d'une observation dans le cadre d'une activité de recherche ne devraient pas conduire le sujet à s'exposer à des risques inédits. Il revient au chercheur, au moment de la présentation de son projet, de démontrer qu'il n'y a pas de risques et que si la recherche engendre un certain nombre de risques, il lui revient de montrer comment il entend récupérer et corriger la situation après coup. Dans l'esprit de l'Énoncé, un sujet qui consent à participer à une recherche accepte de s'exposer à des risques connus dont le chercheur s'engage à minimiser l'effet à terme. Par exemple, il peut arriver au cours d'un entretien que le sujet se remémore une situation désagréable qui engendre de l'anxiété. Lorsque cela est possible, le chercheur doit prévoir cette situation ; il doit aussi prévoir les moyens d'y remédier. Le sujet doit être informé des répercussions éventuelles de sa participation et il n'y consent qu'en toute connaissance de cause. À cet égard, une attention particulière doit être portée aux personnes vulnérables dont les capacités de se défendre sont réduites : les enfants, les personnes âgées, les personnes handicapées ou déficientes. Enfin, la duperie et la tromperie qui sont des procédés utilisés en recherche afin d'étudier le comportement humain par rapport à certains phénomènes difficilement observables en situation réelle ne sont pas des méthodes admises sur le plan éthique. On sait toutefois que, pour certaines recherches, il n'y a que ces méthodes qui sont valides. Si c'est le cas, le chercheur doit prévoir des moyens de rétablir le sujet dans une situation normale et l'informer après coup de ce qu'il a subi, puis de prévoir des moyens pour annuler les effets contraignants.

Le consentement écrit et le risque minimal obligent le chercheur à être précis et circonspect dans ses rapports avec le sujet. Il développe une sensibilité à l'éthique fort différente de l'éthique contractuelle antérieure qui reposait sur un engagement somme toute superficiel telle une simple formalité, du moins en sciences sociales. Avec ce nouvel énoncé, les trois Conseils souhaitent faire de la recherche une activité sociale soumise aux mêmes valeurs, normes et comportements qui régissent toute interaction entre des êtres humains en rééquilibrant ainsi l'asymétrie de pouvoir et de savoir entre la communauté des chercheurs et les sujets humains.

L'éthique normative repose donc sur la mise en place d'une structure coercitive, mais il y manque un autre élément important, celui de la compréhension et de l'intégration des normes éthiques par les chercheurs. Comme tout système régulatoire, il serait facile de penser que les chercheurs se soumettent à de nouvelles obligations tout simplement parce que le système est devenu incontournable. L'Énoncé de politique mentionne d'ailleurs que les Conseils ne vont subventionner que les chercheurs et les organisations de recherche qui sont en mesure de répondre à leurs exigences. Les chercheurs pourraient alors faire le nécessaire pour obtenir le certificat de conformité aux normes éthiques, puis réaliser leur projet de recherche sans être guère plus sensibilisés à la dimension éthique. Dans certains cas, il serait facile de répondre uniquement aux exigences des CÉR, mais être dans l'impossibilité de répondre aux problèmes éthiques qui se posent en cours de recherche et qui n'ont pas été identifiés au départ, la recherche étant un processus qui comprend de nombreuses activités imprévisibles.

Les principes que mettent en œuvre les trois Conseils de recherche marquent un pas vers l'institutionnalisation de l'éthique. En effet, les principes proposés à la suite d'une longue et fructueuse réflexion sur l'éthique en recherche, à la lumière des développements en bioéthique et l'essor des droits de la personne, s'instituent davantage comme une régulation qui s'impose à la communauté des chercheurs (Bourgeault, Bélanger et Desrosiers, 1997). Les trois Conseils confinent l'éthique à des principes bien délimités et retiennent le débat entre les membres des CÉR. Mais quelle éthique est proposée pour la société ? Peut-on la reconduire aux mains des citoyens et leur remettre des responsabilités comme le demande Hans Jonas ou doit-on s'engager encore plus sur la voie de l'institutionnalisation et de la compartimentalisation disciplinaire de l'éthique ? Quelle éthique est valable dans une société pluraliste ? Pour des éthiciens comme Guy Bourgeault, la morale classique disparaît peu à peu, mais elle n'a pas encore été remplacée par l'éthique, qui en serait plutôt à une étape transitoire sans nécessairement avoir développé un paradigme propre à une société démocratique et pluraliste.

L'éthique normative émet des principes qui s'érigent en code, telle une nouvelle morale. Les CÉR prennent le relais et s'imposent comme les gardiens de ce code qu'ils appliquent et gèrent. Qui va définir ce qui est un risque minimal ? Quand et dans quelles circonstances le consentement écrit s'applique-t-il ? Que diront les CÉR devant des projets qui s'intéressent à des aspects illégaux ou tabous de la société ? Comment obtenir le consentement des participants à une recherche sur le travail au noir, les itinérants, la prostitution ? Comment définir le risque minimal dans des circonstances où le risque quotidien est déjà grand ? Par exemple, quel est le plus grand risque pour un ouvrier assembleur sur une chaîne de montage ? Répondre pendant une heure aux questions d'un sociologue dans un bureau climatisé ou être exposé à des risques d'accidents et de maladies professionnelles une heure de plus à son poste de travail ? Bien sûr, ce ne sont pas les mêmes risques. Les conditions de réalisation de la recherche seront plus difficiles qu'elles ne l'étaient. Peut-être même que certains projets de recherche ne verront pas le jour. Les résultats de la recherche sont toujours obtenus sous de multiples contraintes : sociales et politiques, théoriques, méthodologiques, financières et administratives. Voilà que l'éthique de la recherche, du moins telle qu'elle a été institutionnalisée par les trois Conseils, apparaît également comme une contrainte dans la mesure où les chercheurs sont dorénavant redevables devant le CÉR de leur établissement qui, en plus de l'examen du projet de recherche initial, peut intervenir à des moments précis pendant le déroulement de la recherche.

L'éthique normative n'apparaît pas comme une condition suffisante pour assurer une démarche éthique globale en recherche sociale. D'abord, le Code est fondé sur le paradigme des sciences médicales alors que la recherche en sciences sociales ne génère pas un niveau de risque aussi grand qu'en sciences biomédicales. De plus, les risques ne sont pas du même ordre. Le processus de recherche sociale consiste essentiellement à observer, à interroger et à questionner ; il y a peu d'expérimentations et de manipulations. Ensuite, le Code repose sur une démarche de recherche positiviste, comme si toutes les difficultés pouvaient être identifiables dès le projet de recherche alors que bien des situations imprévisibles peuvent se présenter en cours de route surtout quand la recherche repose sur des méthodes inductives. Enfin, le Code repose sur l'idée que tous les citoyens sont égaux, mais la réalité informe qu'ils sont exposés à des risques différents et de façon inégale dans la vie. L'égalité est encore un objectif à atteindre dans une société démocratique. Le défi pour les CÉR consiste alors à traiter de nombreuses situations et le danger est grand de tenter d'aplanir les critères d'évaluation en fonction d'un seuil universel. Aussi, la tentation de renforcer le pouvoir d'intervention des CÉR est grande, afin de ne rien laisser au hasard. Mais cela se ferait au détriment de la recherche. Aussi ne vaudrait-il pas mieux inculquer des notions d'éthique chez tous les citoyens ? C'est ce que préconisent certains éthiciens qui ne croient guère à la force d'intervention des CÉR. Le débat doit rester ouvert. Un réexamen de la politique est prévu après trois ans. Il est donc souhaitable que l'application de l'énoncé ne soit que l'amorce d'un questionnement plus approfondi. L'éthique se définit comme un code qui régit les conduites humaines ; c'est aussi une réflexion sur les mœurs d'une société, sur ses valeurs et sur les règles de conduites qui la régissent.

Dans la prochaine section, nous présentons ce que chaque citoyen, et par conséquent chaque chercheur, devrait apprendre de sa relation avec les autres. C'est ainsi que le principe de la responsabilité envers les autres apparaît maintenant comme le grand principe organisateur de l'éthique moderne, autour duquel s'amorce la réflexion sur l'avenir de l'éthique.

3.2   L'éthique réflexive

La parution du livre *Le principe responsabilité* (Jonas, 1990) pose de nouvelles conditions pour définir l'éthique, car nous serions dans une période où l'éthique et la morale tirent à leur fin alors que le monde change à une vitesse vertigineuse. Les chercheurs de toutes les disciplines devraient être sensibilisés aux transformations que subissent la nature et, à sa suite, notre propre rapport à la nature et à la vie. La réflexion de Jonas va bien au-delà des conséquences de la recherche pour les sujets humains. Il pose plutôt un regard critique et réfléchi sur l'éthique des citoyens devant le changement et l'avenir. La réponse qu'il apporte à son interrogation est importante pour nous. La nature subit l'influence de la technique et celle-ci l'a rendue manipulable, fragile et menacée. Dans sa réflexion éthique, Jonas croit qu'il s'agit dorénavant de préserver non seulement la vie actuelle, mais aussi celle des générations futures. Être responsable, c'est se sentir pris en otage par ce qu'il y a de plus fragile et de plus menacé. S'il ne sert à rien de s'opposer au progrès technologique, il faut en revanche dégager les normes propres à un nouvel « agir éthique » devant une situation inédite dans l'histoire de l'humanité. Jonas met en parallèle le savoir ancien et le savoir moderne qui voit la transformation du modèle expérimental contemplatif en attitude agressive. La science n'est pas socialement neutre, elle ne peut plus se reproduire comme un ensemble d'activités de production de connaissances en plaidant l'innocence. Ses découvertes conduisent le plus souvent à des développements technologiques qui n'ont pas que des retombées positives pour l'humanité. En recherche scientifique, la domination remplace la contemplation et c'est l'usage du pouvoir vis-à-vis de cette responsabilité actuelle qui doit servir à renouveler l'approche éthique. Une crise nous menace et nous devons, en étant plus disponible à l'humanité, passer rapidement du stade de crainte devant cet avenir à une prise de responsabilité.

Jonas interpelle la population et non uniquement les experts. Il dégage de sa réflexion un principe non codifié, celui de la responsabilité. L'éthique traditionnelle s'est présentée sous forme de contrainte à l'action individuelle tel que « Fais aux autres ce qu'on voudrait qu'on te fasse » ou « Subordonne ton bien-être personnel au bien-être commun ». Ces principes, que tous connaissent, sont appuyés par l'idée de partage entre celui qui agit et les autres. Mais la technique moderne donne lieu à des actions d'un ordre inédit avec des conséquences que le cadre éthique traditionnel ne peut plus contenir. La moralité doit donc investir l'univers de la production de la connaissance sous forme de politique publique, car il s'agit de protéger la vie en ne compromettant pas la survie indéfinie de l'humanité. Objet de la technique moderne, l'être humain construit une nouvelle utopie qui suscite de nouvelles questions au sujet des droits de l'homme et de la dignité humaine. Il en donne deux exemples : « Devrions-nous induire des dispositions d'apprentissage auprès des écoliers par l'administration massive de drogues et contourner l'appel à une motivation individuelle ? » ou encore : « Devons-nous susciter des sentiments de bonheur ou du moins de plaisir par la stimulation indépendante des centres de plaisir, c'est-à-dire indépendamment des objets de bonheur et de plaisir et de leur obstruction à travers la vie et les performances personnelles ? » (p. 55). Jonas plaide en faveur d'une nouvelle éthique de l'agir collectif. Quels sont donc les fondements théoriques des interdits et du consentement dans ce nouvel agir ? La prévision des effets futurs marque les contours de cette nouvelle éthique qui naît de deux obligations : a) il faut s'imprégner des effets lointains du présent et se laisser guider par la crainte ; b) il faut se laisser affecter par le malheur ou par le salut des générations futures (p. 69). Étant donné le caractère imprévisible des effets des technologies, nous ne pouvons mettre en jeu l'intégrité des intérêts des autres, sinon l'existence même de l'être humain.

La théorie de la responsabilité repose sur les principes du bien et du devoir de l'être humain. Les acteurs doivent répondre de leurs actes ; ils sont responsables des conséquences de leur agir, car ils commettent des actes qui ont des effets sur les autres. La responsabilité consiste à rendre permanent un système moral qui repose sur les libertés civiles et l'État de droit. Cependant, dans tout système social, il y a des contradictions et des crises qui rendent toujours possible un retour en arrière. Les systèmes sociaux à haute intensité de moralité sont aussi des systèmes précaires. Être responsable signifie être libre et avoir le sens du devoir. À cet égard, la responsabilité n'est pas contraignante, car on accepte les valeurs morales de l'autre sans se sentir obligé, car on les a intérieurement intégrées. Ce principe responsabilité est applicable immédiatement dans plusieurs situations, y compris dans les recherches en sciences sociales. Nous devrons le poser comme étant au cœur du débat en éthique de la recherche.

Nous voyons maintenant pourquoi il est si important de développer ce principe responsabilité ; à cette fin, nous utilisons des exemples réels propres aux recherches en sciences sociales et humaines.

◣▬▬ L'éthique en sciences sociales

Les sciences sociales et humaines ne s'intéressent pas aux sujets humains en tant que tels, elles développent les connaissances par des abstractions comme les variables et les concepts. Définir un concept théorique, tel est le but de la recherche ; pour y parvenir, elle doit observer des situations réelles qui mettent en scène les sujets humains. Les contraintes pour le sujet sont variables selon la méthode d'enquête, le type de sujet interrogé, l'ampleur de la recherche, les objectifs visés, les types de simulations, telle la tromperie, ou encore selon l'environnement physique et psychologique dans lequel se déroule la recherche (Caverni, 1998). Il existe deux types de recherches : celle où le sujet humain agit dans son milieu naturel sans que le chercheur puisse le modifier autrement que par l'observation de ce qui s'y déroule, et celle où le chercheur crée intentionnellement une situation dans laquelle est placé le sujet aux fins de la recherche. Les expérimentations permettent de vérifier une relation causale par l'observation des différences induites par la variable expérimentale. Cette dernière situation peut apparaître particulièrement complexe sur le plan éthique ; elle exige une longue évaluation de toutes les situations possibles. Mais certaines dimensions éthiques sont prévisibles puisque l'environnement est modifié pour les fins de la recherche. Les conséquences sont donc contrôlables jusqu'à une certaine limite.

L'étude en milieu naturel pose d'autres types de difficultés plus ou moins importantes selon le type de recherche. Commençons par le plus simple. Dans l'utilisation des méthodes quantitatives, les liens entre le chercheur et les sujets humains sont plus distants, médiatisés par des instruments impersonnels de collecte d'informations. Les méthodes positivistes préconisent l'emploi de procédés auxquels les sujets humains ne réagissent pas. Les modes de collecte de données n'impliquent guère de processus d'interaction sociale entre le chercheur et les sujets. Le plus souvent, les données sont recueillies sur un questionnaire qui est retourné au chercheur de façon anonyme. Les informations sont ensuite transformées en base de données et le traitement statistique est réalisé sur des variables. Le sujet a d'emblée consenti à participer à la recherche en répondant aux questions et en renvoyant le questionnaire. Dans les cas où le questionnaire n'est pas renvoyé, on en déduit que le répondant n'a pas consenti à participer à la recherche. La situation est différente si le questionnaire est administré par entretien direct ou par téléphone ; encore là, tout dépend de l'objet de recherche et du type de répondants. Ainsi, il ne faut pas évaluer de façon similaire une recherche portant sur la violence conjugale et une recherche visant à « documenter » les transformations des structures organisationnelles des entreprises du secteur manufacturier. De même, une recherche dont les répondants sont des cadres d'entreprise s'évalue différemment d'une recherche qui s'intéresse aux enfants ou aux personnes âgées. Mais même dans les cas les plus simples, ce type de recherche n'est pas à l'abri des considérations éthiques élémentaires. Par exemple, après une enquête dont le taux de réponses n'était que de 7 %, des chercheurs ont exercé des pressions auprès des assistants de recherche afin qu'ils appellent de nouveau les sujets échantillonnés jusqu'à ce que le taux de réponses atteigne le seuil plus acceptable de 15 %. Dans certains cas, cela signifiait appeler plusieurs fois les mêmes personnes, les harceler jusqu'à obtenir leur consentement qui n'était ni libre, ni éclairé… Une autre difficulté concerne l'approbation des intermédiaires qui servent de « gardiens » des sujets humains. Par exemple, le consentement des parents doit dans certains cas être obtenu avant de faire une enquête auprès d'enfants ; la direction d'une école autorise à joindre les enseignants ; la direction d'un hôpital permet qu'une enquête soit effectuée auprès des patients ; une entente avec un syndicat autorise une enquête auprès des membres. Dans ce cas, l'obtention du consentement est double et le chercheur doit afficher une grande prudence, car les informations recueillies auprès des sujets n'appartiennent pas aux intermédiaires qui sont évidemment intéressés aux résultats. La recherche en partenariat va également mettre en doute le processus d'attribution du certificat de conformité aux normes éthiques dans la mesure où un partenaire de recherche ou un commanditaire de recherche n'est pas nécessairement tenu d'observer les mêmes normes éthiques que le chercheur universitaire. Même associés, ces partenaires restent autonomes et indépendants.

L'étude qualitative présente des particularités. En effet, investir un lieu à des fins de recherche requiert que le chercheur se mêle temporairement à la vie des sujets humains. Le chercheur adopte une orientation subjective ; il participe de façon active à la vie des gens afin de se familiariser avec la situation telle qu'elle est définie par les sujets et afin d'approfondir l'analyse du phénomène observé. Même si les sujets humains donnent leur consentement, il faut être particulièrement vigilant, car le chercheur peut être mis en présence de situations qui ne se rapportent pas directement à la recherche. Ainsi, lors d'une enquête sur l'organisation du travail dans le secteur manufacturier, nous avons appris des choses qui se rapportaient à la vie privée des personnes et parfois à leur insu. Il faut être prudent avec les rumeurs et les informations gratuites qui circulent sur les gens. Certaines de ces informations ne sont d'aucune utilité pour la recherche ; pourtant, elles viennent à nos oreilles ou s'offrent à notre vue. Aucun certificat de conformité aux normes éthiques ne peut protéger les sujets humains contre les ragots. Il revient au chercheur d'agir avec circonspection devant ces situations. La responsabilité du chercheur est bien plus importante ici que son certificat de conformité. Le consentement est valable pour recueillir des informations dans un cadre formel tel que l'entretien de recherche ou un protocole d'observation de situations définies entre le chercheur et le sujet humain. Mais que faire des entretiens informels, voire des conversations, entre un chercheur, qui se retire momentanément de son rôle, et un des sujets humains de la recherche ? En fait, certaines études de cas exigent le développement de liens sociaux qui vont bien au-delà de la collecte formelle d'informations. Ces liens sont même essentiels afin de développer un climat de confiance entre le chercheur et les répondants permettant d'obtenir des informations valides sur le plan méthodologique. Ce type d'étude exige donc une sensibilité aux dimensions éthiques qui dépasse l'anonymat et la confidentialité. Il faut respecter l'opinion d'autrui et être ouvert aux points de vue divergents qui peuvent être exprimés par les sujets humains. Dans une étude de cas, le chercheur s'engage dans des relations de réciprocité.

Il y a quelques années, les chercheurs n'avaient pas ce genre de préoccupations. La méthodologie était d'abord et avant tout reliée aux stratégies de validation des informations recueillies sans qu'il soit nécessaire de se soucier de la morale des méthodes retenues. Ainsi, faire de l'observation à l'insu des sujets humains était jugé méthodologiquement valide d'autant plus que ne le sachant pas, le sujet agit de façon naturelle comme il le fait quotidiennement. Par contre, il n'est pas certain que ce soit toujours éthiquement acceptable. Désormais, le choix d'une méthodologie n'est plus uniquement contingente des problèmes et des questions à l'étude ou de l'état des connaissances sur l'objet. Les considérations éthiques font partie des choix que doit faire le chercheur. La publication des résultats de recherche est également importante. En effet, même en utilisant un pseudonyme, il est toujours possible d'identifier une organisation ou une personne dans l'organisation. On peut toujours s'opposer à l'analyse que le chercheur fait de la situation; des avis divergents entre le chercheur et les sujets humains qui ont participé à la recherche peuvent alors surgir, mais l'interprétation des informations appartient au chercheur. Ceci n'est pas un problème d'éthique, car les sujets humains ont droit à leur propre interprétation.

Andrew Pettigrew (1990) croit que l'étude de cas est particulièrement sensible aux dimensions éthiques, surtout les études de type longitudinal. Il mentionne que la recherche est une activité artisanale qui ne consiste pas uniquement à appliquer des procédures formelles et des techniques connues à des situations diverses. Il y a une part de créativité d'autant plus importante que le chercheur s'implique dans le milieu d'observation. Il lui revient de juger chaque situation selon son mérite en tenant compte qu'il fait aussi partie d'un système social élargi qui possède des règles de fonctionnement collectif.

Conclusion

La voie institutionnelle qu'emprunte l'éthique pourrait fort bien provoquer le terme du questionnement si le code prescriptif des règles de conduite à l'égard des sujets humains est envisagé comme la seule solution possible. La recherche scientifique a donné lieu à un développement sans précédent dans l'histoire humaine que les considérations morales antérieures ne peuvent plus contenir. De nouvelles difficultés surgissent et les sciences humaines et sociales sont également interpellées. Le défi qui se pose actuellement en éthique de la recherche consiste à éviter la dérive entre l'éthique normative et le contrôle excessif des projets de recherche. L'énoncé de politique des trois Conseils et les comités d'éthique dans les universités qui en sont le produit peuvent servir de lieu de discussion de l'éthique en recherche à la condition que ces comités ne se réservent pas, tels les censeurs modernes, le droit d'énoncer les principes d'éthique de la recherche. Ce Code établit un cadre qui permet de poursuivre la discussion et non d'y mettre un terme. Cela dépend toutefois de la volonté des acteurs en présence et de leurs possibilités de discuter de façon libre et indépendante des répercussions d'ordre éthique de leur projet. Tout comme Hans Jonas, nous sommes d'accord pour étendre le débat parmi les acteurs de l'ensemble de la société sur le principe responsabilité et non sur une fonction régulatoire de contrôle qui ne met pas un terme aux difficultés. Après tout, sans responsabilité spécifique, le chercheur peut bien répondre aux exigences du CÉR, tel un contrôle administratif, sans guère approfondir les effets de sa recherche sur le plan éthique. Ce n'est pas un cadre normatif qui a conduit Malinowski à concevoir ses propres normes éthiques, mais une réflexion approfondie sur les répercussions possibles de ses interventions sur les sujets humains observés. La recherche est un processus continu qui ne peut être confiné à un cadre rigide ; elle se développe par la créativité et l'autonomie de ses artisans ; les frontières de l'éthique doivent demeurer encore très élastiques pour continuer de maintenir ce cadre de liberté nécessaire aux activités de la recherche.

⎰▬▬Activités d'appropriation

Cette section présente trois exemples de recherches dans lesquelles un certain nombre de difficultés se posent sur le plan éthique. Nous vous invitons à en discuter entre vous.

Premier exemple – Voici un cas où les considérations éthiques en recherche ont été sérieusement discutées. Deux chercheurs, Schweiger et DeNisi (1991), se sont intéressés aux effets d'une fusion d'entreprises sur les employés. Dans un protocole de recherche quasi expérimental, les chercheurs ont mesuré le niveau de stress, le taux d'absentéisme, l'engagement organisationnel, la satisfaction, la performance autorégulée ainsi que la perception de confiance et d'honnêteté parmi deux groupes d'employés à quatre moments différents sur une période de six mois dont une fois avant la fusion. Un premier groupe a bénéficié d'informations spécifiques sur les retombées positives de la fusion alors qu'un deuxième groupe n'a pas profité de ce programme de « communications réalistes ». Les résultats montrent que le groupe d'employés qui n'a pas reçu d'informations sur les conséquences de la fusion a davantage souffert d'anxiété, d'incertitude et de stress que le groupe qui a bénéficié du programme de communication. Quelle est la responsabilité éthique des chercheurs compte tenu qu'un groupe de personnes a été exposé à des risques plus que minimaux ? Des personnes auraient pu être incommodées, d'autres auraient pu souffrir de dépression, d'autres encore auraient pu abandonner leur emploi devant tant d'incertitudes à la suite de la fusion des deux entreprises dont l'avenir est très souvent incertain. Toutefois, les chercheurs ne sont pas de cet avis. Selon eux, les procédures utilisées pour informer le groupe contrôle sont celles que suit généralement l'entreprise pour communiquer le changement. Donc, l'anxiété créée par la fusion relève du risque minimal. Ce sont plutôt les employés du groupe expérimental qui ont pu bénéficier des avantages reliés au programme de communication. La recherche avait justement pour but de montrer que la communication aide les employés à faire face aux effets de la fusion, mieux que s'ils ne savent rien. C'eût été une autre histoire si les chercheurs s'étaient intéressés au contenu et à la valeur symbolique des communications et avaient privé le groupe contrôle de l'information nécessaire sur la fusion. Cette fusion était prévue, ce ne sont pas les chercheurs qui en sont à l'origine. Aussi, le contexte n'a pas été manipulé aux fins de la recherche. Qu'en pensez-vous?

Deuxième exemple – Vous désirez observer un groupe formé de douze personnes qui travaillent simultanément dans le même lieu. Après une rencontre d'information sur votre projet de recherche, dix personnes acceptent d'être observées et y consentent par écrit. Par contre, deux personnes refusent. Sachant qu'il n'est pas possible de déplacer ces deux personnes pendant les séances d'observation, est-il éthiquement acceptable de poursuivre la recherche selon le protocole établi ou devrait-on alors changer de stratégie de recherche? Comment résoudre le dilemme?

Troisième exemple – Vous effectuez un entretien de recherche auprès d'une personne qui a accordé son consentement libre et éclairé après avoir été informée des objectifs de la recherche, des attentes et de la procédure de collecte d'informations. L'entretien est enregistré et le contenu sera retranscrit. Durant l'entretien, le répondant demande de cesser l'enregistrement d'une réponse délicate à une question qui lui a été posée. Vous obtempérez. Vous notez alors par écrit la réponse que le sujet donne et vous consignez cette réponse dans un document qui demeure confidentiel. Lors de l'analyse des réponses à cette question, vous vous apercevez que cette réponse non enregistrée, mais consignée par écrit est un élément important de la compréhension du phénomène étudié. Pouvez-vous vous en servir?

7 Concepts importants

Vous trouverez une définition des mots clés suivants dans la section «Glossaire»: bioéthique, certificat de conformité aux normes déontologiques, comité d'éthique en recherche (CÉR), consentement éclairé, déontologie, dignité humaine, éthique, éthique normative, éthique réflexive, intégrité humaine, personnes vulnérables, risque minimal.

8 Lectures complémentaires

Association canadienne-française pour l'avancement des sciences (1995). *L'éthique en recherche sociale, Actes du Colloque du Conseil québécois de la recherche sociale.* Montréal: Conseil québécois de la recherche sociale.

> Il s'agit d'un ouvrage collectif dans lequel chaque auteur traite d'un aspect spécifique de l'éthique en relatant diverses expériences de recherche et en dégageant des avis sur les problèmes qui se posent.

Barnes, J.A. (1979). *Who should know what? Social science, privacy and ethics.* Cambridge (MA) : University Press.

C'est sans doute l'ouvrage le plus intéressant en éthique de la recherche en ce qu'il traite exclusivement des sciences sociales et humaines. Barnes propose une réflexion approfondie qu'il illustre par de nombreux exemples colligés depuis le début du siècle. Il aborde également des dimensions habituellement négligées dans les ouvrages en éthique telles que la publication des résultats, la professionnalisation des sciences sociales, la politique de la recherche.

Bourgeault, G., Bélanger, R. et Desrosiers, R. (1997). *Vingt années de recherches en éthique et de débats au Québec 1976-1996.* Collection «Cahiers de recherche éthique», 20. Montréal : Fides.

Un excellent livre d'éthique réflexive. Les auteurs proposent un bilan des discussions en éthique autour notamment du questionnement en bioéthique depuis le début des années 1970. Ils resituent le débat dans un contexte où le pluralisme et la laïcité caractérisent la société actuelle. Les auteurs sont sceptiques devant la tournure des événements, ils croient que nous sommes en transition vers un nouveau paradigme, mais que ce dernier n'est pas accompli. En recherche, ils interrogent notamment le pouvoir des CÉR.

Caverni, J.-P. (1998). *L'éthique dans les sciences du comportement.* Paris : Presses universitaires de France.

Il s'agit d'un ouvrage général dans lequel on retrouve une synthèse des problèmes d'ordre éthique qui peuvent être soulevés dans les sciences du comportement. L'auteur présente des mises en situation, des exemples, des illustrations, un historique des événements marquants, des références philosophiques de l'éthique et de la morale. Caverni caractérise les conditions dans lesquelles se placent les sujets dans la recherche en sciences du comportement. L'enjeu majeur est celui de la responsabilité.

Conseil de recherches médicales du Canada, Conseil de recherches en sciences naturelles et en génie du Canada, Conseil de recherches en sciences humaines du Canada (1998). *Énoncé de politique des trois Conseils – Éthique de la recherche avec des êtres humains.* Ottawa : Ministère des Approvisionnements et Services Canada.

Un ouvrage intéressant qui devrait être lu de long en large par tous les chercheurs et tous les étudiants. C'est le grand code de l'éthique en recherche qui explique le contexte de son implantation et balise l'éthique par des principes directeurs et des obligations. Le document propose également des pistes de réflexion.

Jonas, H. (1990). *Le principe responsabilité* (2ᵉ édition). Paris: Flammarion.

> C'est le grand traité moderne d'éthique réflexive. La société connaît des bouleversements profonds sous l'effet du progrès scientifique et technologique. L'éthique doit tenter de contenir les conséquences de ces avancées non seulement pour la population actuelle, mais pour la première fois dans l'histoire de l'humanité, pour les générations futures qui sont aussi concernées. Le principe responsabilité est le concept central de la pensée de Jonas. L'ouvrage ne laisse personne indifférent, il inspire la plupart des éthiciens modernes. La pensée de l'auteur est féconde, mais son travail n'est pas facile à aborder.

Kohn, A. (1986). *False prophets*. Oxford/New York (NY): Basil Blackwell.

> Le questionnement éthique est élargi à la déontologie et à la fraude en recherche. L'ouvrage est illustré de nombreux exemples. Les questions soulevées concernent surtout les recherches biomédicales et psychologiques. Il y a un peu d'anthropologie et aussi de la paléontologie. Le cas de Margaret Mead à qui on a reproché des fautes méthodologiques et éthiques est très bien présenté et situé dans les contraintes de son époque.

Levine, R.H. (1993). A researcher's concern with ethics in human research. *The Journal's Ethics Issue*, 5(1). Document téléaccessible à l'adresse < http://www.mhsource.com/hy/j51/.html >.

> Dans ce court document très simple et facile à lire, Levine témoigne d'une expérience personnelle qui l'a conduit à mieux articuler les dimensions éthiques de sa pratique professionnelle.

Malinowski, B. (1985). *Journal d'ethnographe* (2ᵉ édition). Paris: Éditions du Seuil.

> Ce n'est pas un ouvrage d'éthique. Cependant, la lecture de ce journal tenu pendant que le grand anthropologue effectuait des observations scientifiques en dit beaucoup sur les rapports qu'il entretenait avec les populations locales. Malinowski éprouvait parfois des difficultés dans ses échanges avec les sujets. Conscient qu'il appartenait à un autre monde, il a conçu une éthique personnelle qui rompait avec la contenance coloniale et impériale de l'époque.

Moulin, M. (dir.) (1990). *Contrôler la science? La question des comités d'éthique*. Montréal/Bruxelles: ERPI/De Boeck Wesmaël.

> Un ouvrage collectif dans lequel le rôle des CÉR est examiné, notamment dans l'évaluation des risques technologiques et biomédicaux. On y retrace l'historique des comités et on y analyse les modalités d'application. On fait une présentation des CÉR en France, en Belgique, au Québec et aux États-Unis.

Pettigrew, A.M. (1990). Longitudinal field research on change: Theory and practice. *Organization Science, 1*(3), 267-292.

> Dans cet article, Pettigrew présente l'approche théorique et méthodologique qu'il a développée au cours d'une longue expérience de recherches qualitatives auprès d'organisations industrielles. Il est intéressant de constater qu'il ne néglige pas la dimension éthique. Au contraire, il situe le respect des sujets humains comme un aspect fondamental de toute démarche de recherche, particulièrement quand le chercheur est longtemps impliqué dans le milieu d'observation.

Punch, M. (1994). Politics and ethics in qualitative research. *In* N.K. Denzin et Y.S. Lincoln (dir.), *Handbook of qualitative research* (p. 83-97). Thousand Oaks (CA): Sage Publications.

> Dans ce chapitre d'un ouvrage général de méthodologie, Punch relève les difficultés que peuvent rencontrer les chercheurs qui utilisent les méthodes qualitatives. On y retrouve quelques anecdotes intéressantes. L'auteur y traite des éternelles questions de la confidentialité, de l'anonymat, de l'importance de bien informer les sujets, de déontologie et de la politique de la recherche qui sont des aspects reliés à l'éthique mais qui sont toujours traités de façon indépendante. Ici, l'auteur dresse un portrait d'ensemble.

Reynolds, P.D. (1979). *Ethical dilemmas and social science research. An analysis of moral issues confronting investigators in research using human participants.* San Francisco (CA): Jossey-Bass.

> Il s'agit de l'un des bons ouvrages d'éthique en recherche. Il est organisé par des principes directeurs, celui de l'utilisation des sujets humains dans la recherche, du rôle du praticien des sciences sociales dans la société d'aujourd'hui et de l'habileté des scientifiques à transformer les connaissances en application pratique. Reynolds analyse les différents problèmes qui se posent dans la recherche par sondage, par entretien et par observation. Il discute notamment de l'intrusion dans la vie privée des gens. Il ne voit pas beaucoup de risques dans les sciences sociales sinon le bris de la confidentialité et l'anonymat.

Schweiger, D.M. et DeNisi, A. (1991). Communication with employees following a merger: A longitudinal field experiment. *Academy of Management Journal, 14*(1), 110-135.

> Cet article de recherche se distingue des autres par une discussion sur les retombées de la recherche et le questionnement éthique que leur devis quasi expérimental a soulevé dans la communauté scientifique.

Troisième chapitre

De la problématique au problème de recherche

Yvon Bouchard
Université du Québec à Rimouski

▰▰▰ Plan du chapitre

▰▰▰ Résumé

L'objet de ce chapitre est d'articuler une réflexion sur le difficile passage de la problématique au problème de recherche. Sont successivement abordées les difficultés liées à la construction d'une problématique, à sa transformation en problème de recherche, et à la formulation des questions et objectifs de recherche. Le texte insiste particulièrement sur le rôle de créateur du chercheur à ces étapes du développement de son projet de recherche. Il aborde enfin les questions de cohérence inhérentes à ces étapes comme au projet tout entier.

▰▰▰ Introduction

Ce chapitre tente de clarifier quelques notions qui se situent au départ de toute entreprise scientifique et qui servent d'assises au positionnement d'une recherche.

Ceci est encore plus réel en sciences humaines où la théorie fondamentale possède un statut beaucoup moins solidement reconnu qu'en sciences exactes. Comme les appuis à l'entreprise de recherche n'existent pas d'emblée devant la table du chercheur, il lui revient de leur donner réalité et substance. Voilà l'objet de la problématique, ce dont traite ce chapitre.

Dans un premier temps, nous situons la notion de problématique dans l'univers de la démarche de recherche et nous nous attardons à son élaboration. Dans un second temps, nous traitons du difficile mais essentiel passage vers le problème de recherche, travail de réflexion qui aboutit à la formulation soit des questions de recherche ou des objectifs de recherche. Ce sont ces derniers qui garantissent la mise en place de la méthodologie appropriée pour soutenir les prétentions mises de l'avant dans l'entreprise de recherche particulière ou singulière qui est poursuivie.

Nous n'abordons pas dans ce texte les questions plus spécifiquement méthodologiques qui découlent des choix effectués. Il convient toutefois de bien concevoir et de considérer que c'est l'ensemble de la recherche qui est mise en cause dans l'élaboration de la problématique, du problème et des objectifs. Même si nous y revenons plus loin, cette mise en garde s'impose d'entrée de jeu puisque le concepteur d'un projet de recherche doit garder à l'esprit que ses choix initiaux pourront être remis en question lors de décisions qu'il devra prendre à des étapes ultérieures de la réalisation de sa recherche. Il faut bien saisir que, quelle qu'en soit la nature, le rapport de recherche produit n'est toujours qu'un exercice de sens, une articulation cohérente d'éléments qui sont agencés avec rigueur et selon une logique argumentative appuyée par des prétentions, des faits ou des observations dont l'articulation relève du producteur de connaissance qu'est le chercheur. Non pas que les résultats de recherche qui s'ensuivent relèvent tout bêtement de l'esprit du chercheur, mais que la mise en œuvre de l'appareillage de recherche provient de celui ou de ceux qui les choisissent et que, en conséquence, le produit fini est indubitablement altéré par leur travail et leurs décisions. Si on reconnaît que le chercheur est un humain qui remplit le double rôle de producteur de connaissances et celui de sujet initiateur, il est indiscutable que l'ensemble doive être perçu comme une entreprise de construction de sens au-delà de l'apparente neutralité à laquelle veut parfois laisser croire la démarche scientifique.

En ce sens, la formulation des parties d'une recherche constitue une décomposition d'éléments pour fins de compréhension du travail produit. Ces sections représentent par ailleurs des dimensions qui doivent être disposées pour que le tout prenne sens. Il revient au chercheur, par sa rigueur dans l'agencement des parties, de créer ce sens ; ce ne sont pas les données qui s'imposent à lui et qui dictent la présence des parties ainsi que leur formulation. L'exercice de production d'une problématique doit donc se comprendre dans cet esprit de création et dans une visée dynamique où sa rédaction finale n'apparaît qu'à la fin de la production de l'œuvre qui rend compte des travaux accomplis. De ce fait, le caractère itératif doit être retenu au départ de cette aventure scientifique que représentent la production d'un projet de recherche et sa rédaction finale.

L'exercice que nous entreprenons maintenant se limite aux premières sections du travail de rédaction d'une recherche. Il ne peut être compris et assimilé qu'en relation avec ces deux notions fondamentales que sont le chercheur considéré comme un humain agissant et l'itération des parties.

La notion de problématique

Quelques faits méritent d'être relevés au départ relativement au concept de problématique. Sans en faire un exercice conceptuel formel, relevons d'abord l'usage de ce terme ou son absence à partir d'une brève lecture sociohistorique de certaines constatations de sa place dans le développement des perspectives de travail en méthodologie de recherche.

Première observation – Il est plutôt surprenant de constater l'apparition assez tardive dans l'univers de la recherche scientifique et de ses modes de production, de la notion de problématique. Il y a à peine une vingtaine d'années que les chercheurs font appel à une problématique pour lancer leur travail de recherche. En fait, son avènement remonte à l'époque où les canons de la recherche scientifique ont commencé à être remis en question par les chercheurs en sciences humaines qui étaient confrontés à des problèmes que ne résolvaient pas aisément les méthodes de recherche traditionnelles. Ces dernières, fondées sur les sciences exactes, postulaient l'existence d'un univers qui fonctionne à l'image d'un mécanisme d'horloge, dont les parties sont réductibles et isolables, le tout étant organisé à partir de principes à découvrir ou à mettre à jour graduellement dans une démarche hypothético-déductive. On accordait alors à la connaissance un statut d'autonomie par rapport aux sujets pensants. La démarche privilégiée pour produire de la connaissance consistait ainsi à induire des théories par l'analyse de données éparses et à vérifier un ou des aspects de ces théories pour en arriver à un cumul de savoirs qui détenaient le statut de vérité provisoire en attendant leur réfutation par une nouvelle entreprise de recherche. Cette vision de la production de connaissances selon le cycle de la recherche scientifique ne nécessitait pas le même type de réflexion que celui auquel nous nous attardons maintenant en produisant des problématiques. La théorie tenait lieu à cette époque de savoir de base préalable à l'aventure scientifique qui, elle, permettait d'avancer.

Cette vision des choses est remise en cause depuis lors parce qu'elle ne réussit pas à satisfaire les besoins des chercheurs qui doivent donner un statut scientifique à leur recherche en s'appuyant sur des considérations qui relèvent parfois de l'univers des théories scientifiques acceptées, mais habituellement sur des réalités qui n'ont pas été organisées en théories. Dans la plupart des cas, le champ des sciences humaines se retrouve dans ces situations.

Deux changements interreliés dans le monde scientifique peuvent être considérés comme à la source du développement de la notion de problématique. Le premier se rapporte au développement et à l'émancipation des recherches en sciences humaines qu'on vient d'évoquer. Mais le plus important concerne sûrement la venue des démarches de recherche qualitatives. Celles-ci ont certainement contribué à remettre en question les façons traditionnelles de faire et d'apprécier la recherche. Bien plus, elles ont ouvert des façons nouvelles de produire de la connaissance, façons qui possédaient leurs critères d'appréciation autonome. De manière plus pointue, et sans en faire une affirmation causale, l'intérêt porté vers la recherche-action n'est certainement pas étranger au développement de l'idée de problématique. Ce type de recherche peut difficilement faire l'économie d'une problématique, mais probablement celle des théories, comme nous le verrons plus loin.

Deuxième observation – Un second champ d'observation important porte sur la place de la notion de problématique dans l'univers de la documentation méthodologique anglo-saxonne et souvent francophone. Le développement et l'usage de l'idée de problématique tardent à faire leur place dans ce domaine de formation. Encore aujourd'hui, le terme demeure étranger à la langue anglaise dans le sens où il est utilisé pour fins de production de travaux de recherche. La documentation scientifique n'en fournit aucun équivalent pertinent. On parle abondamment de *Problem* (Bogdan et Biklen, 1992), de *Defining a research problem* (Huberman et Miles, 1994) ou de *Framing the research question* (Krathwohl, 1998), et ainsi de suite. Par ailleurs, la référence à la notion de problématique demeure absente même dans les manuels qui s'annoncent porteurs d'une perspective qualitative. Les textes francophones sont plus généreux à cet égard, surtout en milieu québécois, et l'usage du terme est plus répandu dans les milieux scientifiques universitaires. Cependant, dans ces milieux, comme dans les autres, ce qu'il importe de relever, c'est l'importance accordée à la notion de problème et à sa formulation. On fait difficilement ou aucunement la distinction entre problématique et problème de recherche ; si on s'y attarde, c'est pour glisser rapidement à la formulation du problème ou de la question de recherche.

Cette façon de voir la construction d'un projet de recherche laisse un vide important que nous allons tenter de combler, ne serait-ce que timidement. En fait, nous développons l'idée de donner un statut indépendant à la problématique, ce qui permet de mieux camper le problème de recherche en l'isolant des considérations préalables, de mieux comprendre l'originalité du chercheur et de faciliter la rédaction de la ou des questions de recherche ainsi que des objectifs. Ce sont ces derniers qui constituent les orientations de recherche choisies et qui, en définitive, déterminent les choix méthodologiques et instrumentaux. Si la problématique est bien campée, les éléments pertinents pour formuler le problème vont de soi.

◼️ L'élaboration d'une problématique

Pourquoi est-il si important de commencer une aventure de production de recherche par le développement d'une section qu'on appelle problématique ? Qu'est-ce au juste qu'une problématique ? Comment juger de sa pertinence ? Voilà autant de questions qui guident la suite de cette réflexion.

3.1   *L'importance de la problématique*

Une tentative de définition – La problématique consiste essentiellement en la sélection et la mise en ordre par le chercheur et selon ses perspectives propres des éléments qui composeront le territoire de questionnement auquel s'adressera la recherche.

Clarifions d'abord ce qu'on doit entendre par les éléments qui composent la problématique, car ces éléments délimitent finalement le territoire ou le domaine auquel s'intéresse la recherche.

Une recherche n'est jamais le fruit du hasard ; elle ne vient habituellement pas d'une source externe qui apporte avec elle toutes les dimensions à prendre en considération dans le travail du chercheur. Exception faite de certaines recherches appliquées qui sont proposées par des promoteurs et qui comportent un devis précis et détaillé, rares sont les situations où le chercheur n'a pas à rendre compte par lui-même de l'état de la situation à l'étude. Il revient au chercheur de convaincre le lecteur de la pertinence du problème de recherche en exposant la situation d'où provient celui-ci. La problématique est essentiellement la description des diverses composantes de la situation, des éléments, qui font que le problème existe.

La manière la plus convenable de parler de problématique est de faire appel à la notion de situation problématique. Un problème existe d'abord dans sa situation d'origine ; il n'arrive jamais de lui-même. Pour qu'il ait une forme ou une existence, son contraire, son absence ou du moins son degré d'intensité doivent pouvoir être démontrés. Par exemple, pour être capable d'affirmer avoir mal aux dents, et donc exprimer ce problème, il faut avoir fait l'expérience de ne pas avoir eu mal aux dents ou de ne plus avoir mal aux dents. Il ne s'agit pas là d'un raisonnement strictement philosophique ; il en va ainsi de ce qui nous touche sur le plan des fonctionnements humains et sociaux. Pour travailler à la question de la réussite scolaire, un chercheur doit avoir la conviction que le succès et l'échec existent, et que la situation idéale se situe à un point ou à l'autre du continuum succès-échec, ce qui inclut les extrêmes. Partant, ce qui est problème pour l'un ne l'est pas pour l'autre. Le verre à moitié plein pour l'un n'est toujours que le verre à demi vide pour l'autre.

La situation problématique devient alors l'ensemble des éléments que le chercheur va considérer pertinents pour asseoir l'existence du problème sur lequel il se propose de travailler. Une autre façon de nommer cette situation serait de parler d'univers problématique. Dans un cas comme dans l'autre, le champ couvert n'est toujours que celui qu'a délimité le chercheur dans l'établissement de son territoire de création de sens pour sa recherche.

Impossible de comprendre cette définition sans considérer, en premier lieu, le rôle prépondérant que joue le chercheur dans la formulation de la problématique. Fondamentalement lui revient la responsabilité d'agencer les éléments qu'il retient à cette phase de sa recherche. On ne souligne jamais assez l'importance du chercheur et de sa subjectivité à cette étape de conception heuristique. Le monde scientifique en général est plutôt rébarbatif à l'idée de subjectivité lorsqu'on s'écarte des perspectives action ou qu'on désire traiter de recherches dont les caractéristiques semblent s'éloigner d'un rôle joué par le sujet chercheur. Or, à ce moment de la recherche plus qu'à aucun autre, la subjectivité du chercheur prend une place cruciale. En fait, la mise en place des parties de la problématique s'effectue dans un monde de perceptions. Seul le chercheur qui formule son projet peut justifier la pertinence des éléments à inclure dans sa problématique. Rien ne va de soi sauf pour ce qui fait sens pour lui. Le territoire ou l'univers de la situation problématique ne sera toujours que celui que met en forme le chercheur propriétaire de son problème. Même si cette vision peut être partagée par d'autres, ce qui est souvent le cas, la teinte donnée à la problématique n'appartient qu'à celui qui la formule. Il en va de même pour la responsabilité d'en démontrer la pertinence par une mise en ordre rigoureusement agencée des éléments qui fera apparaître la légitimité du questionnement et sa suite dans la formulation ultérieure du problème de recherche.

Si l'on comprend que la problématique consiste en une mise en problème d'une situation et que cette tâche revient au chercheur, on saisit également que la problématique est une étape essentielle à la mise en place d'un travail de recherche et qu'il reste indispensable que cela soit fait au départ de la recherche. La majorité des problèmes soulevés dans un projet de recherche le sont au plan de la problématique qui n'a pas été suffisamment agencée pour justifier la pertinence du problème, des objectifs et donc des choix au plan de la méthodologie proprement dite. Lorsque les pièces qui forment l'ensemble du projet s'agencent de manière inadéquate, c'est généralement parce que le chercheur n'a pas assis de façon judicieuse la problématique. À l'instar du romancier ou du cinéaste qui met les éléments en place dès le début de son œuvre pour en garantir la présence au moment opportun du parcours qu'il désire emprunter, le chercheur trouve dans la problématique le lieu d'expression de ce qui cause problème pour lui dans l'univers décrit ; surtout, il peut exprimer de manière convaincante en quoi les éléments mis au jour causent justement problème.

3.2   La mise en forme d'une problématique

La démarche de production d'une problématique peut suivre des parcours multiples ; elle est l'œuvre du chercheur qui y exprime son originalité. De ce fait, un même ordre de situation problématique amène un parcours différent selon l'agencement ou la séquence qu'une personne donne aux éléments qu'elle considère pertinents pour justifier le problème de recherche auquel elle s'attardera ultérieurement. Toutefois, la plupart du temps, au moment de la conception de la problématique, le problème n'apparaît pas toujours évident au chercheur, surtout si celui-ci débute dans le métier. C'est pourquoi cette réflexion nécessite des retours fréquents sur elle-même pour que le chercheur en arrive à lui donner une forme qui le satisfasse ; cet échafaudage ouvre la voie aux questions de recherche ou aux objectifs qui orientent le travail subséquent et aux conclusions qui permettent un retour sur la situation problématique qu'il a cherché à clarifier sur un aspect ou l'autre.

Plusieurs méthodologues décrivent cette étape-ci comme celle du choix de l'approche de recherche avant d'entreprendre la formulation d'une problématique. On indique alors qu'il y a des voies appropriées de construire une problématique et que ces voies diffèrent selon que le chercheur s'oriente vers une recherche de type quantitatif ou qu'il opte pour une approche qualitative. La dichotomie quantitatif/qualitatif a fait l'objet de débats intéressants et pertinents au fil de la dernière décennie, et pour cause. Nous ne nous attarderons pas à ce débat qui a souvent pris l'allure de confrontations entre chercheurs sur la valeur de l'une ou l'autre approche, laissant croire à des chapelles. Pour notre propos, il paraît plus convenable de situer au départ la problématique dans la position qui cause problème. À ce moment-là, celle-ci ne comporte pas de solutions qui puissent être incluses dans l'une ou l'autre approche. S'il convient à une personne qui fait la cuisine de penser à une recette pour utiliser un aliment disponible sous sa main, il sied mal à une œuvre scientifique de formuler un problème à partir d'éléments liés à la recherche de solution. Non pas que cela ne se fasse pas dans les faits, mais bien parce que c'est un mauvais conseil à recevoir au départ. Le chercheur qui n'a pas de limites dans son sac d'outils reste bien mieux équipé pour articuler une situation problématique convenable que celui qui doit organiser les éléments pour les faire correspondre à des contraintes quant à la recherche de moyens pour faire avancer la connaissance sur son objet d'intérêt.

Nous proposons une démarche qui trouve ses propres contraintes dans deux ordres de limites : les perceptions et les valeurs du chercheur ainsi que les faits ou les événements retenus comme éléments constitutifs de la situation problématique abordée.

Il est difficile de commencer une problématique sans faire une incursion dans le champ subjectif du chercheur. Tout « objective » que soit ou veuille être l'entreprise de recherche, la subjectivité de son concepteur n'en est pas moins présente, que ce soit ouvertement ou tacitement. Chaque chercheur est porteur de paradigmes qui l'amènent à développer une vision du monde quant à l'ordonnance des choses. Si la réalité est vue comme ordonnée, mise en séquences et organisée de manière causale, le chercheur a une vision déterministe des choses, peu importe le problème à l'étude. Au contraire, s'il perçoit l'univers comme un induit, il a une vision constructiviste de l'univers ; cette vision teinte tout autant son agencement des éléments qui composent sa problématique. Ces choix sont évidemment perçus dans l'exposé de sa problématique ; ils influencent grandement la formulation du problème de recherche ainsi que le choix des instruments privilégiés pour cueillir les données.

De même, les valeurs propres du chercheur l'amènent à favoriser certains faits dans l'univers de la situation problématique, à amplifier l'importance de certaines informations, à en rejeter d'autres, souvent bien inconsciemment. Lors de l'élaboration de la problématique, ces manifestations qui sont d'ordre axiologique doivent trouver leur place. Elles seront conservées ou non selon qu'elles ont une pertinence pour la compréhension de la situation problématique. Le chercheur qui travaillerait à une problématique de recherche qui l'impliquerait serait mal venu de ne pas inclure dans son projet ses propres états d'âme. Par ailleurs, celui qui s'intéresserait à l'effet du nombre d'élèves par classe sur la réussite scolaire trouverait peu pertinent de conserver des considérations personnelles. Rien n'exclut donc le subjectif à cette étape. Par exemple, ce chercheur qui s'intéresse à la réussite scolaire pourrait, lors de la formulation de sa problématique, prendre conscience qu'il s'agit d'un problème hautement subjectif parce qu'il souhaite prouver par là que son syndicat a raison de négocier à la baisse les ratios élèves/enseignant dans la formation préuniversitaire. Cette mise au jour de ses valeurs ou projets politiques pourrait l'amener, soit à modifier son intérêt pour ce projet pour des raisons qui sont siennes, soit à le situer dans le contexte qui l'a fait émerger et ainsi élargir la portée de son exposé politique dans le cadre de sa problématique.

Que la part de subjectif provienne d'un choix paradigmatique ou de valeurs individuelles plus ou moins conscientes, il importe que le chercheur, lors de la construction de la problématique, clarifie ses référents relatifs à ces deux aspects. S'il s'agit d'affirmations intégrées consciemment dans le travail, aucun problème : le chercheur doit construire le reste de sa problématique en tenant compte de ces inclusions. Si, au contraire, le chercheur n'en est pas conscient ou ne l'est qu'en partie, le risque est élevé qu'il prenne ses préférences pour des certitudes ou encore qu'il confonde les choix valoriels avec les faits. Dans ce cas, les conséquences sur la construction de l'objet sont néfastes puisque le chercheur ne sait pas départager ce qui lui appartient de ce qui incombe aux situations qu'il veut justement étudier.

Prenons un exemple relatif à l'inclusion des valeurs dans le cadre de l'élaboration d'une problématique et à ses effets, qui peuvent être pervers, sur la production d'un travail scientifique.

> Éric (nom fictif) s'intéresse à la place de l'enseignement religieux à l'école. Il prépare une problématique dans laquelle il relève l'importance du fait religieux au Québec depuis le début de la colonie. Ceci lui permet d'affirmer que la religion de la majorité est en danger au Québec si l'école ne s'en préoccupe pas convenablement. Il puise abondamment dans les discours des évêques et

dans celui des associations chrétiennes pour appuyer ses dires. Il emprunte dans les programmes pour appuyer ses prétentions quant à la diminution inacceptable de la place faite à l'enseignement religieux dans les programmes au fil des ans. Il cite les nombreux rapports de conseils d'établissements et de comités de parents qui ont rédigé des mémoires hostiles aux changements lors de la production d'études sur le sujet. Alors, il affirme que la religion est sur le point d'être évincée des écoles, ce qui constitue une problématique importante sur laquelle il est urgent de se pencher.

Que relever de cet exemple, caricatural il faut l'admettre, qui ressemble étrangement à des travaux de chercheurs débutants? Plusieurs éléments méritent notre attention. Premièrement, il est indubitable que le type de matériel retenu pour composer la problématique est pertinent. Ce chercheur en herbe se préoccupe de camper son objet de recherche dans l'histoire et la société qu'il désire étudier; il étaie ses prétentions sur des sources diverses et conclut par une affirmation «orientante». Difficile cependant d'accepter une telle dissertation comme problématique de recherche. Sûrement que le lecteur a été en mesure de percevoir le parti pris de ce chercheur par les seules sources favorables qui servent de «preuves» à ses idées, par l'usage de termes socialement chargés de sens (danger, évincé, urgent, majorité) et par la présence de mots flous (convenablement, inacceptable, problématique importante). Les valeurs de ce chercheur sont par trop évidentes, mais dans le texte proposé, rien ne laisse croire qu'il en soit conscient si on se base sur la teneur de ses propos. De plus, il est difficile d'imaginer le type de problème et de question de recherche qui pourront émerger de cette problématique. Les éléments proposés débouchent sur un constat de problème qui possède une certaine pertinence sur un plan strictement social pour ceux qui en partagent les craintes, mais qui ne permet d'aucune façon de conduire le chercheur à proposer une démarche de recherche scientifique.

3.3   *La composition d'une problématique*

Difficile de proposer un plan de travail précis pour aborder la construction d'une problématique! Les avenues possibles sont multiples et généralement satisfaisantes, surtout que l'originalité et l'imaginaire du chercheur forment le mélange qui fournit les meilleurs résultats. Il n'en demeure pas moins que le concepteur d'une problématique peut, dans la création de son objet recherche, bénéficier de l'apport de certaines lignes directrices.

Si, comme nous l'avons énoncé précédemment, une problématique consiste essentiellement en la sélection et en la mise en ordre des éléments qui composent le territoire de questionnement sur lequel porte la recherche et si le chercheur accomplit ce travail selon ses perspectives propres, il importe de générer ce territoire. Pour ce faire, il est utile de suivre une séquence évolutive qui permet d'amener le lecteur du projet ou du rapport à saisir l'objet de recherche projeté ou réalisé comme s'il allait de soi que l'aboutissement soit celui proposé par la recherche. Une façon aisée de visualiser ce cheminement est de le comparer au fonctionnement d'un entonnoir (figure 1). La fonction essentielle de cet ustensile conique est de diriger le contenu qui lui est fourni dans une ouverture à dimension réduite, ce qui permet son insertion dans un autre contenant. Peu importe le degré d'éparpillement du matériau solide ou liquide qui lui est présenté, il le ramène inlassablement à une dimension utilisable pour celui qui l'oriente. Il en va de même pour la production d'une problématique. Des matériaux de départ pertinents qui composent l'univers ou la situation problématique, le chercheur, par son travail de construction de sens et d'organisation du matériel, est amené à centrer son attention sur une parcelle ou une dimension de cet univers, celle qui sera retenue assise pertinente à son problème de recherche. Ce faisant, il apprivoise son problème ; il pourra le diriger ensuite dans le sens qui lui convient pour produire la connaissance recherchée et celle-là seule. Quelques étapes sont utiles pour y arriver.

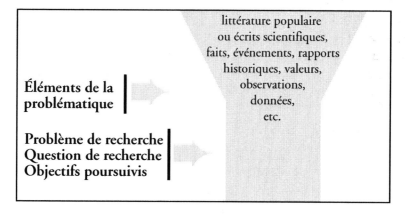

Figure 1
Vision imagée de la formulation d'une problématique

Fondamentalement, construire la situation problématique consiste d'abord à sélectionner des arguments, des faits, des situations, des données, des théories ou tout autre matériel pertinent qui concerne le champ couvert par l'objet qui cause problème. Cette situation, est-il nécessaire de le rappeler, n'existe pas en soi, même si elle semble parfois évidente étant donné les consensus sociaux au sujet de certains grands problèmes scolaires, sociaux ou autres. Le regard particulier du chercheur saura y donner une teinte originale qui permettra d'approfondir les connaissances sur le sujet, de dépasser les lieux communs. Le point de départ revient donc à mettre en évidence la situation problématique, à lui donner une existence propre. C'est le moment de faire état des divers discours sur l'objet, de sa position dans l'univers où il se trouve (théorique si le questionnement est de nature fondamentale, praxéologique si l'interrogation est liée à une situation concrète, etc.), et de l'état d'avancement de la connaissance sur l'objet.

Diverses sources de matériel sont accessibles pour franchir cette étape. D'aucuns trouvent pertinent de se reporter à l'histoire pour camper la situation problématique, d'autres préfèrent s'appuyer sur des rapports, des procès-verbaux, des données statistiques ou sur des articles de revues ou de journaux plus ou moins spécialisés, certains vont même jusqu'à fonder leur position sur leur propre vécu. À ce moment-ci, rien n'est exclu de prime abord. Il revient au chercheur de rendre compte de la pertinence de l'inclusion de ce matériel dans sa vision de l'univers problématique. Certes, la pertinence et même la nécessité de certains types de matériaux conviennent mieux à certaines avenues de recherche. Deux exemples illustrent cette affirmation.

Virginie et Sonia s'intéressent toutes deux à la question de la participation des parents dans le système scolaire au Québec.

> Virginie est impliquée dans un groupe de recherche qui a déjà eu l'occasion de traiter abondamment du sujet lors de travaux réalisés auprès de parents d'enfants du primaire. Les données sont analysées et le matériel disponible a fait l'objet de publications importantes. Virginie s'intéresse par ailleurs à la même problématique, mais auprès de parents qui ont des enfants qui fréquentent l'école secondaire. Elle décide de construire sa problématique à partir de prémisses similaires à celles qu'ont déjà utilisées les chercheurs du groupe de recherche, c'est-à-dire qu'elle fait un relevé de l'évolution de la participation des parents au fil de l'histoire de l'éducation québécoise. Elle fait état des types de participation qu'elle a su relever dans le milieu scolaire, ce qui l'amène à considérer une participation au niveau organisationnel (celle des parents qui fréquentent les organismes de participation officiels et habituels) et une participation indirecte des parents dans le support aux enfants eu égard aux activités éducatives qui ont cours à la maison. Elle oriente son choix de ce côté et décrit les principales recherches qui se sont intéressées aux parents du secondaire et en particulier sur cet aspect. Elle y fait état de vides importants au plan des connaissances dans ce domaine peu fouillé, contrairement à celui de la formation primaire. Elle rend compte enfin de la pertinence de travaux scientifiques, réalisés dans son groupe de recherche et ailleurs, qui ren-

dent viable l'utilisation de matériaux adaptables pour des travaux de recherche dans le domaine qui l'intéresse.

Pour sa part, Sonia est impliquée comme parent depuis plusieurs années dans les conseils d'école et plus récemment, dans le conseil d'établissement de l'école que fréquentent ses enfants. Elle travaille depuis plusieurs années avec d'autres parents pour trouver des moyens d'augmenter l'implication des parents dans son école et dans l'aide scolaire fournie par ceux-ci aux enfants à domicile. Convaincue qu'il faut faire quelque chose pour améliorer cette situation, elle désire entreprendre un travail de maîtrise sur le sujet. Elle élabore sa problématique en décrivant d'abord la situation de son école et le rôle qu'elle y tient eu égard au problème soulevé. Elle fait état des expériences réalisées au fil des ans tels que les décrivent les procès-verbaux des divers conseils auxquels elle a participé. Elle s'intéresse ensuite à des expériences similaires réalisées ailleurs ; elle les décrit à partir de comptes rendus ou d'entrevues préliminaires. Elle ajoute par la suite des considérations sur les visions de l'école partagées par ses collègues du moment sur le conseil d'établissement et sur leur volonté de s'impliquer dans une démarche de changement sur cet aspect.

Ces deux cas de chercheuses proviennent de position différentes ; ils illustrent bien la multiplicité des avenues qu'il est possible de poursuivre relativement à un même objet de recherche. Dans le premier cas, la chercheuse se situe près d'une position théorique, alors que la seconde prend nettement une orientation terrain. L'une vise à faire augmenter la connaissance sur l'objet « participation des parents » ; l'autre veut modifier une situation qu'elle juge déficiente. Les deux chercheuses trouvent des voies pertinentes pour asseoir leur problématique tout en se référant à des matériaux fortement différents. Leur situation problématique étant clairement élaborée, elles sont donc maintenant prêtes à formuler leur problème de recherche. Ces deux exemples illustrent aussi le passage à la seconde étape de la production de la problématique.

Cette seconde étape porte sur l'organisation du matériel rassemblé ; il s'agit, soit d'en faire une sélection et de ne conserver que ce qui est jugé pertinent en relation avec les intentions de recherche à venir, soit de l'agencer différemment de façon à faire apparaître la réalité problématique sous un nouveau jour. À cette étape, la démarche est plutôt déductive alors qu'elle est souvent inductive lors de la première mise en place des éléments qui composent l'univers observé. Pour le chercheur, c'est le moment, souvent douloureux, d'abandonner des avenues, de faire des deuils, car tout ne peut être conservé. L'univers est vaste, et limités sont les moyens de réaliser tout ce qu'on souhaiterait.

Il n'est pas facile de situer chronologiquement cette étape dans la démarche de production de la problématique. En fait, dans certains cas, elle peut apparaître de la manière précédente, mais habituellement, on voit un mouvement de va-et-vient entre les deux premières étapes. Lors de la production de la problématique, au fur et à mesure de ses découvertes, le chercheur voit l'ajout de nouvelles informations venir remettre en question ce qu'il croyait acquis. De nouvelles certitudes en remplacent d'anciennes qui, elles, sont mises à l'épreuve par de nouvelles inclusions ou par de nouvelles réflexions. Il s'agit de créer la problématique, de donner corps à l'objet de recherche. Il faut accepter les hésitations de cette mise au monde et se méfier des situations où tout se présente simplement, car alors on travaille probablement à un objet déjà étudié, ce qui est loin de notre propre création. Faire œuvre de chercheur, c'est innover.

À la fin de son périple dans l'entonnoir virtuel, le chercheur a en main une situation problématique ; il a l'impression de savoir ce qui constitue son objet de recherche, que l'avancement des connaissances passe nécessairement par diverses avenues qui sont à sa portée. Il est alors en position de formuler un problème de recherche, mais pas avant.

⚄ Le problème de recherche et les objectifs

La problématique énoncée ne comporte pas par elle-même d'orientation définitive de recherche. De manière claire, elle a fait état d'une situation problématique, mais son rôle se limite à mettre au jour un état de malaise de quelque nature qu'il soit, pourvu qu'il ait une portée scientifique. À cette étape, cette situation ne présume en rien des orientations définitives que prendra le chercheur à l'égard de son objet de recherche. Ce rôle est dévolu aux étapes ultérieures.

Plusieurs méthodologues ne distinguent pas problématique, problème et questions ou objectifs de recherche. Cette manière de voir la composition d'un projet de recherche est sensée à certains égards, surtout si les intérêts de recherche portent sur des questionnements issus des théories. Pour des problématiques et intérêts de recherche de nature différente, l'expérience nous montre qu'il est beaucoup plus commode de procéder de la manière proposée et que les problématiques théoriques ne s'en trouvent pas négligées.

4.1 La formulation d'un problème de recherche

Cette étape est relativement courte dans l'élaboration et dans la description de la recherche. L'heure n'est plus appropriée pour couvrir un territoire, c'est le moment où le chercheur fait preuve d'originalité scientifique en faisant surgir un problème de la masse des informations qu'il a su organiser à l'étape de la production de la problématique.

Le problème est parfois compris par les jeunes chercheurs comme un phénomène réel tiré de la vie de tous les jours. Ceci donne lieu à toutes sortes de confusions. C'est évidemment un problème pour la majorité de la population que des gens soient malades ou pauvres, qu'il y ait des difficultés financières qui handicapent les individus et les organisations, que la violence existe, etc. C'est aussi un problème pour tous et chacun que les choix faits par autrui ne permettent pas toujours la réalisation de nos propres ambitions. Nous sommes porteurs de valeurs, de désirs et d'aspirations qui se confrontent à ceux des autres. Là n'est pas la question lorsqu'on discute de problème de recherche.

L'étape de la formulation d'un problème de recherche vise à faire ressortir, par une logique argumentative, l'existence d'un manque qui concerne la connaissance et qui est issu de la problématique soulevée. Cette carence ou malaise scientifique constitue l'élément de la recherche qui la distingue des autres recherches. Le problème se reporte ainsi au vide réel ou virtuel laissé par l'état de la connaissance sur ce qui devient l'objet d'étude.

Par exemple, deux chercheurs qui aboutissent à deux problématiques relativement similaires à propos de stratégies pédagogiques appropriées pour l'enseignement d'une discipline scolaire particulière peuvent se distinguer quant à la formulation du problème. Le premier peut faire valoir l'absence de modèles théoriques pertinents pour faire progresser la connaissance sur le sujet et orienter sa recherche sur cet état de problème. Le second peut y voir des lacunes concernant le fait que les stratégies pédagogiques utilisées pour l'enseignement de cette discipline n'ont jamais fait appel aux TIC (technologies de l'information et de la communication) et, partant, qu'il faudrait vérifier comment cet ajout améliorerait la situation. Ces deux manières fort différentes de voir la recherche de solution au problème sont aussi valables l'une que l'autre, dans la mesure où l'argumentation qui soutient l'énoncé du problème est pertinente. Il va sans dire que ces chercheurs auraient probablement à revenir sur certaines dimensions de leur problématique pour l'adapter à cette orientation.

4.2   La question ou les objectifs de recherche

Une fois le malaise créé ou mis à jour, il reste au chercheur à donner des directions précises à sa recherche, à indiquer ce sur quoi il va finalement travailler.

Une façon appropriée d'y arriver est de rédiger en termes concis et précis ce qu'il se donne comme mandat.

Pour y arriver, il existe deux manières qui ne sont pas mutuellement exclusives. La première consiste à formuler une question de recherche ; la seconde, à rédiger des objectifs de recherche. En recherche et en méthodologie de la recherche en particulier, la tradition a habitué les gens à poser une ou des questions de recherche. Pour plusieurs chercheurs et formateurs, il s'agit encore d'un incontournable. En effet, dans nos modèles actuels de positionnement d'un objet de recherche, il semble difficile de faire fi de la question de recherche. Pour d'autres cependant, les objectifs comportent tous les éléments pertinents pour orienter le travail. Puisque la présence simultanée des deux ne crée pas de problème, on peut y recourir. Disons cependant que la formulation d'objectifs semble de plus en plus reconnue comme indispensable à l'entreprise de recherche.

Peu importe le choix, ce qu'il faut retenir c'est le rôle capital de cette étape dans l'orientation des travaux ultérieurs. La majorité des problèmes relevés dans un projet de recherche tirent leur source de la formulation des questions et des objectifs de recherche. Non pas que ces derniers soient un problème par eux-mêmes ; la difficulté provient surtout du manque de cohérence entre la problématique, le problème, les questions, les objectifs et les choix méthodologiques ultérieurs. D'où le fait que cette étape est une charnière incontournable dans la recherche.

Une question de recherche, c'est une interrogation qu'on formule à la connaissance dans le but de l'investiguer. Par exemple, si mon problème de recherche m'a amené à faire état de l'absence de certitude pour savoir si une nouvelle méthode d'enseignement de la musique au primaire est valable, ma question de recherche pourrait être : « Est-ce que l'utilisation de la méthode x en enseignement de la musique au primaire favorise l'obtention de meilleurs résultats scolaires par les élèves que les méthodes habituelles ? ». Dans ce cas, l'objet de recherche est clair et concis ; il ne prête à aucune interprétation. Le chercheur peut alors procéder sur le plan de l'élaboration de méthodes de recherche pertinentes pour répondre à cette question.

Les objectifs de recherche procèdent d'une logique similaire à celle qui sert à énoncer la question de recherche, une différence toutefois : ils sont rédigés sous forme de propositions à retombées comportementales. Les objectifs sont des mandats que se donne le chercheur quant à son objet de recherche. Ces mandats découlent du problème identifié auparavant. Les objectifs indiquent les intentions du chercheur à propos de l'objet de recherche.

Les objectifs de recherche peuvent être de divers ordres. Ils couvrent habituellement un continuum qui va du fondamental à l'appliqué. Ainsi, le chercheur peut vouloir connaître certains aspects d'un phénomène, expliquer des relations entre phénomènes, appliquer des données fondamentales en situation concrète, élaborer des modèles ou des produits, contribuer à changer une situation avec les acteurs qui la vivent et ainsi de suite. Ce sont autant de formes d'intentions qui découlent de problématiques différentes. Ce qui caractérise les objectifs et les distingue du problème de recherche, ce sont les explicitations quant à la manière d'aborder la recherche de solution au problème lui-même.

Il importe de retenir que les objectifs sont des activités de recherche ; il ne s'agit pas d'activités de formation ni d'intervention ni des étapes du déroulement de la méthodologie de recherche. Les formats suivants se retrouvent de manière pertinente dans la rubrique objectifs :

– Connaître les perceptions des étudiants de la formation technique au collège à propos des cours de formation générale.

– Déterminer le degré d'influence des émissions télévisées pour jeunes sur les acquisitions des élèves du primaire dans les cours d'éducation à la sexualité.

– Élaborer un modèle constructiviste d'éducation à l'environnement.

– Comprendre les changements produits dans la dynamique de fonctionnement du conseil d'établissement de l'école de Saint-Paul à la suite de l'implantation d'un nouveau mode de gestion.

– Expliciter le sens développé par des jeunes du secondaire à la suite d'une expérience de visualisation.

Tous ces objectifs sont rédigés dans un format qui donne des indications précises à leurs auteurs quant aux choix méthodologiques à faire. Ils indiquent aussi clairement au lecteur quelles sont les intentions du chercheur et vers quel type de conclusions il sera amené. On ne peut évidemment prétendre à la justesse de ces objectifs sur le plan de leur adéquation avec la problématique ou le problème de recherche ; on peut seulement les recevoir comme des formulations adéquates d'objectifs sur un plan formel.

À l'inverse, des objectifs mal formulés ne pourront jamais clarifier les intentions ou donner des indications quant à la méthodologie à poursuivre plus tard ni orienter les analyses du chercheur. Voici quelques exemples de formulations inappropriées tirées de travaux de chercheurs en formation.

– Saisir l'importance pour le jeune de l'école.

–   Lire sur les travaux produits en rapport avec la didactique des mathématiques.

–   Produire un questionnaire pour mesurer les attitudes à l'égard des sciences et l'administrer dans les classes.

–   Prouver la nécessité de comprendre l'importance d'exprimer son vécu en classe.

–   Rendre disponibles les résultats de cette recherche aux enseignants du secondaire.

–   Améliorer la qualité des travaux des jeunes et les ouvrir sur un monde en changement.

Ces objectifs souffrent tous d'au moins une lacune fondamentale sans qu'il soit nécessaire d'aller au contenu de la problématique pour y remédier du moins en partie. On y retrouve des termes imprécis, des intentions liées aux apprentissages du chercheur pour réaliser sa recherche, des formulations associées aux retombées de la recherche, des doubles intentions, et ainsi de suite.

5 Conclusion

Dans le passage de la problématique au problème de recherche, le plus ardu est d'assurer une cohérence entre les éléments que le chercheur a introduits dans son travail. Cette cohérence est d'autant plus difficile à atteindre qu'elle doit apparaître aussi eu égard aux autres sections du projet de recherche. L'ensemble n'a de sens que si problématique, problème, objectifs, méthodologie et conclusions forment un tout logiquement intégré. Cette recherche de cohérence débute par la problématique et doit se poursuivre dans les étapes ultérieures du développement de la recherche. Toutefois, cette recherche de cohérence se réalise de manière itérative. Il se peut que ce soit au moment de rédiger ses objectifs que le chercheur se rende compte des lacunes de sa problématique. Peut-être que le problème est mal formulé, ou encore que la méthodologie ne convient pas aux intentions indiquées dans les objectifs et qu'il devient plus convenable de les modifier et d'adapter ce qui les précède. Dans certains cas, c'est le cadre théorique qui ouvre de nouveaux horizons ou qui devient l'endroit où le chercheur apporte des modifications.

Aucune recette magique ne permet d'assurer de manière infaillible la cohérence des éléments du projet de recherche. Ainsi que nous l'indiquions au début, seul le chercheur est producteur de sens. C'est sa responsabilité de faire émerger le problème, de le créer, de le rendre intelligible. Sauf pour la reproduction de ce qui a été accompli auparavant, auquel cas on ferait œuvre de plagiat ou on referait inutilement des travaux connus, en excluant les poursuites de recherches triviales, tout est possible. C'est l'imaginaire du chercheur et sa compétence méthodologique qui ont raison des écueils. La production d'une problématique rigoureuse constitue la première étape dans cette aventure de production de connaissances nouvelles.

ɩ◗▬Activités d'appropriation

– À partir d'un même objet de recherche qui vous préoccupe, formulez trois manières de construire une problématique en vous appuyant sur des perspectives ou des paradigmes variés. Il n'est pas nécessaire de développer le travail dans le détail, mais bien d'identifier le type de matériel qui composerait votre problématique, de dire à quoi ressemblerait votre problème de recherche et de formuler quelques objectifs que vous souhaiteriez poursuivre.

– Repérez dix objectifs dans un travail de recherche scientifique (mémoire, essai ou travail long) et discutez la qualité de leur formulation sur un plan strictement formel.

N'ayez crainte, plusieurs travaux publiés comportent des lacunes importantes sur ce point. De toute manière, c'est l'exercice qui compte.

– En quoi la question de recherche suivante vous apparaît-elle discutable sur le plan scientifique?

«Quels sont les effets présumés à court et à long terme pour le ministère de l'Éducation de l'implantation des TIC en éducation et dans le milieu scolaire?»

– Dans quelles situations le chercheur comme sujet serait-il mieux de ne pas s'inclure dans un exposé de problématique? Justifiez vos réponses.

– On dit que problématique, problème de recherche, questions et objectifs de recherche, cadre théorique et méthodologie doivent être agencés de manière cohérente dans un travail de recherche. Que signifie au juste cette affirmation?

– Que suggéreriez-vous au chercheur qui voudrait commencer son projet de recherche en élaborant d'abord le cadre théorique, poursuivre avec la méthodologie et penser formuler ensuite une problématique et un problème de recherche? Quels avantages voyez-vous à cette façon de faire, s'il y a lieu? En quoi vos suggestions sont-elles pertinentes?

◢▬Concepts importants

Vous trouverez une définition des mots clés suivants dans la section «Glossaire»: formulation d'un problème de recherche, objectifs de recherche, problématique, question de recherche.

⬛ Lectures complémentaires

Bouchard, Y. et Gélinas, A. (1990). Un modèle alternatif de formation des futurs chercheurs. *Revue de l'Association pour la recherche qualitative*, *3*, 119-141.

> Cet article aborde directement la question des cohérences dans la production d'un projet de recherche en présentant la personne qui l'entreprend à la fois comme un humain agissant et comme humain chercheur. On y associe des considérations de perception, d'intentionnalité et de méthodologie.

Chevrier, J. (1997). La spécification de la problématique. *In* B. Gauthier (dir.), *Recherche sociale : de la problématique à la collecte des données* (p. 51-81). Québec : Presses de l'Université du Québec.

> Ce texte présente une description détaillée des diverses étapes à franchir pour formuler un problème de recherche. Il distingue les approches qualitatives et quantitatives, et présente de nombreux exemples pertinents. Il comporte une liste exhaustive récente de lectures complémentaires selon ces paradigmes de recherche.

Contandriopoulos, A.-P., Champagne, F., Potvin, L., Denis, J-L. et Boyle, P. (1990). *Savoir préparer une recherche : la définir, la structurer, la financer.* Montréal : Les Presses de l'Université de Montréal.

> Ce manuel aborde de manière didactique la construction de divers objets de recherche par rapport à des champs d'interrogation variés.

Marshall, C. et Rossman, G.B. (1989). *Designing qualitative research.* Newbury Park (CA) : Sage Publications.

> Ce texte comporte un chapitre intéressant sur la formulation d'un projet de recherche selon une perspective qualitative.

Van der Maren, J.-M. (1999). *La recherche appliquée en éducation : des modèles pour l'enseignement.* Bruxelles : De Boeck.

> Bien que n'abordant pas directement les questions de problématique, ce livre présente des considérations indispensables pour le chercheur qui doit formuler son projet, tels les enjeux et les types de discours qui modèlent la rédaction des projets de recherche.

Quatrième chapitre

Le cadre théorique

Christiane Gohier
Université du Québec à Montréal

▰▰▰ Plan du chapitre

▰▰▰ Résumé

Le cadre théorique qui suit l'énoncé de la question ou des objectifs de recherche exposés dans la problématique est constitué des théories et des concepts qui servent de matrice théorique pour les étapes successives de la recherche. Cette matrice est élaborée à partir des analyses conceptuelles et rhétoriques du corpus théorique. Ces analyses conduisent à une nouvelle mise en réseau ou cartographie des concepts, voire à leur redéfinition, cartographie qui constituera la matrice théorique. L'analyse fait preuve de rigueur, d'esprit critique et argumentatif ; elle énonce la position épistémologique et théorique de l'auteur. Certaines démarches facilitent la constitution et la conception du cadre théorique : la recherche documentaire et la constitution du corpus, l'analyse des assises théoriques du discours, l'analyse conceptuelle et rhétorique ainsi que la mise en œuvre de la dimension interprétative.

■ ▬▬Introduction : nécessité et nature du cadre théorique

L'élaboration du cadre théorique suit d'abord la formulation de la question ou des objectifs qui sont exposés dans la problématique du projet de recherche ; cette question et ces objectifs peuvent être revus et spécifiés à la fin du cadre théorique, à la lumière de l'analyse du corpus qui y est faite. L'élaboration du cadre théorique est une étape nécessaire du processus de recherche. Dans le cas d'une recherche empirique, ce cadre oriente les décisions concernant la nature des données à recueillir ainsi que l'analyse et l'interprétation qui peuvent en être faites. La nature et l'ampleur du cadre théorique peuvent cependant varier selon le type de recherche et l'approche méthodologique choisie. Ainsi, dans une recherche de nature vérificatoire ou confirmatoire d'une hypothèse, le cadre théorique est plus circonscrit et « fermé », au point de départ, que dans le cas d'une recherche exploratoire, qui vise à examiner un terrain en vue de formuler éventuellement des hypothèses. Dans une telle recherche, le cadre théorique existe en amont de la recherche ; il peut être revu à la lumière des données mêmes de terrain, *a fortiori* s'il s'agit d'une recherche qui utilise une approche de type « théorie ancrée »[1]. Dans une recherche spéculative ou théorique, il va sans dire, par ailleurs, que le cadre théorique doit être très élaboré puisqu'il constitue l'objet même de la recherche, à savoir une analyse et une critique des théories existantes en vue d'en formuler une autre ou, à tout le moins, certains de ses éléments.

Pour clarifier ces énoncés, nous rappelons, de façon schématique, la typologie la plus classique[2] de recherches en éducation ; nous reprenons dans les grandes lignes celle qu'a élaborée Van der Maren (1999, p. 30) à laquelle nous amalgamons des éléments de typologie exposés dans un document produit par le programme de Doctorat réseau en éducation de l'Université du Québec (1993).

---

1   Dans la théorie ancrée ou *grounded theory*, les résultats de la recherche commandent une articulation théorique qui peut être revue au fur et à mesure de la mise au jour des données. Voir Strauss et Corbin (1994).

2   Il existe plusieurs typologies de recherches en éducation, selon le système de classement utilisé par les différents auteurs. Nous avons choisi de reproduire ici les éléments les plus classiques ou les plus récurrents de ces typologies.

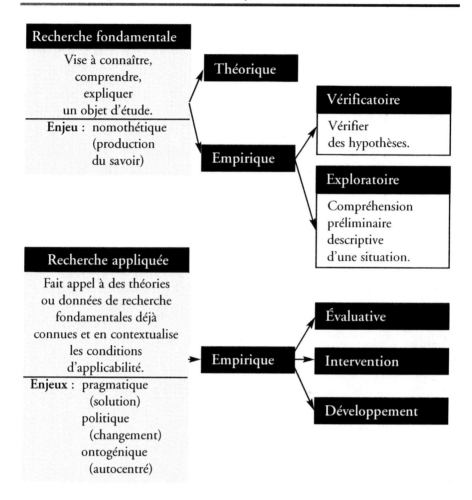

Figure 1
Typologie de recherches en éducation

Quel que soit le type de recherche effectué, nous croyons, à l'instar d'Huberman et Miles (1991), qu'il est nécessaire d'élaborer un cadre théorique préalablement à la saisie des données, ce cadre existant de toute façon de manière implicite chez le chercheur. Ces auteurs préconisent l'analyse des théorisations et des recherches empiriques antérieures afin de favoriser l'élaboration d'un cadre conceptuel qui sert de matrice à la recherche, même dans le cas des recherches inductives (partant des données de terrain) car, soutiennent-ils,

> [...] les inductivistes eux aussi opèrent avec des questions de recherche, des cadres conceptuels et des matrices d'échantillonnage; [...] leurs choix sont simplement plus implicites et les liens entre cadre conceptuel et procédures

sont moins linéaires. Néanmoins, leurs choix servent nécessairement à délimiter et à centrer leur étude (p. 56-57).

De quoi le cadre théorique doit-il être constitué ? Il y a bien peu d'écrits à ce sujet ; les auteurs mentionnent quelquefois son existence sans en définir le contenu, sinon en faisant référence, comme Huberman et Miles, à l'analyse conceptuelle, d'une part, et à la connaissance des théories ou de la documentation théorique ainsi que des recherches préexistant dans le champ étudié, d'autre part. Ainsi, dans un document produit pour le programme de maîtrise en éducation à l'Université du Québec à Montréal, on lit que

> le cadre théorique comprend généralement au moins trois types d'informations : 1) les théories et modèles qui inspirent la recherche ou la justifient et que vous articulez les uns aux autres ; 2) les recherches semblables qui ont été effectuées par différents chercheurs ; 3) les concepts en jeu dans votre propre recherche (Dansereau, Gaudreau, Goyette, Séguin et Thibert, 1997, p. 17).

De quelle manière ces éléments s'articulent-ils les uns aux autres ? Comment doivent-ils être exposés et analysés ? C'est ce dont il est question ici. Mais avant de discuter des éléments qui composent le cadre théorique, il faut aborder les caractéristiques du cadre théorique du point de vue du chercheur, en tant que producteur d'un tel texte ou, en d'autres termes, examiner les critères qui assurent la rigueur et la qualité de l'analyse.

2. Caractéristiques du cadre théorique ou des critères qui en assurent la rigueur et la qualité

2.1   Critères de rigueur ou de solidité du cadre théorique

Par « cadre » théorique, on entend la « matrice théorique » qui donne des assises à la recherche. Il s'agit de balises théoriques issues de l'examen des théories et des recherches existantes, recadrées par le chercheur à l'aide, notamment, de l'analyse conceptuelle, et qui cernent l'objet de l'étude. Pour être valable, cet examen doit nécessairement être fait dans un esprit critique qui se manifeste par un discours argumentatif ; c'est un des éléments qui assurent la qualité du cadre théorique : nous y reviendrons. Le cadre théorique pourrait aller jusqu'à la formulation d'une théorie en tant « qu'ensemble systématique d'énoncés portant sur un objet déterminé », comme la définit Gauthier (1995, p. 5) et, ajoutons-nous, répondant à certains critères de validité. Comme l'affirme par ailleurs Gingras (1992) à propos de la recherche sociale, la théorie est avant tout un moyen de donner un sens à nos connaissances. On peut la définir comme un ensemble de propositions logiquement reliées, encadrant un plus ou moins grand nombre de faits observés et formant un réseau de généralisations dont on peut dériver des explications pour un certain nombre de phénomènes sociaux (p. 115).

Mais, bien sûr, la formulation d'une théorie demeure un cas d'exception.

Normalement, une matrice théorique fournit des éléments théoriques par ailleurs organisés de façon systématique et cohérente. Dans le cas d'une recherche de type fondamental, ces éléments doivent être novateurs par la formulation d'énoncés de nature à faire avancer les connaissances (cette recherche pouvant par ailleurs être théorique ou empirique). Dans le cas d'une recherche appliquée, ce caractère novateur n'est pas présent, la matrice théorique faisant état d'éléments théoriques existants qui servent de modèle à une application dans un contexte déterminé. Le type de recherche, comme on le voit, détermine l'ampleur et la nature du cadre théorique. Pour s'assurer de la qualité, de la rigueur ou de la «validité» du cadre théorique, on peut s'inspirer de critères que nous avons élaborés pour la recherche théorique (Gohier, 1998) qu'on pose ici à titre de modèle, sous réserve de l'adapter aux types de recherche qui viennent d'être mentionnés. À ce sujet, voici rapporté *in extenso* un passage de «La recherche théorique en sciences humaines : réflexions sur la validité d'énoncés théoriques en éducation» (*Ibid.*).

La fécondité heuristique d'une démarche ou d'un énoncé se traduit par sa capacité de «faire apparaître du sens», de «proposer du connaissable neuf», d'engendrer d'autres énoncés. L'orthodoxie méthodologique ne doit en effet pas imposer ses diktats à la pensée. Elle doit, au contraire, la servir. La pensée novatrice est faite d'errances, voire d'erreurs ; si elle emprunte des chemins déjà tout tracés, elle ne peut que réitérer. Elle n'invente pas.

L'énoncé novateur pour devenir énoncé théorique doit toutefois, comme on l'a vu, répondre à certains critères. Si la pensée novatrice peut utiliser plusieurs voies (à la limite l'association libre pourrait en être une), elle ne revêt en effet un caractère théorique que si les conditions suivantes sont respectées.

- Les énoncés théoriques doivent d'abord être pertinents par rapport au domaine, ici l'éducation.

- Ils doivent avoir une valeur heuristique ou démontrer une fécondité sur le plan heuristique en ouvrant sur des pistes, des hypothèses, en «donnant à connaître».

- Ils doivent également répondre aux exigences de cohérence ou de non-contradiction, de limitation (circonscription du domaine d'objets), de complétude (exhaustivité par rapport au domaine d'objets), et d'irréductibilité (simplicité ou caractère fondamental). Il va sans dire que ces critères tracent les contours idéaux d'une « théorie » au sens plein du terme et doivent être relativisés en fonction du niveau et de l'ampleur de la recherche.

- Ils doivent faire preuve de crédibilité :

- par l'utilisation de sources théoriques autorisées ;

- par la mise en place d'une méthode dialectique mettant en œuvre argumentation et sens critique (clés de voûte de la recherche théorique) ;

- cette argumentation doit être rhétoriquement efficace, logiquement solide et dialectiquement transparente ;

- toute la trame du discours doit être soutenue par le doute méthodique et reposer (explicitement ou implicitement) sur la mise à l'épreuve ou la réfutation des thèses avancées ou encore susciter chez le lecteur cette mise à l'épreuve ;

- cette méthode dialectique exige également du chercheur théoricien qu'il expose ses présupposés épistémologiques et théoriques ;

- par exemple, son point de vue sur la science, sa grille de lecture ou d'analyse (herméneutique, psychanalytique, sociocritique, etc.) ;

- la méthode qu'il utilise pour mettre au jour les éléments discursifs qu'il retient dans un corpus théorique donné (par exemple, l'analyse conceptuelle ou l'analyse de contenu ; il va sans dire, comme le souligne Van der Maren, que les corpus retenus peuvent faire état de données factuelles) ;

- enfin, ses valeurs ou encore l'horizon idéologique dans lequel il se meut, ainsi que la portée éthique de ses énoncés, à condition que le coefficient idéologique de la thèse ne soit pas trop élevé, c'est-à-dire à condition que l'idéologie ne tienne pas lieu et place des autres processus de démonstration.

- Les énoncés ne sont pas nécessairement tous construits sur la base d'un raisonnement logicodéductif, mais peuvent, pour une certaine part, être de type métaphorique ou analogique si ces modes de raisonnements s'avèrent heuristiquement féconds.

Si toutes ces précautions « méthodologiques » sont nécessaires, elles ne devraient par ailleurs en aucun cas étouffer la pensée créatrice ou l'énoncé de sens, mais au contraire méthodiquement l'accompagner et la soutenir (Gohier, 1998, p. 279-280).

Ajoutons à cette énumération que les propositions énoncées sous forme d'hypothèse doivent être formulées de manière à être confirmables ou falsifiables, c'est-à-dire suffisamment descriptives et spécifiques pour permettre la confrontation éventuelle avec des données ou des situations factuelles. Nous nous attardons à quelques éléments cruciaux de cette critériologie, dont l'énoncé de la position épistémologique et théorique, et la qualité du discours critique et argumentatif.

2.2 Énoncé de la position épistémologique et théorique du chercheur ou de l'auteur de l'analyse

Certains chercheurs invoquent souvent l'objectivité comme concept clé de la recherche scientifique. Il s'agit là d'une conception positiviste ou néopositiviste de la science comme discours devant refléter le réel le plus fidèlement possible, l'expliquer en traitant les faits comme des choses, pour reprendre l'expression de Durkheim. D'autres chercheurs, dans la foulée des travaux de Dilthey et de Weber, se rangent sous le paradigme interprétativiste ; ils croient au contraire que le réel est sujet à interprétations, qu'on peut le comprendre en lui donnant un sens généré par la rencontre entre le chercheur et la prise en compte de l'objet de recherche dans son contexte. Ce sont, tracées à grands traits, de manière simplifiée, les deux grandes positions épistémologiques susceptibles de traduire la conception de la science qui anime le chercheur[3]. L'approche méthodologique qu'il choisit, y compris les méthodes de saisie et d'analyse des données, est conditionnée par cette position. Aussi devrait-on parler de recherche positiviste ou néopositiviste et de recherche interprétative plutôt que, comme on le fait couramment, de recherche «quantitative» ou «qualitative», confondant en cela les instruments de saisie des données avec la conception de la science qui, en amont, vient orienter le choix d'une approche méthodologique qui, elle-même, suppose certains choix instrumentaux (Gohier, 1997a et b).

Dans le cadre théorique, cette position épistémologique du chercheur devrait être énoncée, car elle détermine l'orientation de la recherche aussi bien que la lecture du réel, de la science, et, par delà, des théories qu'il fait. Si, par ailleurs, cette lecture se fait à partir d'un point de vue théorique ou d'un angle d'analyse qui constitue une grille de lecture des différents discours analysés, cela devrait

---

3   Ces deux positions représentent les deux postures opposées dans une typologie classique du champ de l'épistémologie. D'autres typologies incluent les postures critique ou encore pragmatique, voire féministe. Nous préférons nous en tenir ici à un exposé simplifié de la question, d'autant que le débat reste ouvert quant au statut réel des autres postures proposées en tant que paradigmes distincts.

être explicite. Par exemple, l'auteur/lecteur adopte-t-il en amont un point de vue psychanalytique pour lire les textes ou encore un point de vue sociocritique? Mais ces observations ont déjà trait à la dimension argumentative qui sera abordée plus loin.

Retenons que, quelle qu'elle soit, la position épistémologique adoptée doit être énoncée de façon explicite et que, même avec un devis méthodologique qui se réclame de l'objectivité scientifique, le choix et la lecture des textes et des théories ne sont jamais totalement « neutres ». Partant, tous les présupposés théoriques du chercheur doivent également être rendus explicites.

2.3   Le *discours critique*

Une des attitudes essentielles dans l'analyse d'un corpus théorique en vue de la formulation d'une matrice conceptuelle et théorique est la mise en œuvre du sens critique qui doit par ailleurs prévaloir dans toutes les étapes du processus de recherche. Dans son ouvrage sur la formation de la pensée critique, Boisvert (1999) reprend à Ennis, l'un des maîtres à penser du *critical thinking*, dix éléments qui caractérisent le penseur critique.

1) L'évaluation de la crédibilité des sources.

2) La reconnaissance des conclusions, des raisons et des présupposés.

3) L'appréciation de la qualité d'un argument, y compris l'acceptabilité de ses raisons, de ses présupposés et des faits sur lesquels il s'appuie.

4) L'élaboration de son propre point de vue sur une question et sa justification.

5) La formulation de questions et de clarifications pertinentes.

6) La conception d'expériences et l'évaluation de plans d'expérience.

7) La définition des termes en fonction du contexte.

8) L'expression d'une ouverture d'esprit.

9) La propension à fournir un effort constant pour être bien informé.

10) La formulation de conclusions lorsque la situation le justifie tout en faisant preuve de prudence (Boisvert, 1999, p. 15-16).

Toutes ces attitudes qui doivent être mises en œuvre par l'auteur assurent la profondeur de l'analyse et de l'élaboration de la matrice théorique. Sans elles, cette matrice risque de n'être qu'un ramassis et un collage hétéroclite d'informations. Deux des éléments énumérés, plus spécifiquement ceux des points

3) et 4), sont capitaux dans la mise en œuvre d'une analyse critique: il s'agit de l'argumentation qui soutient la justification de la thèse défendue.

2.4   Le discours argumentatif

Le discours de l'auteur doit constamment être justifié; c'est une condition *sine qua non* de sa crédibilité. Cette justification repose sur l'argumentation qui vient étayer les propos tenus et la thèse défendue. L'argumentation, comme le soutient Oléron (1993), est « [...] une démarche par laquelle une personne ou un groupe entreprend d'amener un auditoire à adopter une position par le recours à des présentations ou assertions – arguments qui visent à en montrer la validité ou le bien-fondé » (p. 4). Mais il ne suffit pas d'étaler des arguments – peu importe lesquels – « agglomérés », ce qui constituerait un exercice sophistique, à la limite vide de sens. La teneur des arguments, leur profondeur et leur poids par rapport au propos sont importants, de même que les types d'arguments évoqués. Plus encore, la cohérence et la logique de la trame discursive et argumentative sont aussi importantes que la somme des arguments invoqués. Les théories et le champ conceptuel des sciences sociales et humaines forment un univers polysémique, souvent mal défini, dans lequel il faut effectuer des choix. Comme le rappelle Oléron, le raisonnement et l'argumentation aident à opérer et à soutenir ces choix; ils permettent de garder le souci de tenir un raisonnement rigoureux malgré ce flou conceptuel. Bien entendu, il ne s'agit pas de preuve et de démonstration, qui appartiennent à l'univers logicomathématique des sciences formelles, mais de raisons, vraisemblables, invoquées à l'appui d'une thèse et ouvertes à la réfutation.

Depuis que, au milieu du XXᵉ siècle, Perelman et Olbrechts-Tyteca (1988) ont redonné ses lettres de noblesse à la rhétorique, les traités sur l'argumentation abondent. On peut certes se référer à l'ouvrage de Perelman, mais également à d'autres qui ont repris de manière simplifiée les principaux éléments du traité perelmanien, dont ceux de Reboul (1991) ou de Bellenger (1980). Ces ouvrages s'attachent principalement à l'exposé des types d'arguments, mais aussi, dans le cas de Bellenger, à la présentation des types ou des modes de raisonnement. Ainsi, parle-t-il de l'induction (procédé par généralisation et illustration), de la déduction, du raisonnement causal et du raisonnement dialectique (complémentarité éventuelle plutôt qu'opposition de deux thèses). Relativement à l'argumentation qui emprunte la voie explicative, Bellenger identifie cinq modèles d'argumentation: la définition, la comparaison, l'établissement d'analogies, la description et le recours aux faits. Sa typologie des arguments fait entre autres référence aux arguments quasi logiques, comme des arguments construits sur le modèle du raisonnement mathématique. L'argument par transitivité, à titre d'exemple, consiste à établir une relation d'égalité, d'inclusion ou autre en liant un premier terme à un troisième par l'intermédiaire d'un autre : « Les amis de mes amis sont mes amis ».

Il est impossible d'établir de façon exhaustive la typologie des arguments : elle varie selon les auteurs. S'inspirant de Perelman, Reboul (1991) distingue quatre types d'arguments : les arguments quasi logiques, comme on vient de le voir avec Bellenger ; ceux qui se fondent sur la structure du réel, dont l'argument pragmatique (apprécier un acte ou un événement en fonction de ses conséquences) ; les arguments qui créent la structure du réel, telles que l'analogie et la métaphore (les yeux sont le miroir de l'âme) ; les arguments qui dissocient les notions, le « distinguo » (distinction entre l'apparence et la réalité, par exemple, où le terme réalité est privilégié au détriment du terme apparence).

Par sa forme, tout type d'argument, sans être fondé ou pertinent, pourrait être utilisé comme structure argumentative. On peut prendre pour exemple une analogie entre deux éléments qu'un auteur choisit d'associer, par le truchement de la métaphore, sans qu'elle soit pertinente. C'est une analyse critique de la métaphore qui devra être justifiée par l'auteur à l'aide d'autres arguments, et non seulement affirmée, qui permettra d'en établir la pertinence. Par exemple, l'énoncé « l'enseignant est un tuteur » est une métaphore qui doit être justifiée par d'autres arguments qui pourraient faire appel à des faits (reliés à l'acte d'enseignement), à une définition (de l'acte d'enseignement et de celui d'apprentissage), à une description des deux processus précédents, etc. Cette métaphore demande toutefois à être examinée, même si dans le contexte humaniste qui a prévalu en éducation depuis les années 1970, elle semble aller de soi, et peut-être surtout, comme le rappelle Reboul (1984) à propos des slogans. Nous reviendrons sur ce point. Pour l'instant, prenons plutôt l'exemple de la métaphore « l'enfant est une larve ». Comme dans notre contexte culturel actuel, cette métaphore est plus choquante, il est certain qu'on demanderait à l'auteur d'étayer son propos.

Cela illustre que les arguments, même vides de sens, peuvent être utilisés à des fins strictement manipulatoires. Certains arguments sont par ailleurs reconnus comme fallacieux ou contraignants, tel l'argument d'autorité qui incite à adhérer à une thèse strictement parce qu'une personne connue, avec une certaine réputation, l'a endossée, ou son contraire, l'argument du sens commun qui cherche l'assentiment à une thèse parce que le plus grand nombre le fait. L'aspect rhétorique de l'argumentation ne doit pas l'emporter sur la structure argumentative globale ni sur le poids, la qualité et la valeur des arguments invoqués. C'est ce que Wenzel (1992) soutient lorsqu'il définit un bon argument comme devant être efficace (plan rhétorique), solide, selon les règles d'inférence utilisées dans sa mise en forme (aspect logique) et, plus globalement, l'argumentation comme devant mettre en place une procédure ou une méthode visant l'examen critique de points de vue ou de positions différentes (aspect dialectique).

Sur la mise en œuvre d'une structure argumentative, les travaux d'Angenot (1989, 1994, 1996, 1998) qui s'inscrivent dans la tradition perelmanienne, proposent également un cadre d'analyse intéressant. Ce chercheur a élaboré un modèle d'analyse de la structure argumentative du discours qui sert également de modèle à la production discursive. Angenot (1989) définit le discours pédagogique argumentatif comme «[...] un ensemble de propos, traitant d'éducation, spécialement ordonnés (stratégies) à l'établissement d'une position et de son bien-fondé (modèles de rigueur), dans la perspective d'assurer sa recevabilité, d'accroître l'étendue de sa reconnaissance, d'ouvrir et d'engager à l'action dans une direction privilégiée» (p. 42). Angenot propose un modèle d'analyse et de production discursive qui s'articule autour de quatre pôles énonciatifs, soit les propositions qui concernent l'élaboration et la saisie du réel, c'est-à-dire les ordres et les états de la réalité qu'il est pertinent de prendre en considération (R), celles qui servent à clarifier les valeurs et les convictions à promouvoir (C), celles qui portent sur les actions à entreprendre (A), enfin celles qui font référence aux fondements du discours, c'est-à-dire aux savoirs et aux expériences fondateurs servant à légitimer les propos exprimés dans les trois autres types de propositions (F). Angenot utilise par ailleurs la technique de la dissociation des notions formulée par Perelman comme méthode d'analyse conceptuelle. Nous reviendrons sur cette méthode dans la section qui y est consacrée.

Sur la production d'un discours argumentatif, Toussaint et Ducasse (1996) ont rédigé un excellent manuel «d'initiation à l'argumentation rationnelle écrite» dans lequel ils exposent cinq modèles d'argumentation: confirmation par les faits, condition réalisable, pragmatique, norme générale et but valorisé. Ils décrivent et définissent également toutes les étapes de l'énoncé d'une position justifiée, y incluant la réfutation d'arguments adverses. L'ouvrage est particulièrement intéressant en ce qu'il ne fait pas qu'énoncer des principes, mais aussi en ce qu'il propose des modèles de production discursive. On trouvera par ailleurs de bons exemples de discours critiques et argumentatifs en éducation dans l'ouvrage de Tardif et Gauthier (1999), cela principalement dans la synthèse qu'ils en font dans le chapitre intitulé «Les arguments et les points de vue « pour » et « contre » la création d'un ordre professionnel des enseignantes et des enseignants au Québec ».

En un mot, le chercheur en tant que producteur de texte et concepteur d'un cadre théorique doit appliquer à son propre discours les critères de rigueur qu'il exige des théories ou des études qu'il analyse. Mais comment peut-il procéder à la constitution et à la conception de son cadre ou de sa matrice théorique ?

3 Constitution et conception du cadre théorique

3.1   *Cadre théorique et analyse conceptuelle : l'inséparabilité*

La documentation scientifique fait ressortir trois éléments constitutifs du cadre théorique ; ce sont les théories et modèles qui inspirent la recherche, les recherches semblables déjà effectuées et les concepts pivots qui servent de matrice à la recherche. Avant d'analyser chacun de ces éléments, il faut se poser la question de leur articulation. Disons, d'entrée de jeu, que, dans le contexte du cadre théorique, nous traitons les recherches effectuées dans le domaine sur le même pied que les théories ou les modèles, car c'est à ce titre qu'elles y sont intégrées. En effet, ces recherches pourraient être invoquées, dans le cadre de la problématique, pour faire un état de la question et mettre au jour un aspect lacunaire par rapport au champ de la recherche ; elles permettraient alors de circonscrire un objet d'étude que des questions ou des objectifs de recherche viendraient spécifier. Ces mêmes recherches pourraient également servir de points de référence pour établir le devis méthodologique choisi (approche méthodologique, méthode, instruments de saisie et d'analyse des données). Cependant, si elles sont évoquées dans le cadre théorique, c'est parce qu'elles mettent en œuvre des éléments théoriques et conceptuels, virtuellement novateurs, susceptibles de servir d'appui théorique. Aussi, par commodité, pour les besoins de notre analyse, nous ne les distinguons pas des théories ou modèles évoqués.

La question se pose alors de savoir comment théories et concepts ou analyse théorique et conceptuelle peuvent être articulés. Au contraire de ce que certains auteurs laissent entendre, nous ne croyons pas que les deux analyses puissent être distinctes. On ne peut pas, d'une part, analyser des théories et, d'autre part, analyser des concepts, pour la bonne raison que la théorie elle-même est constituée par un noyau de concepts qu'elle réseaute et qu'elle doit définir de façon spécifique ; c'est ce que rappelle Gingras (1992).

> Pour éviter les malentendus, toute théorie doit [...] définir avec précision ses concepts. Cette définition peut s'effectuer [sur le] plan plutôt abstrait des concepts universels (comme les traits culturels fondamentaux d'une nation) ou, si l'on s'engage dans l'opérationalisation, [sur le] plan plutôt empirique des concepts particuliers (par exemple, les réponses d'un échantillon représentatif de la population adulte québécoise à une série de sondages portant sur les valeurs) (p. 117).

Notons que la notion de concept est elle-même relativement floue et souvent associée à celle de notion. L'ouvrage de Gauthier (1992) donne une idée des différentes acceptions du terme concept dont voici l'énumération :

> abstraction recouvrant une variété de faits ; structure mentale réunissant les attributs d'une réalité permettant aussi de la reconnaître et de la distinguer des autres ; catégorie classificatoire première d'une systématisation théorique ; nomination d'un phénomène complexe, mais non réductible au cœur de la réalité à expliquer (p. 560).

On peut convenir qu'un concept est la représentation langagière d'un objet, lui-même concret ou abstrait (dans le cas des concepts analytiques par exemple, comme la démocratie). Aussi, dans l'ouvrage de Gauthier, parle-t-on de concepts opératoires, particuliers et universels.

L'analyse théorique et l'analyse conceptuelle sont donc intrinsèquement liées. Il s'agit de mettre au jour le réseau conceptuel d'une théorie en tenant compte de l'ensemble des énoncés de la théorie et de l'articulation entre les concepts. Le concept d'apprentissage, par exemple, ne peut avoir la même signification dans une théorie de type humaniste ou béhavioriste. Dans le premier cas, il s'appuie sur une conception du développement autonome de la personne, dans une théorie soutenue par la croyance en la croissance positive des individus. Dans le paradigme béhavioriste, au contraire, il implique le conditionnement du comportement, dans le cadre d'une vision déterministe d'un homme modelé par son environnement. Si, en l'occurrence, on se contente d'extraire, sans les contextualiser, des éléments définitoires des concepts en jeu, dans cet exemple, celui d'apprentissage, on risque de fausser le sens qui lui est donné dans l'économie générale de la théorie. Dans les deux cas, par exemple, on peut soutenir que l'apprentissage a pour objectif l'autonomie. Mais dans des acceptions combien différentes, puisque pour les béhavioristes, il s'agit d'une autonomie fonctionnelle, une fois le comportement acquis et pouvant être répété sans le support du conditionnement, alors que pour les humanistes, il s'agit d'une autonomie qui vise à libérer la personne de ces mêmes comportements, à dépasser les cadres dans lesquels elle a évolué pour exercer sa liberté de choix. Hors contexte, certains concepts peuvent d'ailleurs être paradoxaux ; ainsi Skinner, pourtant béhavioriste pur et dur, se qualifie lui-même d'humaniste ! Il faut dès lors analyser le sens que ce concept peut prendre chez lui.

Il faudra donc toujours lier analyse théorique et conceptuelle même si certains moments ou certaines étapes de cette analyse peuvent être distincts. Si l'on peut parler des éléments constitutifs du cadre théorique ou de sa constitution, on doit également parler de sa conception. C'est à l'auteur, d'une part, de choisir les théories qu'il analyse et la ou les méthodes d'analyse qu'il choisit à cette fin ; d'autre part, il lui revient de concevoir ou de conceptualiser sa propre matrice théorique avec les éléments théoriques retenus, voire redéfinis, et réseautés ; cela lui permet de constituer le cadre théorique qui servira de référent théorique à la recherche. Rappelons ici qu'il faut éviter de juxtaposer des théories ou des éléments théoriques qui sont virtuellement contradictoires pour qui connaît le contexte dont ils sont issus. La seule façon d'éviter cet écueil consiste à faire une analyse approfondie et soutenue par un discours critique et argumentatif. Une telle analyse requiert certaines précautions.

3.2   *Analyse du discours en éducation*

3.2.1   Recherche documentaire et constitution du corpus

Même si cela relève de l'évidence, il faut mentionner que le chercheur doit bien circonscrire le corpus théorique retenu pour fins d'analyse en fonction de son objet de recherche. À partir de thèmes spécifiques, il doit faire une recherche documentaire en se servant de tous les outils mis à sa disposition : ouvrages généraux de référence incluant les index de périodiques, cédéroms, banques de données, etc.[4] Selon la terminologie de Van der Maren (1995), le corpus retenu peut être unique (les écrits d'un auteur sur un sujet), intertextuel (plusieurs auteurs sur un thème ou un seul à des lecteurs différents, en tenant compte du contexte d'énonciation), ou encore contrasté, c'est-à-dire exposant des points de vue différents à propos d'une notion, pour connaître l'éventail des significations. La documentation retenue doit répondre à certains critères de « validité » bien identifiés par Van der Maren (*Ibid.*, p. 135-139) et dont voici un résumé. Il s'agit de l'accès aux sources, de l'exhaustivité, de l'actualité et de l'authenticité.

---

4   Pour une description de ces sources de recherche documentaire, se référer au texte de Boisvert (1992) portant sur cette question.

L'accès aux sources – Il est bien sûr préférable de citer les auteurs à partir de leurs propres travaux, plutôt que de se servir de sources secondes, c'est-à-dire de citations reprises à d'autres. Dans ce cas, et si l'on ne peut faire autrement, il faut minimalement le mentionner et essayer de vérifier la validité de l'information.

L'exhaustivité – Il s'agit de sélectionner les extraits pertinents des textes cités par rapport à l'objet d'étude, mais de ne pas exclure les passages qui comportent des difficultés ou des paradoxes. Les extraits doivent également être complets, sans qu'il y ait gommage de certains passages qui orientent la lecture qu'on peut en faire. En outre, il faut tenir compte du contexte des énoncés.

L'actualité – Il faut recueillir les extraits récents du corpus sur l'objet examiné et non s'en tenir à la documentation plus ancienne. Ceci est particulièrement vrai pour certains sujets à propos desquels la recherche a beaucoup évolué, les travaux sur les différences d'apprentissage entre garçons et filles, par exemple.

L'historicité – Pour les écrits se rapportant au passé, il faut établir l'authenticité des textes (de première ou seconde source) et la date de leur publication s'il y a réédition, de sorte qu'on puisse bien saisir le contexte intellectuel et discursif dans lequel ils ont été produits.

Une fois le corpus délimité, il s'agit d'en faire l'analyse en identifiant, dans un premier temps, les assises théoriques des discours analysés.

3.2.2 Analyse des assises théoriques du discours

Avant de procéder à une analyse conceptuelle et rhétorique des textes retenus, il faut en faire une lecture plus globale qui permet de situer l'univers théorique auquel ils appartiennent. Il s'agit de circonscrire la position épistémologique des auteurs (voir 2.2), à savoir leur adhésion à une position néopositiviste ou herméneutique au regard de la science et de leur objet de recherche, et de mettre au jour le paradigme auquel les textes se rattachent sur un plan théorique. La notion de paradigme, théorisée par Kuhn (1972), fait référence au concept de matrice disciplinaire, consensuelle pour une communauté scientifique à une époque donnée; elle recouvre les éléments de généralisations symboliques, d'adhésion à des valeurs et à des méthodes, et apporte des exemples de solutions concrètes à des problèmes. Le paradigme chapeaute donc un champ scientifique à une époque donnée. Il sert en fait de paramètre à la constitution des théories, que des modèles servent à concrétiser ou à rendre plus opérationnelles. On peut trouver, pour la théorie piagétienne et les modèles pédagogiques qu'elle a générés, une illustration de cet arbre épistémologique dans (Gohier, 1989, 1990)[5]; nous y avons retracé une filiation que nous qualifions de paradigmatique avec la biologie développementaliste.

En sciences humaines, le terme paradigme peut par ailleurs renvoyer à des courants théoriques dont les paramètres servent à délimiter des écoles de pensée qui, elles-mêmes, chapeautent plusieurs théories. Ainsi, en éducation, on parle des écoles humaniste, béhavioriste et cognitiviste, entre autres, ces appellations recouvrant des théories diverses qui ne partagent que très largement certaines idées. L'école cognitiviste, par exemple, regroupe aussi bien les tenants de la métacognition que les néopiagétiens ou les apôtres de l'intelligence artificielle qui ont en commun de mettre l'accent sur l'aspect cognitif de l'apprentissage. Ce premier repérage permet toutefois de comprendre le cadre dans lequel s'enchâsse la théorie.

Selon le découpage qu'on fait du champ théorique et les critères qui le soustendent, on peut établir plusieurs typologies de discours dont les éléments se recoupent plus ou moins. À ce sujet, Reboul (1984) identifie cinq types de discours pédagogiques, nommément les discours contestataire (marxiste ou libertaire), novateur (nérorousseauiste), fonctionnel ou moderniste (scientifique, béhavioriste), humaniste (au sens classique d'humanités; culture de l'esprit) et officiel (syncrétique). Bien qu'il ne soit pas explicite sur cette question, sa typologie semble reposer sur une classification qui fait appel aux fondements (conception de l'homme, valeurs et finalités préconisées) des théories examinées. Bertrand, qui avait élaboré une première typologie dans cet esprit (Bertrand et Valois, 1982), utilise plus tard une autre «cartographie» (Bertrand, 1990). Se situant en fonction de l'interaction entre trois pôles, soit le sujet, la société et les contenus à enseigner, il identifie sept types de théories éducatives, à savoir spiritualiste, personnaliste, psychocognitive, technologique, sociocognitive, sociale et académique.

D'autres typologies, dont celle de Joyce et Weil (1980), ont servi de référence pour identifier les courants théoriques. Ces auteurs présentent une série de modèles pédagogiques construits à partir de théories éducatives. Cette liste n'est bien sûr pas exhaustive ni définitive; elle continue de varier en fonction des innovations théoriques aussi bien que de l'angle de découpage du discours théorique qui est utilisé. Les ouvrages cités ne servent qu'à illustrer le fait que la connaissance du champ théorique de l'éducation est un préalable à la compré-

---

5   Que nous retraçons jusqu'à l'épistémè foucaldienne. Il n'a pas lieu d'élaborer sur ce thème ici. Voir les articles mentionnés.

hension des discours spécifiques qui le peuplent. La position épistémologique d'un auteur aussi bien que le cadre théorique dans lequel s'inscrit le texte ne sont par ailleurs pas toujours explicites. Certains auteurs exposent leurs présupposés et fondements théoriques, d'autres non. C'est alors que l'analyse conceptuelle peut venir compléter l'analyse plus globale de l'horizon théorique du texte.

Pour terminer cette section, il y a lieu de souligner l'importance d'analyser le texte sur le plan de sa qualité, c'est-à-dire de vérifier s'il met en œuvre les critères de rigueur ou de solidité qui ont été exposés précédemment (voir 2.1) en relation avec le cadre théorique. Reboul (1984) dénonce à cet égard l'utilisation trop fréquente, dans le discours éducatif, de «slogans pédagogiques», c'est-à-dire de formules préfabriquées qui visent à persuader, sans étayer le propos. Non pas que le slogan soit forcément mensonger, comme il le rappelle, mais il se présente comme un «prêt-à-penser», empêchant toute remise en question. Qu'on pense à la formule «apprendre à apprendre», par exemple, qui en est devenu un ou encore «l'éducation au service de tous». Ces formules, qu'on a tendance à accepter d'emblée, ne suffisent pas à elles seules; elles doivent être fondées. Or, seule une analyse du texte sous l'angle du respect des critères de rigueur, dont la dimension argumentative, permet de s'assurer de la qualité du discours.

L'analyse des assises théoriques du discours par l'examen de la position épistémologique, du cadre paradigmatique et théorique ainsi que de la qualité du discours sous l'angle de sa rigueur ou de sa solidité théorique a par ailleurs pour complément l'analyse conceptuelle et rhétorique des textes.

3.2.3   Analyse conceptuelle et rhétorique

L'analyse des concepts pivots d'un texte aussi bien que celle de la trame argumentative qui les soutient sont deux moments clés de l'analyse du corpus retenu. Avec les éléments retenus et mis en réseaux, elles permettent par ailleurs de former le cadre théorique du chercheur. Différentes méthodes, dont les suivantes, peuvent être utilisées à cette fin; elles ne sont pas exhaustives, mais permettent d'illustrer la variété des approches existantes.

Analyse sémantique, instrumentale, épisodique et historique (Van der Maren) – Selon Van der Maren (1999), l'analyse conceptuelle «consiste à dégager le sens précis d'un concept et ses possibilités d'application, c'est-à-dire son intention, ou le sens strict, commun à toutes les utilisations, et son extension, ou ce qu'il peut dire de plus que son sens strict lorsqu'il est utilisé dans différentes situations» (p. 178). Cette analyse s'effectue selon quatre points de vue: sémantique, instrumental, épisodique et historique, cette dernière perspective étant utilisée dans certains cas seulement.

L'analyse sémantique consiste à comparer les significations d'un concept dans un ou plusieurs textes du domaine concerné, afin d'en dégager les différentes variations et d'établir les relations de ce concept avec les autres qui lui sont reliés. Il s'agit d'une analyse comparative à partir d'un concept pivot (Van der Maren, 1995, p. 140-141). La perspective instrumentale porte sur les traces matérielles de l'objet des énoncés que Van der Maren, à l'instar de Latour et Woolgar (1988), appelle les inscriptions ou le système inscripteur (tableaux, graphiques, images, instruments de mesure et d'observation). En comparant les définitions proposées et ces inscriptions, on peut repérer de légères variations de sens que ne laisse pas percevoir l'analyse des seules définitions. La perspective épisodique s'intéresse aux contextes concrets de l'usage d'un concept, à son inscription dans la réalité. Quant à la perspective historique, elle consiste à retracer l'évolution de la signification d'un concept à travers le temps et à l'expliquer par des éléments contextuels, socioculturels, politiques, théoriques, etc.

Van der Maren souligne par ailleurs l'importance d'examiner les relations entre les différents concepts d'un texte qui viennent éclairer leurs significations respectives. Il suggère de représenter ce réseau conceptuel sous la forme d'une carte conceptuelle (Van der Maren, 1990, p. 195-196). L'analyse conceptuelle rejoint en ce sens l'analyse globale de l'horizon théorique du discours. La compréhension d'un concept isolé est forcément parcellaire. Van der Maren rappelle par ailleurs que si l'analyse conceptuelle est utilisée dans l'analyse des écrits scientifiques, celle-ci ne saurait être complète sans une analyse critique qui a pour but d'évaluer « les écrits afin de mettre en évidence leurs lacunes, leurs contradictions, leurs paradoxes, leurs conditions, leurs présupposés, leurs implications et leurs conséquences » (Van der Maren, 1999, p. 180).

Si Van der Maren préconise l'utilisation de l'analyse conceptuelle et critique pour les écrits scientifiques, il considère qu'on devrait utiliser l'analyse de contenu pour les textes qu'il désigne comme « informatifs » : procès-verbaux d'assemblées et de comités, transcriptions d'entrevues, récits de pratique, histoires de vie, correspondances, romans, narrations, documentaires, etc. (*Ibid.*, p. 176). Nous ne sommes pas tout à fait d'accord avec cette distinction puisqu'une analyse des concepts clés avec certains éléments définitoires, bien qu'ils soient moins systématisés que dans les écrits scientifiques, pourrait aussi être faite pour ce type de documents. Cependant, l'analyse de contenu, qui n'est pas à proprement parler une analyse conceptuelle, est une méthode intéressante pour la mise au jour des informations présentes dans un texte, dans leur contexte spécifique ; elle peut servir, par exemple, à vérifier l'occurrence d'un terme ou d'un concept dans un texte.

Analyse de contenu (Van der Maren, Bardin, Mucchielli, L'Écuyer) – Van der Maren décrit cinq phases de l'analyse de contenu. Celle-ci doit se faire à partir d'une grille d'analyse pertinente par rapport au domaine choisi ; cette grille détermine les catégories à partir desquelles se fera la recherche de l'information. Une grille de valeurs déjà élaborée pourrait par exemple servir à l'analyse d'un texte du ministère de l'Éducation portant sur ce thème. Il faut ensuite déterminer les unités d'analyse (paragraphe, phrase, mot), décider d'un système et d'un lexique de codes, puis classer les différents segments retenus sous une rubrique, un thème ou une question préalablement posée ; il faut ensuite faire la synthèse ou la réduction des données par condensation ou par abstraction, en faire une représentation graphique, puis proposer une interprétation du matériel ainsi retenu.

Van der Maren synthétise par là la procédure établie par Bardin (1977), Mucchielli (1974) et L'Écuyer (1988). Bardin souligne le fait que l'analyse de contenu a été développée au début du XXe siècle comme instrument d'analyse des communications pour du matériel journalistique, d'où l'objectif premier de mise au jour de l'information. Cette procédure s'est cependant développée et étendue à d'autres champs du discours. Pour sa part, L'Écuyer indique qu'une analyse de contenu peut tout aussi bien s'attacher au contenu manifeste et être de type quantitatif que s'attacher au contenu latent et symbolique avec une approche plus qualitative. Quant à la catégorisation (grille d'analyse de Van der Maren), il peut s'agir d'un modèle fermé, c'est-à-dire prédéterminé, ou au contraire ouvert, c'est-à-dire émergent d'une première analyse du texte, ou encore d'un modèle mixte. Par ailleurs, dans son ouvrage sur l'analyse de contenu des documents et des communications, Mucchielli (1974) consacre un chapitre à l'analyse sémantique et conceptuelle où il reprend la technique de description sémantique de Sorensen (1968) ; cette technique consiste à « colliger les traits distinctifs essentiels qui, progressivement, cernent le concept, et qui, ajoutés les uns aux autres, le définissent sans aucune ambiguïté » (p. 98). En fait, on retrouve ici une partie de l'analyse sémantique de Van der Maren ainsi que l'analyse générique, telle que préconisée par Soltis, que nous exposerons un peu plus loin.

Sans explorer davantage ce mode d'analyse, retenons qu'il est utile à la mise au jour située des données d'un texte ; ce matériel peut servir de base à une analyse sémantique et conceptuelle. Cette analyse sémantique et conceptuelle aux fins de la production de la matrice théorique du chercheur peut par ailleurs bénéficier des méthodes préconisées par Scriven et Soltis.

Les exemples et les contre-exemples (Scriven) – Scriven (1988) propose une méthode de clarification et d'analyse conceptuelle qui conduit à définir un concept, sans que sa définition s'étaye nécessairement en termes opérationnels, c'est-à-dire de façon à permettre la mesure, ce qui, selon cet auteur, tend à réduire la portée des définitions. Pour ce faire, il suggère d'utiliser la méthode des exemples et des contre-exemples (contrastes), c'est-à-dire des exemples qui illustrent ce qu'est un concept et ce qu'il n'est pas, tout en spécifiant les critères utilisés pour cerner la définition. Il préconise également le recours à la métaphore et à l'analogie qui, même si elles sont bien plus floues, se révèlent très évocatrices et ont un grand potentiel heuristique.

À l'appui de son propos, Scriven cite trois textes, dont un de Snook (1972) sur le concept d'endoctrinement et de responsabilité morale. Snook commence son texte en exposant trois cas évidents d'endoctrinement, dont celui de professer une idéologie comme si c'était la seule rationnellement valable. Il mentionne ensuite trois autres cas qui ressemblent à de l'endoctrinement, mais n'en sont pas, parce qu'ils sont inévitables, comme enseigner aux enfants un comportement approprié ; enfin, il rapporte deux cas problématiques qui, selon le contexte, peuvent être ou ne pas être de l'endoctrinement, par exemple inculquer des doctrines endossées par le professeur, mais qui sont par ailleurs fortement controversées (il s'agit d'endoctrinement seulement si le professeur connaît l'existence de ces controverses). En faisant cette analyse, Snook est amené à exposer les critères qui lui permettent de juger de l'existence de l'endoctrinement ; il les résume comme suit : « Une personne impose une doctrine P (une proposition ou un ensemble de propositions) si elle enseigne avec l'intention que les élèves croient P sans égard à l'examen des informations et des faits concernant cette propositon ou son objet. »

Un autre texte que cite Scriven, et dont on peut trouver la référence en français, est un extrait des *Formes de l'intelligence* de Gardner (1997), dans lequel celui-ci définit le concept d'intelligence (qui deviendra pluriel) ou plutôt les conditions qu'il juge nécessaires à la définition de l'intelligence, ou de compétences intellectuelles humaines, nommément « la capacité à résoudre des problèmes rencontrés, éventuellement en créant un produit efficace, mais aussi à découvrir ou à créer de nouveaux produits afin d'acquérir de nouvelles connaissances » (*Ibid.*, p. 68). À l'aune de ces conditions, il donne ensuite des exemples de ce que ne peut être une intelligence, par exemple la capacité à reconnaître des visages, ou les aptitudes requises dans la gestion des relations humaines. Après avoir établi les conditions nécessaires à l'existence de l'intelligence, il établit les critères qui lui ont permis de les délimiter, par exemple sur le plan neurologique, l'isolement possible de la zone touchée en cas de lésion cérébrale. Après avoir posé les critères qui permettent l'identification d'une intelligence, il circonscrit ce qu'elles ne sont pas, par exemple qu'elles ne sont pas équivalentes aux systèmes sensoriels. Il expose ensuite, en les définissant, les sept types d'intelligence qu'il a identifiés (linguistique, spatiale, etc.).

Ces exemples nous aident à comprendre la procédure utilisée pour cerner un concept et pouvoir en donner une définition. Scriven fait référence aux travaux de Soltis dont il s'inspire pour étayer sa propre position.

La méthode analytique (générique, de différenciation, des conditions) (Soltis) – Soltis (1985, p. 92-107) distingue, en référence au but poursuivi, trois types d'analyse conceptuelle: l'analyse générique, de différenciation et des conditions.

L'analyse générique vise à mettre au jour les caractéristiques ou propriétés conceptuelles nécessaires et suffisantes pour définir une chose «x». On doit répondre à la question: «Quelles sont les caractéristiques qui font de quelque chose un "x"? Est-ce que l'éducation est une discipline (intellectuelle) par exemple ou encore est-elle une profession?» Dans les deux cas, on doit tenter d'isoler les caractéristiques d'une discipline et d'une profession. Pour ce faire, Soltis suggère d'utiliser la méthode des exemples et des contre-exemples. À titre d'illustration, il expose une analyse du concept de discipline (chapitre 2), pour laquelle il dit avoir utilisé, au point de départ, «l'histoire, les mathématiques et la physique comme des exemples standards, et l'économie familiale et le ski aquatique comme des contre-exemples» (p. 30). Il s'agit alors de voir si les caractéristiques d'une discipline que met au jour, d'un point de vue théorique et abstrait, l'examen de la nature de ces cas exemplaires sont pertinentes et permettent de départager les différents types de savoirs choisis comme exemples et contre-exemples. Cet exercice a conduit Soltis à constater que l'économie familiale possède certaines des caractéristiques des disciplines considérées comme intellectuelles. Il faut alors revoir ces caractéristiques jusqu'à ce qu'elles soient essentielles, suffisantes et assez discriminatoires pour servir d'étalon à l'établissement d'une définition.

L'analyse de différenciation sert à identifier les différents sens ou les différentes significations de quelque chose et à faire une espèce de «topographie» d'un domaine conceptuel. Les questions auxquelles on doit répondre sont alors les suivantes : « Quels sont les différents usages de "x" ou quels sont les différents types de "x" ? » Il y a lieu d'identifier les différents types par des « marques distinctives » qui permettent de les catégoriser. Soltis suggère de repérer d'abord les usages les plus fréquents d'un concept, celui d'enseignement par exemple, puis de tenter de regrouper intuitivement ces différentes définitions sous certaines catégories ; il faut ensuite chercher les marques ou les caractéristiques distinctives qui sous-tendent la catégorisation. Finalement, il faut tester cette catégorisation par l'utilisation d'exemples et de contre-exemples qui en font voir la pertinence d'une part et l'exhaustivité d'autre part. Évidemment, selon l'étendue et l'importance du concept, ces opérations peuvent se révéler plutôt longues et relativement complexes. On doit se limiter toutefois à repérer les usages dominants ou récurrents d'un concept. Ainsi, dans le cas de l'enseignement, il suffit d'examiner les conceptions qui ont une certaine importance dans le discours éducatif : l'enseignement comme formation, tutorat, relation d'aide, etc.

L'analyse des conditions a pour but de mettre au jour les conditions contextuelles dans lesquelles « x » est présent ou peut être défini comme tel. On essaie alors de trouver un exemple qui illustre des conditions qui paraissent nécessaires à la présence de « x ». En changeant le contexte, on essaie de trouver un exemple où la condition est maintenue mais où « x » n'est pas présent. On essaie alors de modifier la condition jusqu'à ce qu'on puisse déterminer qu'elle est nécessaire à la présence de « x ». Ainsi, l'analyse des conditions vise-t-elle à « produire un ensemble de conditions nécessaires et suffisantes concernant l'utilisation d'un concept dans toutes ses occurrences » (Soltis, 1985, p. 65). Soltis illustre son propos en essayant de déterminer les conditions nécessaires et suffisantes d'une « explication satisfaisante ». Pour qu'une explication soit psychologiquement satisfaisante, elle doit être pertinente (*relevant*), adaptée au niveau de compréhension de la personne, compatible avec certaines croyances de la personne, etc. (*Ibid*, p. 59-65).

En somme, quel que soit le type d'analyse effectuée, la méthode de Soltis valorise l'utilisation des exemples et des contre-exemples, soit des cas spécifiques, lorsqu'on veut induire les éléments essentiels ou caractéristiques d'un concept.

On trouve par ailleurs chez Perelman et Angenot un autre type d'analyse conceptuelle qui amalgame analyse des concepts et analyse rhétorique.

L'analyse conceptuelle et rhétorique (Perelman, Angenot) – Dans la section sur le discours argumentatif (voir 2.4), nous avons vu qu'Angenot (1998) propose un modèle d'analyse et de production discursive qui s'articule autour de quatre pôles énonciatifs : les propositions qui concernent le réel (R), celles qui clarifient les valeurs et les convictions (C), celles qui prescrivent les actions à entreprendre (A), et enfin celles qui font référence aux savoirs et aux expériences fondateurs (F). Un discours peut donc être analysé ou décortiqué en classant les énoncés sous ces quatre rubriques.

Lorsqu'il s'agit de mettre au jour les concepts centraux d'un texte, Angenot utilise la méthode de dissociation des notions telle que l'ont formulée Perelman et Olbrechts-Tyteca (1988). À partir de l'analyse d'écrits philosophiques, ces chercheurs ont retracé l'existence, sur le plan conceptuel, de grands couples qui forment des termes opposés ; par exemple, dans le couple apparence et réalité, le second ou terme II, ici la réalité, sert de critère ou de norme par rapport au terme I qui est alors disqualifié, déterminant

> […] lors de la dissociation du terme I, une règle qui permet d'en hiérarchiser les multiples aspects, en qualifiant d'illusoires, d'erronés, d'apparents, dans le sens disqualifiant de ce mot, ceux qui ne sont pas conformes à cette règle que fournit le réel. Par rapport au terme I, le terme II sera, à la fois, normatif et explicatif (p. 557).

Les auteurs mentionnent d'autres couples qui se présentent fréquemment dans la pensée occidentale, dont les couples moyen/fin ; accident/essence ; relatif/absolu. La pensée philosophique de Platon dans *Phèdre* peut par exemple s'exprimer par les couples : apparence/réalité ; opinion/science ; connaissance sensible/connaissance rationnelle, le second terme tenant toujours lieu de norme ou de valeur privilégiées par l'auteur qui disqualifie le premier terme. Ainsi, peut-on analyser les concepts d'un texte en cherchant les termes qualifiés et disqualifiés par l'auteur sous forme de couples opposés, quitte à renverser cette opposition, dans l'élaboration de ce qui deviendra son propre cadre théorique ; il suffit que ce renversement soit étayé ou bien argumenté. On peut repérer ces couples à l'aide, entre autres, des adjectifs, articles et substantifs qui qualifient de façon positive le terme II (« authentique, vérité » par exemple) et de façon négative le terme I (« quasi, pseudo », par exemple) (voir Perelman et Olbrechts-Tyteca, 1988, p. 581 et suivantes).

D'autres exemples d'utilisation de la méthode de dissociation des notions figurent dans Angenot (1998, p. 13-25) et dans Van der Maren (1999, p. 186-191). Ainsi, l'analyse conceptuelle rejoint ici l'analyse rhétorique ou la trame argumentative qui sert à fonder le discours, en qualifiant ou disqualifiant certains concepts.

Outre la recherche documentaire et la constitution du corpus, l'analyse des assises théoriques des textes et l'analyse conceptuelle et rhétorique, l'analyse du discours en éducation requiert l'exercice de la fonction interprétative. Cette fonction doit être particulièrement présente lors de l'analyse de l'horizon théorique du discours, mais aussi au moment de l'analyse conceptuelle, car le lecteur d'un texte en est toujours, jusqu'à un certain degré, l'interprète.

3.2.4   L'interprétation

C'est justement ce que soutient Ricœur (1998, p. 13-39) lorsqu'il propose une théorie de l'interprétation dans laquelle compréhension et explication sont en relation dialectique. Se réclamant d'une double tradition, phénoménologique et herméneutique, Ricœur avance que l'appréhension de l'objet par le sujet est toujours médiatisée par le langage et, partant, qu'il n'y a pas de transparence absolue du sujet ou « d'intropathie immédiate », c'est-à-dire de compréhension immédiate (au sens de non médiatisée) d'un texte, où il y aurait fusion avec l'intention de l'auteur. Il récuse tout autant l'idée d'un subjectivisme absolu qui érigerait le lecteur en une sorte de despote du texte qui serait soumis à l'arbitraire absolu de son interprétation. Selon Ricœur, l'interprétation se situe à la jonction de la rencontre du lecteur et du texte lui-même, étant entendu que le texte peut être décrypté par une double démarche, celle de la compréhension et celle de l'explication qui lui est greffée.

Pour Ricœur (1998), la compréhension relève de l'intelligence narrative, d'une « compréhension de premier degré qui porte sur le discours comme acte indivisible et capable d'innovation » (p. 26). Quant à l'explication, elle consiste en un système d'analyse de structures, de lois et de codes (l'analyse structurale d'un texte par exemple), mais celle-ci s'édifie sur la base de la compréhension et lui est seconde. « J'entends par compréhension la capacité de reprendre en soi-même le travail de structuration du texte et par explication l'opération de second degré greffée sur cette compréhension et consistant dans la mise au jour des codes sous-jacents à ce travail de structuration que le lecteur accompagne » (*Ibid.*, p. 37). Ricœur donne en fait ici une extension au concept d'explication qui est utilisé dans un sens moins « fort » qu'il ne l'est dans une perspective positiviste plus classique qui relève des sciences de la nature et qui suppose la mise en œuvre d'hypothèses et de lois. Il fait en réalité référence à l'utilisation de techniques d'analyse qui permettent de distinguer la structure du texte et ses codes, tout en maintenant que l'appréhension du sens de celui-ci passe d'abord par un travail de compréhension qui s'attache à la lecture du texte comme un tout.

Par ailleurs, Ricœur accorde un rôle important à l'esprit critique et à la capacité de distanciation qui doivent toujours être présents dans toutes les opérations liées à l'interprétation. Cette position rejoint celle que nous avons défendu ici quant à une analyse globale et conceptuelle des textes dans une perspective qui prend en compte l'horizon théorique du texte et qui est faite dans un esprit critique et argumentatif. Quant à la dimension interprétative, elle est forcément présente dans toute lecture d'un texte ; c'est par le dialogue avec les autres lecteurs, passés et présents, dans l'intersubjectivité, que l'interprétation peut prendre place. Ainsi, comme le soulignent Martineau, Simard et Gauthier (2001) citant Warnke à propos de l'herméneutique gadamérienne, « Comme le rapporte Warnke, la compréhension herméneutique aboutit plutôt à une "fusion des horizons" entre le point de vue initial du texte et la position de l'interprète, sur un consensus qui permet de voir de nouvelles dimensions de l'objet et qui enrichit la tradition interprétative » (*Ibid.*, p. 10).

Conclusion

En conclusion, la production d'un cadre théorique suppose plusieurs opérations qui ont été décrites : recherche documentaire et constitution du corpus, analyse des assises théoriques des textes, analyse conceptuelle et rhétorique, mise en œuvre d'une dimension interprétative. Quelques méthodes ont été suggérées. Elles ne sont cependant ni prescriptives ni restrictives. D'autres méthodes peuvent être utilisées dans l'analyse conceptuelle entre autres ou encore une méthodologie mixte. Ce qu'il est important de retenir, c'est que l'analyse du corpus théorique doit être faite avec rigueur, dans un esprit critique et avec un discours argumentatif. Cette analyse doit être à la fois globale, en ce qu'elle permet de retracer l'esprit, le sens et l'horizon théorique d'un texte, et spécifique, en ce qu'elle s'attache à la structure conceptuelle et rhétorique du texte.

Mais l'analyse théorique du corpus n'est pas en elle-même suffisante. En effet, le chercheur est également un producteur de texte, un auteur, qui doit développer sa propre matrice théorique en formulant des énoncés ayant une valeur heuristique. Pour ce faire, il doit faire preuve de rigueur méthodologique, de transparence, en énonçant sa position épistémologique et théorique, mais également de créativité et d'imagination dans l'énoncé de ce qui deviendra son propre texte, qu'il devra bien sûr justifier. C'est à cette seule condition qu'il peut effectuer le passage effectif de répétiteur à celui d'auteur.

5 ■ Activités d'appropriation

Selon vous, pour cerner un concept, vaut-il mieux faire une analyse des défi-nitions existantes ou utiliser la méthode des exemples et des contre-exemples afin d'induire une définition ? Jusitifiez votre réponse.

En pensant à votre objet de recherche, quelle méthode d'analyse conceptuelle vous semble la plus appropriée ? Pourquoi ? Y a-t-il une autre méthode qui vous apparaîtrait plus pertinente ?

Parmi les concepts les plus souvent utilisés, définissez celui qui vous semble aller de soi : apprentissage, par exemple, enseignement ou tout autre concept dont, spontanément, vous croyez maîtriser la définition, dont le terme concept lui-même, ou encore celui d'enfant ou d'élève. Les concepts les plus difficiles à définir sont les concepts les plus généraux, qui nous paraissent familiers.

Essayez de mettre au jour vos présupposés théoriques : votre position épistémo-logique et le ou les courants théoriques, en éducation, auxquels vous adhérez, en fonction de votre conception du développement de la personne, de l'ap-prentissage et de l'enseignement et des valeurs qui la sous-tendent.

6 ■ Concepts importants

Vous trouverez une définition des mots clés suivants dans la section « Glossaire » : analogie, analyse conceptuelle, argumentation, concept, épistémologie, falsi-fiabilité, heuristique ou fécondité heuristique, métaphore, paradigme, rhétorique, théorie.

7 ■ Lectures complémentaires

Sur la constitution du corpus analysé, voir Van der Maren (1995), p. 135 à 139.

Pour une introduction à la rhétorique et à l'argumentation, voir Reboul (1991), plus particulièrement les chapitres V et VIII. Le livre de Bellenger (1980) offre également une bonne introduction à la question dans un langage particuliè-rement accessible.

Sur l'analyse conceptuelle, voir Van der Maren (1995), chapitre 6 et (1999), chapitre 9.

Pour une illustration de la méthode de Scriven, voir Snook dans *Complementary methods for research in education*, p. 174-183 et Gardner (1997), p. 66-77.

Voir Soltis (1985), chapitre 7 et tableaux au début et à la fin du livre ; voir également, p. 22 à 30, l'analyse qu'il fait du concept de discipline, pour l'analyse générique ; p. 40 à 45 sur le concept de connaissance, pour l'analyse de différenciation, et, p. 59 à 65 sur le concept d'explication satisfaisante, pour l'analyse des conditions.

Sur la dissociation des notions, voir Perelman et Olbrechts-Tyteca (1988), le chapitre IV.

Sur la dissociation des notions et l'analyse des pôles énonciatifs, voir Angenot (1989), et surtout Angenot (1998) : il s'agit du tome 3 des recueils produits par le groupe de recherche d'Épistémologie des discours pédagogiques au Québec (ÉDIPEQ) sur le discours pédagogique argumentatif, publié par le département des sciences de l'éducation de l'Université du Québec à Trois-Rivières. Dans ce recueil, Angenot procède à des analyses de textes par la voie de la méthodode qu'il préconise. Ces recueils ne sont cependant peut-être pas facilement accessibles, puisqu'ils n'ont pas fait l'objet d'une publication par une maison d'édition qui en permettrait une plus large diffusion.

Sur la critériologie se rapportant à la recherche théorique, voir Gohier (1998).

Pour une synthèse des théories sur la pensée critique, voir Boisvert (1999), chapitre I.

Pour une analyse de la notion de « slogan », voir Reboul (1984), chapitre III.

Sur l'interprétation, voir Ricœur (1998), particulièrement p. 13-39 (ce texte peut cependant être un peu plus difficile pour ceux qui n'ont pas de formation en philosophie).

Pour une introduction générale à l'épistémologie, voir l'ouvrage de Lena Soler (2000) qui offre l'avantage de pouvoir être consulté comme un dictionnaire ou comme un ouvrage d'introduction aux principales questions abordées dans le discours portant sur la science.

Cinquième chapitre

La *méthodologie*

Lorraine Savoie-Zajc et Thierry Karsenti
Université du Québec en Outaouais et Université de Montréal

▄▄▄Plan du chapitre

▄▄▄Résumé

Le présent chapitre initie à la notion de méthodologie, ensemble cohérent et organisé de façons de mener une recherche. Des distinctions sont effectuées entre « méthodologie » et « méthodes » ; une synthèse des principales caractéristiques des trois épistémologies dominantes en recherche est ensuite présentée selon les perspectives positiviste, interprétative et critique. Une attention spéciale est finalement consacrée à l'approche mixte ouvrant la voie à une perspective pragmatique de la recherche.

■▬▬Introduction

Une recherche s'organise habituellement autour de quatre grandes questions : Pourquoi faire une recherche ? Que faire dans une recherche ? Comment faire une recherche ? Quels sont les résultats d'une recherche ?

Les deux premières questions « Pourquoi faire une recherche ? » et « Que faire dans une recherche ? » décrivent l'étape de problématisation de la recherche. Dans le troisième chapitre, « De la problématique au problème de recherche », Bouchard décrit l'ensemble des préoccupations et des questions qui soutiennent la mise en œuvre d'une recherche. Au cours de sa démarche de planification, le chercheur fait aussi état de ce qu'on sait par rapport à une question donnée. Un pareil travail, qui clarifie l'état de la situation, suppose que le chercheur fait une recension des écrits sur le sujet et qu'il élabore le cadre théorique de la recherche (voir le quatrième chapitre). Ces deux premières questions supposent également la clarification, par le chercheur, de ses approches épistémologiques (voir le premier chapitre).

La troisième question posée « Comment faire une recherche ? » vise des réponses pratiques sur les moyens à retenir pour faire la recherche, c'est-à-dire quelles personnes rencontrer, en quel nombre (échantillon). Comment vais-je recueillir les données afin de répondre à la question de recherche et atteindre les objectifs identifiés : par entrevue, par sondage, par observation, par analyse de documents déjà produits ? Le chercheur devra aussi se préoccuper de mettre au point des outils de collecte de données. On pense à la constitution de schémas d'entrevues, à la fabrication de questionnaires, à la préparation à l'observation, qu'elle soit participante ou non, à la tenue d'un journal de bord. Il faut finalement décider comment effectuer l'analyse des données recueillies. Là encore, plusieurs choix s'offrent : l'analyse inductive, l'analyse de contenu, l'analyse de discours, l'analyse thématique. Pareil ordre de questions est d'intérêt méthodologique.

La quatrième question « Quels sont les résultats d'une recherche ? » constitue l'aboutissement de la recherche. Les résultats, provenant des analyses effectuées, doivent être discutés en regard de la question de recherche posée et des hypothèses/ objectifs formulés. Ils doivent aussi être rattachés à la documentation qui sert non seulement à formuler le problème, mais aussi à soutenir la définition des concepts avec lesquels on a travaillé.

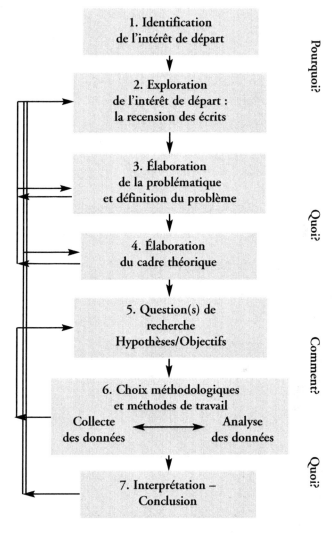

Figure 1
Processus général de la recherche

La figure 1 propose une schématisation du processus général de la recherche. Il est dit général, car les étapes identifiées sont celles que les chercheurs utilisent, quelles que soient les méthodologies spécifiques choisies. On remarquera le caractère dynamique et interactif des différentes étapes. Une recherche ne se planifie pas et ne s'effectue pas de façon linéaire. Chaque avancée doit être comparée avec les démarches précédentes et les aménagements doivent être faits, le cas échéant. Ainsi, les quatre questions initiales, reprises dans le tableau en ces termes : Pourquoi faire une recherche ? Quoi faire dans une recherche ? Comment faire une recherche? À quoi est-ce que j'aboutis ou quels sont les résultats? constituent les points de repère que le chercheur doit garder constamment présents à l'esprit.

Ce bref rappel du parcours suivi par le chercheur pour planifier sa recherche met en évidence quatre dimensions interreliées, qui vont orienter toutes les décisions prises à propos de la recherche: la dimension épistémologique, la dimension théorique, la dimension méthodologique et les méthodes. Les dimensions épistémologique et théorique ont été traitées par Anadón et par Gohier. Nous nous attardons ici à la dimension méthodologique et à la distinction entre méthodologie et méthodes.

Méthodologie et méthodes: définitions

Le mot méthodologie signifie «science de la méthode» ou «science du comment faire». Lessard-Hébert, Goyette et Boutin (1990), citant Herman (1983), soulignent que la méthodologie de la recherche «est un ensemble d'idées directrices qui orientent l'investigation scientifique» (p. 17). Cet ensemble est constitué de quatre pôles:

– le pôle épistémologique (les paradigmes);

– le pôle théorique (le contexte théorique de la recherche);

– le pôle morphologique (la mise en forme de l'objet scientifique);

– le pôle technique (les techniques de travail).

Pour Crotty (1998), la méthodologie est la «stratégie, le plan d'action, le processus sous-jacent aux choix et à l'application de techniques de travail spécifiques nommées méthodes. Elle fait le lien entre le choix des méthodes et les résultats attendus» (p. 3). Par exemple, pour cet auteur, l'ethnographie représente une méthodologie, car c'est un ensemble cohérent et organisé de façons de faire alors que les méthodes de l'ethnographie sont, entre autres, l'observation participante, l'entrevue, les choix des techniques d'analyse. Crotty fait ainsi une distinction utile entre «méthodologie» et «méthode», le premier concept englobant le second.

Potter (1996), quant à lui, voit la méthodologie comme «l'ensemble des perspectives sur la recherche; elles dégagent une vision de la nature de la recherche et comment celle-ci devrait être conduite» (p. 50). Ces perspectives lieraient les postulats de la recherche et les techniques de travail utilisées.

Ces trois définitions de la méthodologie présentent certains traits communs. D'abord, on y voit la méthodologie comme un ensemble de points de vue et de perspectives sur la recherche. Dans la planification de la méthodologie, un chercheur lie ces points de vue et ces perspectives aux techniques de travail employées. Cet ensemble doit former un tout cohérent et ordonné, où les décisions méthodologiques découlent des postures épistémologiques et théoriques.

Cette façon de décrire la méthodologie montre bien aussi que les méthodes de travail (techniques de collecte de données, techniques d'analyse) mises en œuvre pendant la recherche ne constituent pas en elles-mêmes la méthodologie, mais bien l'opérationnalisation des choix méthodologiques. Par exemple, un chercheur qui aimerait connaître l'impact des jeux vidéos sur la réussite scolaire (objectif de recherche) pourrait décider d'opter pour une recherche quantitative (choix méthodologique). Il pourrait alors décider de passer un questionnaire à tous les élèves d'une école primaire pour faire un sondage sur leur utilisation de jeux vidéos (opérationnalisation de la méthodologie : première méthode de collecte de données). Il pourrait également, après avoir obtenu le consentement de l'école et des parents, obtenir les résultats scolaires de ces mêmes élèves (deuxième élément de collecte de données). Enfin, le chercheur serait en mesure de comparer les deux types de données recueillies à l'aide d'analyses statistiques (méthode d'analyse de données) pour voir s'il y a vraiment un lien entre ces deux variables. Dans cet exemple, on voit un choix méthodologique (une recherche quantitative) qui va influencer le choix des techniques de collecte de données et d'analyse (méthode ou technique de travail).

Un autre enseignant, soucieux de mieux comprendre la perception des enseignantes de maternelle quant aux habiletés sociales des élèves ayant fréquenté la garderie (objectif de recherche) pourrait opter pour une recherche qualitative (choix méthodologique). Il pourrait alors, par exemple, interviewer les enseignantes de maternelle et même effectuer des observations de classe (méthodes de collecte de données). À l'instar du premier exemple, celui-ci reflète bien comment un choix méthodologique influencera éventuellement le choix d'une méthode ou technique de travail, de collecte de données.

Cette distinction entre méthodologie et méthode est utile, car elle souligne l'importance de considérer la recherche en cours d'élaboration comme l'expression d'un ensemble de choix raisonnés. Autrement dit, faire une recherche dépasse largement le fait de décider d'effectuer, par exemple, dix entrevues auprès d'enseignants experts en enseignement stratégique. Réaliser une recherche, c'est situer le problème de la recherche, le cadre théorique et la méthodologie dans un ensemble, un système logique et cohérent. Une fois la méthodologie définie, le chercheur choisit des techniques de travail, des façons de recueillir des données.

3 Méthodologie de la recherche et dimension épistémologique

Le tableau 1 synthétise, en guise de rappel, les notions d'épistémologie abordées au premier chapitre. On peut ainsi identifier trois courants épistémologiques sous-jacents à la recherche en éducation. Tout chercheur, dans sa démarche de recherche, s'inscrit dans l'un ou l'autre des courants, car il possède une vision de la réalité spécifique : elle est vue comme étant, soit externe, soit construite, soit reflétant des rapports de force entre les individus. Il établit aussi un rapport avec le savoir qu'il cherche à produire : un savoir vu comme étant, soit généralisable, soit transférable, soit émancipateur. La recherche entreprise vise également une finalité, qu'il s'agisse de vérification, de compréhension ou de transformation. Le chercheur établit aussi des rapports avec sa recherche. Il se voit neutre et objectif dans la démarche, subjectif – dans ce cas, il vise à objectiver les données de sa recherche -, ou comme un acteur, partie prenante de la transformation recherchée. Ces diverses positions se retrouvent dans des méthodologies spécifiques. En effet, le paradigme positiviste sera associé à la recherche quantitative, le paradigme interprétatif à la recherche qualitative/ interprétative et le paradigme critique à la recherche-action.

Les méthodes de travail adoptées par les chercheurs vont tenir compte de ces divers volets, caractéristiques de chacune des épistémologies, et s'inscrire dans la logique prévue par chacune des méthodologies de recherche. Les chapitres ultérieurs vont illustrer la logique particulière à chacune des méthodologies.

Au risque de paraître contradictoire, il est toutefois important de mentionner que ces méthodologies sont de plus en plus souvent abordées non pas sous l'angle de leurs différences, mais sous celui des complémentarités qu'elles peuvent apporter à la recherche. Une vision pragmatique de la recherche est en train de s'instaurer par laquelle le chercheur met en œuvre diverses méthodes de travail, empruntées à l'une ou l'autre des méthodologies, afin d'effectuer une recherche la plus utile et la plus instructive possible.

Tableau 1

Caractéristiques des épistémologies dominantes et méthodologies

Épistémologie	
Vision de la réalité	**Positiviste** – La réalité existe indépendamment du chercheur; elle peut être réduite et divisée en variables que le chercheur va étudier. **Interprétative** – La réalité est construite par les acteurs d'une situation; elle est globale, car c'est la dynamique du phénomène étudié que le chercheur veut arriver à comprendre. **Critique** – L'être humain a développé une compréhension de la réalité, masquée par un ensemble de structures qu'il importe de dénoncer, car elles impliquent des rapports de domination et de pouvoir entre les personnes: structures par le genre, par l'ethnie, par les rôles sociaux ou culturels, politiques.
Nature du savoir	**Positiviste** – On cherche à produire des généralisations, car la vérité est unique et le rôle du chercheur est de la découvrir peu à peu. **Interprétative** – Le savoir produit est intimement rattaché aux contextes à l'intérieur desquels il a été produit. Le savoir est vu comme transférable à d'autres contextes que celui de la recherche. **Critique** – Le savoir produit permet de mettre au jour les structures que l'individu utilise spontanément pour comprendre sa réalité. Le savoir est aussi vu comme instrument d'émancipation.
Finalité de la recherche	**Positiviste** – Prédire l'occurrence d'un phénomène par l'étude des causes qui entraînent des effets dans certaines conditions. **Interprétative** – Comprendre la dynamique du phénomène étudié grâce à l'accès privilégié du chercheur à l'expérience de l'autre. **Critique** – Prendre une position critique face aux savoirs utilisés. Permettre à l'utilisateur d'un tel savoir de se distancier des structures dominantes. Participer à la transformation d'une dynamique.
Place du chercheur dans la recherche	**Positiviste** – Chercheur objectif et neutre, qui ne laisse pas ses valeurs influencer ses décisions et ses façons de considérer sa recherche. **Interprétative** – Chercheur subjectif qui prétend ne pas pouvoir se dégager de ses valeurs, qui révèle ses approches face à sa recherche et qui cherche à objectiver ses données. **Critique** – Chercheur-acteur, partie prenante des transformations.
Méthodologie	**Positiviste** – Recherche quantitative **Interprétative** – Recherche qualitative/interprétative **Critique** – Certaines formes de recherche-action

4 Complémentarité ou opposition des méthodologies de recherches qualitative et quantitative

La recherche en éducation, jadis dominée par les méthodes de recherches quantitatives, les mesures, les variables et la vérification statistique d'hypothèses, accorde aujourd'hui une place importante à un type de recherche qui met l'accent sur les descriptions et l'induction: la recherche qualitative. Ainsi, de nos jours, de plus en plus de recherches en éducation sont caractérisées par une méthodologie dite qualitative. Pour Erickson (1986), la recherche qualitative n'est pas nouvelle en sciences sociales ; c'est surtout son application au domaine des sciences de l'éducation qui l'est.

Depuis près d'une dizaine d'années, plusieurs chercheurs s'entendent pour dire qu'il existe au moins deux grandes approches en recherche – différentes et souvent opposées. Elles sont la plupart du temps étiquetées « recherche qualitative » et « recherche quantitative » (Krathwohl, 1998). La recherche quantitative permettrait de commencer une étude avec des hypothèses et de chercher à les valider, tandis que la recherche qualitative permettrait, entre autres, de recueillir des données décrivant des situations d'intérêt (liées à la question de recherche ou au problème de recherche) et de laisser les explications « émerger » de ces descriptions.

Il semble toutefois trop simpliste de considérer ces deux grandes approches comme étant contraires et incompatibles dans la réalisation d'une recherche en éducation. Un tel constat obligerait le chercheur à se situer dans cette dichotomie, afin de choisir une approche. Il serait alors limité dans ses choix méthodologiques. Cette façon de faire, qui a pourtant caractérisé la recherche en éducation pendant les quinze dernières années ou presque tend à changer. Il semble qu'un type de méthodologie de recherche soit de plus en plus présent en éducation : une approche mixte où des données qualitatives sont jumelées à des données quantitatives afin d'enrichir les perspectives (Tashakkori et Teddie, 1998) et, éventuellement, les résultats de la recherche. En outre, comme le souligne Van der Maren (1993, p. 11), « deux grandes stratégies sont utilisées dans la recherche empiriste : la stratégie statistique (descriptive et inférentielle), d'une part, la stratégie monographique, d'autre part. Pour diverses raisons, elles sont souvent opposées alors qu'elles pourraient être complémentaires ». Une recherche qualitative n'élimine pas *de facto* l'utilisation de données « quantitatives » (par exemple, des tests) ; « des chiffres » ne viennent qu'enrichir et soutenir les résultats de l'étude. Moss (1996) signale que ces deux approches, lorsqu'elles sont jumelées, permettent tout simplement « d'avoir une vision plus complète et plus nuancée d'un phénomène qu'on cherche à comprendre » (p. 22).

Cette complémentarité doit toutefois être vue dans la perspective des choix des méthodes, des techniques de travail. Il est clair que les postures épistémologiques sont, elles, différentes et opposées. Un chercheur ne peut prétendre, à la fois, adopter une position neutre et objective dans sa recherche et, à la fois, subjective et immergée. Dans le premier cas, il tentera de se distancier des personnes qui participent à la recherche par un recours à des instruments de collecte de données qui favoriseront cette distanciation. Dans le second cas, il voudra établir des liens étroits avec les participants afin de mieux comprendre une dynamique. Un chercheur s'inscrit donc, par sa façon de poser son problème de recherche et sa question de recherche, dans une épistémologie particulière. Pour ce qui est du choix des techniques de travail, il veut toutefois peut-être élargir son éventail de moyens afin de produire des explications du phénomène étudié qui soient les plus riches possible. Sa recherche n'épousera donc pas une épistémologie positiviste et interprétative. C'est plutôt une vision pragmatique qui se développe, c'est-à-dire centrée sur une perspective intégratrice.

5 — Optimisation de l'envergure explicative d'une recherche : une approche mixte

Krathwohl (1998) souligne l'importance de combiner différentes méthodes afin de mieux « attaquer un problème de recherche » (p. 618). Il insiste également sur l'importance de la créativité du chercheur dans la combinaison de divers éléments méthodologiques, de façon cohérente et organisée, afin de mieux répondre à une question de recherche. Il écrit même que « la limite du chercheur est sa propre imagination et la nécessité de présenter des résultats de recherche d'une façon convaincante » (p. 27). En fait, en choisissant une méthode plutôt qu'une autre, on perd certains avantages au profit des autres. À cette fin, Brewer et Hunter (1989) indiquent que chaque méthode comporte des faiblesses, mais heureusement, les faiblesses de différentes méthodes ne sont pas toujours les mêmes. Ils ajoutent aussi qu'une « variété d'imperfections de méthodes de recherche peut permettre au chercheur d'associer leurs forces respectives, mais aussi de compenser pour leurs faiblesses et limites particulières » (p. 16-17).

Prenons par exemple l'étude de Warschauer (1996). L'auteur avait pour but de mieux comprendre les aspects motivationnels liés aux technologies de l'information et de la communication (TIC) dans le contexte de l'apprentissage des langues secondes. Parmi les résultats présentés, un tableau montre la corrélation entre une caractéristique personnelle des apprenants et leur score moyen à un test de motivation. Le tableau montre, entre autres, que l'alphabétisation informatique est liée de façon significative à la motivation, que le fait d'avoir envoyé un courriel l'est aussi. Ce tableau est fort révélateur pour confirmer l'hypothèse de Warschauer puisque 151 apprenants ont participé à l'étude. Il demeure quand même limité sur le plan explicatif.

Tableau 2

Corrélation des caractéristiques des apprenants avec le score moyen
de motivation (Warschauer, 1996, p. 8, traduction libre)

Dimensions personnelles en corrélation avec les tests de motivation	
Dimensions personnelles	Corrélation avec la moyenne des scores de motivation
Connaissance de l'ordinateur	0,274 *
Expérience du courrier électronique	0,252 *
Expérience du traitement de texte	0,161
Familiarité avec l'usage du clavier	0,129
Durée de propriété d'un ordinateur à la maison	-0,019
* significatif à $p < 0,05$.	

Lors d'une étude sur l'impact motivationnel de l'intégration des TIC auprès
d'étudiants inscrits en formation des maîtres, Karsenti (1999a et b) a utilisé
l'entrevue afin de mieux répondre à sa question de recherche. Ses résultats, tel
que l'illustre l'extrait d'entrevue suivant, ont l'avantage d'être plus révélateurs
et plus riches sur le plan explicatif que ceux de Warschauer; l'extrait d'entrevue permet au lecteur de comprendre le processus de changement motivationnel
qui est survenu chez l'étudiant.

> [...] ce qui était intéressant dans le cours, c'était qu'on pouvait travailler quand
> on voulait et à notre rythme [...]. C'est comme si on avait plus de liberté.
> Au début, je pensais que je n'allais pas trop travailler et que j'allais avoir un
> cours facile. Toutefois, quand l'équipe s'est réunie, on a décidé de finir le cours
> le plus vite possible [...], mais bien quand même. Et puis, on était tous sur-
> pris de voir qu'on a travaillé très fort et que parfois on a même fait plus que
> ce qui était demandé, comme la collecte de données [...] et on a fini presque
> tout le cours en moins de deux semaines, sauf le projet final [...]. Avoir plus
> d'autonomie, ça a été profitable pour nous. On a beaucoup travaillé et on a
> aimé ça» (extrait d'une entrevue; étudiant) (Karsenti, 1999a, p. 456).

Néanmoins, il ne faut pas oublier que seulement 16 étudiants ont participé
aux entrevues, ce qui est bien loin des 151 sujets de Warschauer. L'étude de
ce dernier aurait ainsi l'avantage de posséder une capacité explicative plus étendue, car elle a été réalisée auprès de plusieurs sujets. Ces deux exemples de
recherche illustrent bien, d'une part, les avantages des deux types de méthodologies et, d'autre part, les limites inhérentes à chacune. Et si Warschauer avait
poussé plus avant et avait effectué des entrevues au cours de sa recherche, il

aurait augmenté l'envergure explicative de son travail, car il serait en mesure de non seulement indiquer des corrélations fortes entre des caractéristiques des apprenants et leur motivation, mais aussi de souligner les motifs qui nuancent ou aident à comprendre l'une et l'autre des relations.

Plusieurs auteurs mettent en évidence les bénéfices d'approches mixtes ou multiples, dont Mark et Shotland (1987), Caracelli et Greeene (1993) ainsi que Behrens et Smith (1996). Reichardt et Gollob (1987) préconisent même l'utilisation de méthodes aux « faiblesses opposées », pour que la synthèse des résultats soit des plus révélatrices. Par exemple, les données provenant d'un questionnaire distribué à un grand nombre d'élèves pourraient révéler d'étranges résultats qu'il serait difficile d'expliquer sans, au minimum, aller interviewer les élèves afin de mieux comprendre leurs réponses. Le grand nombre d'élèves ayant rempli le questionnaire constituerait alors une qualité importante de l'étude, et les entrevues effectuées viendraient appuyer les résultats obtenus ; elles rendraient « vivants » les chiffres et les statistiques rapportés. Tel que cela est présenté par Savoie-Zajc (sixième chapitre, « La recherche qualitative/interprétative en éducation »), un autre élément important de toute recherche est la triangulation ou la façon de pouvoir considérer un résultat de recherche selon diverses perspectives. L'utilisation d'une approche mixte peut ainsi s'avérer un élément de triangulation fort intéressant. Enfin, il semble important de souligner, une fois de plus, que la méthodologie devrait toujours être utilisée en fonction du problème de recherche. Dans certains cas, seule une approche mixte pourrait répondre à la question de recherche ; c'est alors sans hésitation que le chercheur devrait tenter de concevoir une méthodologie cohérente qui puise dans diverses méthodes, si opposées soient-elles, pourvu qu'elles fassent partie d'une stratégie méthodologique cohérente qui permette de résoudre le problème de recherche.

Types de recherches présentées dans ce livre

Avec cet ouvrage, nous avons tenté de présenter les formes de recherches le plus fréquemment rencontrées en éducation. C'est donc par souci de concision que d'autres méthodes de recherches telles que la recherche évaluative, la recherche collaborative, la recherche développement ou encore la recherche historique n'ont pas été abordées.

• Au sixième chapitre, « La recherche qualitative/interprétative en éducation », Savoie-Zajc présente ce qu'il est convenu de nommer la recherche qualitative ou interprétative. Les notions d'échantillonnage intentionnel, de collecte de données par l'entrevue, par l'observation et par le recours aux productions écrites sont aussi expliquées. Une brève incursion est également faite du côté de l'analyse des données. Savoie-Zajc conclut son chapitre par une discussion sur les critères de rigueur de la recherche qualitative/interprétative en éducation.

- Au septième chapitre, «La recherche quantitative», Boudreault aborde les caractéristiques d'une recherche expérimentale. Les principaux concepts qui sous-tendent la recherche quantitative sont expliqués en des termes simples afin de permettre au nouveau chercheur d'apprivoiser progressivement les modalités d'organisation et de réalisation d'une recherche rigoureuse. Plusieurs exemples ainsi que des illustrations facilitent la compréhension des différentes étapes. Des références à des travaux plus spécialisés guideront le nouveau chercheur vers des auteurs qui ont développé davantage l'un ou l'autre aspect méthodologique.

- Au huitième chapitre, «La recherche-action», Dolbec et Clément abordent la recherche-action en situant la pertinence de celle-ci quand on veut amener des changements réels dans la pratique des éducateurs. Les auteurs présentent ensuite sa nature cyclique et tridimensionnelle (recherche, action et formation) qui s'apparente à un processus rigoureux de résolution de problèmes et qui permet de réduire les écarts entre ce qui est observé dans une situation particulière et ce que l'intervenant juge des données par la triangulation.

- Au neuvième chapitre, «L'étude de cas», Karsenti et Demers traitent de l'étude de cas, méthode de recherche particulière qui permet d'étudier un phénomène en contexte naturel, de façon inductive (exploratoire) ou déductive (confirmative), selon les objectifs de la recherche. Cette méthodologie de recherche est de plus en plus présente en éducation ; il s'agit d'une approche mixte où des données qualitatives sont jumelées à des données quantitatives afin d'accroître l'envergure explicative de la recherche.

■7■■ Activités d'appropriation

- Trouvez deux articles de recherche publiés. Chacun des articles devra illustrer une méthodologie de recherche différente : quantitative, qualitative/interprétative, action.

- Dressez la liste des étapes de recherche retrouvées dans chacun de ces articles. Justifiez les éléments de votre liste à l'aide d'exemples concrets tirés des articles de recherche.

- Représentez dans un schéma la méthodologie utilisée par chacun des auteurs.

- Comparez la présentation des résultats pour chacun des articles. Quelles sont les différences majeures que vous retrouvez ? Expliquez votre position.

- À l'aide d'une question de recherche que vous avez élaborée, montrez comment diverses méthodes peuvent correspondre à une même méthodologie de recherche.

– Proposez une question de recherche pour laquelle il serait préférable de faire appel à des stratégies de recherche mixtes, c'est-à-dire, appartenant au répertoire des moyens de la recherche quantitative ou de la recherche qualitative/ interprétative. Justifiez votre réponse.

Concepts importants

Vous trouverez une définition des mots clés suivants dans la section «Glossaire»: méthode, méthode déductive, méthode inductive, méthode scientifique, méthodologie, approche mixte, pragmatisme, voie holistique, voie réductionniste.

Lectures complémentaires

Gauthier, B. (dir.) (2003). *Recherche en sciences sociales: de la problématique à la collecte des données* (4e édition). Québec: Presses de l'Université du Québec.

Collectif d'auteurs qui aborde plusieurs aspects liés à la planification et à la mise en œuvre de la recherche. Il offre un riche éventail de thèmes et permet au lecteur d'approfondir certains aspects liés, notamment, aux méthodes de collecte de données.

Pourtois, J.P. et Desmet, H. (1988). *Épistémologie et instrumentation en sciences humaines*. Bruxelles: Pierre Mardaga.

Ouvrage qui présente une bonne réflexion épistémologique de la recherche et qui illustre, par des exemples tirés de diverses recherches, le recours à des méthodes de collecte de données originales, dont la production de textes et de dessins. Ce texte aborde et illustre l'aspect cohérent et logique de la recherche, des choix initiaux à la production des résultats.

Van der Maren, J.-M. (1999). *La recherche appliquée pour l'enseignement: des modèles pour l'enseignement*. Bruxelles: De Boeck.

Très bon ouvrage dans lequel Van der Maren identifie quatre enjeux à la recherche et y associe des approches de recherche qu'il décrit. Il y nomme les enjeux: nomothétique, pragmatique, politique et ontogénique.

Sixième chapitre

La *recherche qualitative/interprétative* *en éducation*

Lorraine Savoie-Zajc
Université du Québec en Outaouais

■ Plan du chapitre

■ Résumé

Ce chapitre définit ce qu'il est convenu de nommer la recherche qualitative/interprétative; un modèle méthodologique y est présenté. Les composantes du modèle méthodologique servent de canevas pour préciser les principales étapes de cette forme de recherche. Ainsi, les notions d'échantillonnage intentionnel, de collecte de données par l'entrevue, par l'observation et par le recours aux matériaux écrits seront expliquées; le tout est complété par une brève incursion du côté de l'analyse des données. Le corps du chapitre prend fin sur une discussion des critères de rigueur de la recherche qualitative/interprétative. Sont alors définis les principaux concepts utilisés pour apprécier la valeur des résultats de ce type de recherche ainsi que des moyens qui permettent de les atteindre.

■▬▬Introduction

D'où provient la recherche qualitative/interprétative ? Pourquoi, en éducation, s'intéresser à ce type de recherche ? Avant de la définir, il nous semble important d'en identifier les origines ainsi que d'en démontrer la pertinence pour l'éducation.

> Une recherche qui relève du courant interprétatif sur le thème du décrochage scolaire met l'accent sur la compréhension du sens que les décrocheurs donnent à leur expérience scolaire telle qu'ils l'ont vécue, alors qu'une recherche apparentée au courant positiviste porte plutôt attention aux liens causaux qui existent entre divers facteurs : réalités sociodémographiques (âge, situation familiale, niveau d'études des parents), problèmes d'adaptation sociale (consommation de drogue, d'alcool), problèmes d'adaptation scolaire (redoublement, absentéisme) avec la décision de décrocher.

1.1   *Origines de la recherche qualitative/interprétative*

Le courant interprétatif, ainsi que le mentionne Crotty (1998), est souvent lié à la pensée de Max Weber (1864-1920) qui avançait l'idée que les sciences humaines devraient surtout se préoccuper de la question de comprendre les situations humaines et sociales ; cette position contraste avec la finalité d'expliquer un phénomène par la recherche des relations de cause à effet entre des variables constitutives du phénomène, finalité qui caractérise le courant épistémologique positiviste.

La recherche du courant interprétatif est ainsi animée du désir de mieux comprendre le sens qu'une personne donne à son expérience.

L'anthropologie a d'abord eu recours aux approches qualitatives/interprétatives dans ses modes de production de connaissances. L'éducation y est venue plus tard. Tesch (1990) et Savoie-Zajc (1996a) proposent de voir Maria Montessori (1870-1952) comme la première pédagogue qui a mené une recherche qualitative/interprétative. Son approche pédagogique, mondialement reconnue, a été élaborée grâce à son observation auprès d'un groupe d'enfants d'un quartier défavorisé en Italie. Ces jeunes utilisaient du matériel pédagogique conçu pour un autre groupe d'enfants, affligés, ceux-là, de handicaps intellectuels. Cette première manifestation de la recherche qualitative/interprétative en éducation, bien qu'elle se soit révélée riche en conséquence sur le plan du développement d'une pédagogie, n'a toutefois pas influencé immédiatement les pratiques des chercheurs en éducation. Elle n'a été redécouverte qu'à la fin des années 1960 par le truchement de l'évaluation et des recherches ethnographiques sur les rapports enseignants-élèves en classe et la culture de l'école (Tesch, 1990). Depuis, l'intérêt pour cette forme de recherche n'a cessé de prendre de l'ampleur.

1.2   Pertinence de la recherche qualitative pour l'éducation

Deux facteurs principaux militent en faveur du caractère approprié d'une démarche de recherche qualitative/interprétative en éducation ; il s'agit de l'accessibilité des résultats et des connaissances produits par la recherche et du caractère essentiel de l'interactivité.

Une démarche de recherche qualitative/interprétative se moule à la réalité des répondants ; elle tient compte des apprentissages du chercheur à propos du sens qui prend forme pendant la recherche. Les résultats sont formulés en des termes clairs et simples aux participants à la recherche, ce qui les rend plus accessibles. Ainsi, l'activité même de la recherche se veut être avec et pour les participants. Une recherche est d'ailleurs jugée valide et crédible si les gens qui y ont contribué s'y reconnaissent. L'activité de la recherche est par conséquent légitimée par sa pertinence et son accessibilité. On se plaint trop souvent en éducation du manque de liens entre l'activité de la salle de classe et la recherche qui semble isolée des pratiques quotidiennes. Le type de recherche proposé dans une démarche qualitative/interprétative se situe au cœur même de la vie quotidienne et cherche à mieux la comprendre pour ensuite agir sur elle. C'est une démarche heuristique qui poursuit souvent des buts pragmatiques et utilitaires, c'est-à-dire qui peuvent déboucher sur des applications pratiques des résultats obtenus.

Le deuxième facteur qui légitime la pertinence de la recherche qualitative/interprétative en éducation repose sur une qualité essentielle et intrinsèque à sa nature, à savoir tenir compte des interactions que les individus établissent entre eux et avec leur environnement. La nature même de l'éducation est tissée des relations interpersonnelles entre les acteurs du processus d'enseignement/apprentissage. L'éducateur est cette personne qui réussit à établir des liens significatifs et réciproques avec l'apprenant. Comment peut-on alors étudier une réalité interactive, autrement qu'en conservant son essence même, soit l'interaction ? La démarche souple et émergente de la recherche qualitative/interprétative permet au chercheur de comprendre, de l'intérieur, la nature et la complexité des interactions d'un environnement spécifique, et d'orienter sa collecte de données en tenant compte de la dynamique interactive du site de recherche.

1.3   *Définitions de la recherche qualitative/interprétative*

Qu'est-ce donc qu'un type de recherche dit qualitatif/interprétatif ? Nous avons choisi d'associer deux épithètes en référence au concept, soit le terme qualitatif et le terme interprétatif. Dans la documentation scientifique, c'est le terme «recherche qualitative» qui est le plus souvent utilisé. Ce terme est riche de significations et, comme on le verra plus loin, il désigne plusieurs types de pratiques. Le terme «qualitatif» attribue en quelque sorte à la recherche les caractéristiques afférentes aux types de données utilisées, soit des données qui se mesurent difficilement : des mots, des dessins, des comportements. Par glissement de sens, on en est venu à désigner aussi l'épistémologie sous-jacente à pareille recherche, le courant interprétatif. Ce courant est animé du désir de comprendre le sens de la réalité des individus ; il adopte une perspective systémique, interactive, alors que la recherche se déroule dans le milieu naturel des personnes. Le savoir produit est donc vu comme enraciné dans une culture, un contexte, une temporalité. À l'instar de Paillé (1996a) qui trouve l'expression recherche qualitative plus ou moins heureuse et par souci de précision dans la façon de désigner le type de recherche dont il est question dans ce chapitre, nous la nommons qualitative/interprétative, car les données sont de nature qualitative et l'épistémologie sous-jacente est interprétative.

Potter (1996) a répertorié une vingtaine de définitions de la recherche qualitative/interprétative ; il les a regroupées en cinq catégories. Il nomme la première «la catégorie des définitions formelles» que Denzin et Lincoln (1994) formulent comme suit :

> La recherche qualitative/interprétative consiste en une approche à la recherche qui épouse le paradigme interprétatif et privilégie l'approche naturaliste. Ainsi, elle tente de comprendre de façon riche les phénomènes à l'étude à partir des significations que les acteurs de la recherche leur donnent. Les études sont menées dans le milieu naturel des participants. La recherche qualitative/interprétative est éclectique dans ses choix d'outils de travail (traduction libre, p. 2).

Un deuxième type de définitions concerne celles que Potter nomme les «définitions de contraste». Le concept est alors défini en opposition avec la recherche quantitative alors que l'épistémologie du paradigme positiviste, la nature des données, le mode d'analyse des données servent de dimensions contrastantes.

Par exemple, Strauss et Corbin (1990) la définissent par ses méthodes de réduction des données qui sont autres que celles de la réduction statistique (p. 17).

Comme troisième catégorie de définitions, Potter (1996) regroupe les différentes typologies de recherches qualitatives/interprétatives. Par exemple, Tesch (1990), qui fait un excellent travail de structuration des différentes formes de recherche qualitative/interprétative, identifie quarante-six types de recherches qualitatives qui débouchent sur des pratiques, plus ou moins différenciées selon les cas. Elle choisit ensuite de regrouper ces diverses formes selon l'orientation de la recherche qui peut s'intéresser aux caractéristiques du langage ou rechercher la découverte de patrons, de régularités ou comprendre le sens d'un texte ou de l'action ou, finalement, enrichir la réflexion.

La quatrième catégorie de définitions est le « type procédural » ; ici on met l'accent sur une série d'opérations à effectuer. Ainsi, Paillé (1996a) mentionne que :

1) la recherche menée comprend presque toujours un contact personnel et prolongé avec un milieu ou des gens et une sensibilité à leur point de vue (ou perspective, expérience, vécu, etc.) ;

2) la construction de la problématique demeure large et ouverte ;

3) le design méthodologique n'est jamais complètement déterminé avant le début de la recherche en tant que telle, mais évolue, au contraire, selon les résultats obtenus, la saturation atteinte, le degré d'acceptation interne obtenu ;

4) les étapes de collecte et d'analyse des données ne sont pas séparées de manière tranchée, se chevauchant même parfois ;

5) le principal outil méthodologique demeure le chercheur lui-même à toutes les étapes de la recherche ;

6) l'analyse des données vise la description ou la théorisation de processus et non la saisie de « résultats » ;

7) finalement, la thèse ou le rapport de recherche s'insère dans un espace dialogique de découverte et de validation de processus et non pas dans une logique de preuve (p. 198).

La cinquième et dernière catégorie de définitions met l'accent sur la finalité de la recherche qualitative/interprétative. Citons en exemple de ce genre de définitions celle que Pirès (1997) donne en conclusion de son texte sur l'épistémologie de la recherche qualitative.

On peut alors peut-être dire que la recherche qualitative se caractérise en général : a) par sa souplesse d'ajustement pendant son déroulement, y compris par sa souplesse dans la construction progressive de l'objet même de l'enquête ; b) par sa capacité de s'occuper d'objets complexes, comme les institutions sociales, les groupes stables, ou encore d'objets cachés, furtifs, difficiles à saisir ou perdus dans le passé ; c) par sa capacité d'englober des données hétérogènes ou [...] de combiner différentes techniques de collecte de données ; d) par sa capacité de décrire en profondeur plusieurs aspects importants de la vie sociale relevant de la culture et de l'expérience vécue étant donné, justement, sa capacité de permettre au chercheur de rendre compte [...] du point de vue de l'intérieur ou d'en bas ; e) enfin, par son ouverture au monde empirique, qui s'exprime souvent par une valorisation de l'exploration inductive du terrain d'observation, et par son ouverture à la découverte de « faits inconvénients » (Weber) ou de « cas négatifs ». Elle tend à valoriser la créativité et la solution de problèmes théoriques posés par les faits inconvénients (p. 52).

En synthèse à toutes ces définitions, on peut proposer que la recherche qualitative/interprétative est une forme de recherche qui exprime des positions ontologiques (sa vision de la réalité) et épistémologique (associé aux conditions de production du savoir) particulières dans la mesure où le sens attribué à la réalité est vu comme étant construit entre le chercheur, les participants à l'étude et même les utilisateurs des résultats de la recherche. Ces derniers, en prenant connaissance des résultats de la recherche, se mettent en position de délibération, de critique et questionnent son applicabilité et sa transférabilité dans leur propre contexte. Dans cette démarche, le chercheur et les participants à la recherche ne sont pas neutres : leurs schèmes personnels et théoriques, leurs valeurs influencent leur conduite et le chercheur tente de produire un savoir objectivé, c'est-à-dire validé par les participants à la recherche. Le savoir produit est aussi vu comme dynamique et temporaire, dans la mesure où il continue d'évoluer. Le savoir est également contextuel, car les milieux de vie des participants colorent, orientent les résultats.

Comment donc se déroule une telle recherche dans laquelle un environnement humain (une classe, un groupe d'enseignants) est étudié par un chercheur qui manifeste une attitude réflexive par rapport à sa démarche de recherche, qui est soucieux de tenir compte des interactions, qui considère le processus de recherche comme étant négocié et émergent, et qui utilise des modes de collecte de données qui tiennent compte des interactions ?

2 Processus d'une recherche qualitative/interprétative

2.1 Démarche générale

Lincoln et Guba (1985) ont produit un schéma qui représente bien la dynamique de la recherche qualitative/interprétative. Ce modèle (figure 1) est fondé sur une approche particulière, soit la théorie ancrée (Glaser et Strauss, 1967 ; Strauss et Corbin, 1990).

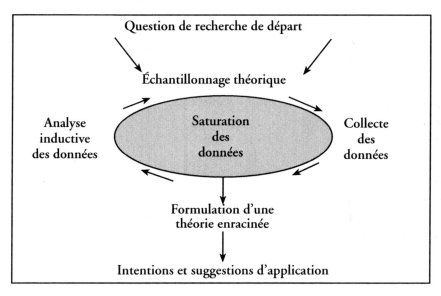

Figure 1
Démarche de recherche qualitative/interprétative

Le chercheur démarre par une question de recherche qu'il formule d'abord largement et qui va se préciser au cours de la démarche. À cette fin, il s'engage dans un cycle de trois phases : 1) l'échantillonnage théorique, 2) la collecte de données, 3) l'analyse inductive des données. Ce cycle se répète jusqu'à saturation des données, c'est-à-dire le niveau où le chercheur juge que les données nouvelles n'ajoutent plus rien à la compréhension du phénomène et que les catégories d'analyse ne sont plus enrichies par l'apport de données supplémentaires. Le caractère émergent du design de recherche constitue une caractéristique importante. Cette émergence est guidée par le sens que le chercheur donne graduellement aux données et par son contact avec les participants à la recherche.

Ainsi, la réflexion menée au fur et à mesure de la collecte et de l'analyse des données transforme le processus même de recherche: plutôt qu'être fermé, rigide et protocolaire, il est émergent, souple. Le chercheur peut prendre en compte les événements vécus en cours de recherche, ses propres prises de conscience et les réactions des répondants face aux tentatives d'interprétation avancée.

Ce cycle itératif entre la collecte et l'analyse des données se poursuit jusqu'à ce que le chercheur n'apprenne plus rien de nouveau – les données se répètent, les discours des nouveaux participants n'ajoutent plus à la compréhension qui se dégage des expériences déjà recueillies. C'est un signe de saturation des données. Le chercheur est alors prêt à dégager l'axe central qui permet de donner sens aux données analysées et classifiées sous diverses rubriques. C'est l'étape de la formulation de la théorie ancrée ou enracinée, car elle provient des observations tirées de la réalité. Une fois la saturation des données atteinte, le chercheur formule sa théorie dite ancrée ou enracinée, car elle provient des observations tirées de la réalité. Elle ne tend pas à généraliser un savoir, mais bien à mener à des hypothèses de travail et à des suggestions d'application de cette théorie.

Nous décrivons maintenant plus en détail chacun des éléments constitutifs de ce cycle, soit l'échantillonnage théorique, la collecte et l'analyse des données.

Pour être appréciée, une telle démarche méthodologique de recherche qualitative/interprétative requiert l'application de critères de rigueur particuliers (point 3) propres à ce type de recherche et respectant ses postulats (Savoie-Zajc, 1989).

2.2   *Échantillon et échantillonnage théorique*

S'engager dans une recherche signifie faire des choix quant au problème étudié, au cadre théorique retenu, à la méthodologie et au sujet des personnes qui feront partie de l'étude, des modes de collecte de données planifiés et des stratégies d'analyse. Traiter de l'échantillon, c'est s'arrêter au choix des personnes invitées à faire partie de l'étude. Dans une recherche qualitative/interprétative, ce choix est intentionnel, c'est-à-dire que le chercheur identifie un ensemble de critères, provenant du cadre théorique afin d'avoir accès, pour le temps de l'étude, à des personnes qui partagent certaines caractéristiques.

> Dans une étude sur le sens que les jeunes à risque de décrochage scolaire donnent à leur expérience scolaire (Savoie-Zajc, 1994), les critères de sélection de l'échantillonnage étaient: être au secondaire III, avoir obtenu un résultat de 90+ au test de Prévention de l'abandon scolaire (PAS), être capable de s'exprimer oralement, accepter de participer à des entrevues semi-dirigées.

Selon Lecompte et Preissle (1993), l'échantillon peut être formé à partir de groupes naturels, c'est-à-dire un groupe, une association, qui existent indépendamment de l'étude, telle une classe de secondaire III ou un club sportif. Il peut s'agir aussi d'un sous-ensemble formé par le chercheur de jeunes à risque de décrochage scolaire qui sont répartis dans différentes classes ou qui pourraient être inscrits à plusieurs écoles, dans plusieurs villes.

Lecompte et Preissle (1993) distinguent plusieurs types d'échantillons intentionnels: le premier type s'effectue au début de l'étude. Deux stratégies sont poursuivies: la représentativité des personnes et la comparaison parmi les membres qui composent l'échantillon.

> Au cours d'une étude sur l'évaluation d'implantation d'un projet d'intervention auprès de jeunes à risque de décrochage scolaire (Savoie-Zajc, 1993a, 1997), plusieurs stratégies d'échantillonnage ont été utilisées. Elles serviront d'exemples à la représentativité et la comparaison.
>
> 1) Tous les élèves membres du projet d'intervention ont été invités à faire partie de l'étude (toute la population).
>
> 2) Les parents des élèves qui ont effectivement participé aux entrevues (représentativité, désignation par l'élève dans une stratégie dite «centrée sur le réseau».
>
> 3) Les enseignants participant au projet (toute la population).
>
> 4) Des enseignants témoins du projet et non impliqués (comparaison, afin de cerner la perception externe de certains membres de l'école, désignés par les responsables du projet, une stratégie dite de «réputation».
>
> 5) Les membres de la direction, les conseillers pédagogiques, les responsables du projet (toute la population).
>
> 6) Des professionnels ayant un contact avec ces jeunes (comparaison, afin de cerner la perception externe de certains professionnels en lien avec l'école, désignés par les membres de la direction et les responsables du projet, une stratégie dite de «réputation»).

Le deuxième type d'échantillonnage intentionnel qu'identifient Lecompte et Preissle (1993) est celui de l'échantillonnage fait au cours de l'étude. Ce type inclut plusieurs variantes dont l'échantillonnage théorique.

Mettre en branle un processus d'échantillonnage théorique signifie que le chercheur va d'abord effectuer au début de l'étude une première sélection des participants à la recherche. Toutefois, au fur et à mesure que la recherche progresse, cet échantillon est révisé ; le chercheur se donne même la possibilité d'inclure d'autres participants. Comme l'exprime Paillé (1996b), « l'expression ne renvoie pas à une méthode de sélection de sujets pour une recherche, mais plutôt à une stratégie de développement et de consolidation d'une théorisation » (p. 54). Il s'agit ainsi d'un mécanisme de comparaison constante entre ce que le chercheur apprend, les regroupements des données selon des catégories d'analyse et les vérifications des hypothèses d'interprétation auprès de personnes de compétence et aux caractéristiques de plus en plus spécifiques. L'échantillonnage théorique fait ainsi référence au processus d'échantillonnage basé non pas sur un modèle statistique, mais bien sur un choix conscient et volontaire des répondants par le chercheur. C'est leur compétence perçue comme étant pertinente en regard de la problématique de recherche qui incite le chercheur à les inviter à participer à la collecte de données. Plus la recherche avance, plus le chercheur sent le besoin d'étendre l'échantillonnage, d'intégrer des répondants aux compétences de plus en plus spécifiques. C'est donc la collecte quotidienne de données qui guide le chercheur dans son choix de nouveaux répondants, ce qui permet de mieux cerner différentes facettes du problème étudié.

Dans le cadre d'une étude portant sur les transformations des pratiques de gestion de directeurs d'école francophones québécois dans le contexte de la réforme scolaire, les chercheurs ont fait des entrevues auprès de 70 personnes. L'échantillonnage s'est fait en deux temps. Les noms de trente-cinq directeurs qui avaient déjà répondu à un questionnaire ont d'abord été choisis à partir d'un ensemble de critères : sexe, années d'expérience, ordre scolaire, région géographique. Trente-cinq autres personnes ont ensuite été choisies directement par les chercheurs dans le but de rencontrer en entrevue des personnes aux opinions les plus contrastées possibles face à la réforme (Savoie-Zajc, Brassard, Corriveau, Fortin et Gélinas, 2002).

2.3   Collecte de données

La phase de collecte de données consiste en l'utilisation de stratégies souples afin de préserver l'interaction avec les participants : l'entrevue semi-dirigée plutôt que le questionnaire, l'observation ouverte et participante plutôt que l'observation faite à partir de grilles d'observation. Le chercheur a également intérêt à combiner plusieurs de ces stratégies pour faire ressortir différentes facettes du problème étudié et pour corroborer certaines données reçues. Trois modes de collecte de données se retrouvent souvent dans ce genre de recherche, soit l'entrevue, l'observation et l'usage de matériel écrit divers.

L'entrevue – Savoie-Zajc (2003) définit l'entrevue comme « une interaction verbale entre des personnes qui s'engagent volontairement dans pareille relation afin de partager un savoir d'expertise, et ce, pour mieux dégager conjointement une compréhension d'un phénomène d'intérêt pour les personnes en présence » (p. 295). Il existe plusieurs formes d'entrevues : entrevue non dirigée, entrevue semi-dirigée, entrevue dirigée. L'entrevue peut aussi être conduite par une ou plusieurs personnes, auprès d'un seul individu ou d'un groupe de personnes. L'échange peut être médiatisé ou non, qu'on pense par exemple à l'entrevue par téléphone ou aux échanges par courrier électronique. Dans ce texte, il est question de l'entrevue qui se déroule en face à face entre deux interlocuteurs.

Dans l'entrevue non dirigée, le thème de recherche est défini et le participant est dans une position où il peut parler de son expérience comme il l'entend, sans que le chercheur n'oriente l'échange. D'une entrevue à une autre, seul le thème principal demeure constant. Dans le cas des récits de vie par exemple, le participant à la recherche organise son propos selon une logique et un agencement de faits, d'événements, de réflexions qui lui sont personnels.

Dans le cas de l'entrevue semi-dirigée, le chercheur et l'interviewé se trouvent dans une situation d'échange plus contrôlée que lors de l'entrevue non dirigée. Le chercheur prépare ou établit un schéma d'entrevue qui consiste en une série de thèmes pertinents à la recherche. Ces thèmes proviennent du cadre théorique de la recherche à l'intérieur duquel les concepts étudiés sont définis et leurs dimensions identifiées. Les thèmes peuvent être suggérés dans l'ordre et la logique des propos tenus pendant la rencontre. Toutefois, une certaine constance est assurée d'une entrevue à l'autre, même si l'ordre et la nature des questions, les détails et la dynamique particulière varient.

Dans une étude sur la dynamique d'implantation d'un projet d'intervention pour des jeunes à risque de décrochage scolaire (Savoie-Zajc, 1993a, 1997), le schéma d'entrevue préparé à l'intention de chacun des huit groupes d'acteurs (élèves, enseignants directement impliqués, enseignants témoins, membres de la direction, conseillers pédagogiques, parents, ressources spécialisées, promoteurs de l'innovation) était structuré à partir du modèle de l'évaluation constructiviste répondante (Guba et Lincoln, 1989) dont les paramètres sont les intérêts, les préoccupations et les problèmes perçus par les personnes impliquées, en lien avec l'innovation. À partir de cette structure théorique, quatre thèmes principaux ont été dégagés et ils ont été subdivisés en sous-thèmes. Le premier thème proposait à la personne de décrire l'innovation. Le discours de chacun des acteurs, selon son groupe d'appartenance à l'établissement, était ainsi contextualisé. Le deuxième thème visait à identifier les intérêts des personnes ; les sous-thèmes reliés touchaient à leurs raisons de s'engager dans le projet, de leurs motifs à maintenir leur engagement. Le troisième thème clarifiait leurs préoccupations. Les sous-thèmes les incitaient à identifier les points forts et faibles de l'innovation, leur perception de l'établissement dans le maintien de cette innovation. Finalement, le dernier thème amenait les répondants, selon leur groupe d'appartenance, à réagir aux points de vue des autres groupes, permettant ainsi de dégager les zones de convergence et de divergence entre les huit groupes approchés ainsi que les problèmes liés à l'implantation de l'innovation.

Le dernier type d'entrevue est nommé « dirigé », car le chercheur exerce un contrôle plus grand sur l'échange verbal. En effet, une série de questions préalablement définies sont posées lors de la rencontre. Des ajustements aux questions ou des questions de clarification peuvent surgir si le répondant ou le chercheur ne comprennent pas le sens des propos. Il reste que l'échange est structuré à l'avance et qu'une grande uniformité est attendue d'une entrevue à l'autre.

S'engager dans une entrevue consiste donc à entrer en contact avec un interlocuteur, à rechercher un accès à l'expérience de l'autre, à identifier et à tenter de comprendre ses perspectives au sujet de questions étudiées, et ce, d'une façon riche, descriptive, imagée. Ce mode de collecte de données comporte toutefois des limites. Ainsi, la qualité de l'échange dépend de la qualité de la relation qui s'établit entre les deux personnes. Un certain degré de sympathie et de confiance doit exister pour que l'échange se déroule dans un climat harmonieux. Une autre limite de l'entrevue repose sur la nature même du matériau verbal qui constitue le cœur de la collecte de données. Pour exprimer ses points de vue, la personne utilise un filtre puissant qui est celui du langage. Le chercheur, pour comprendre les propos, filtre aussi les discours, utilisant ses connaissances théoriques préalables sur le sujet, les attentes qu'il possède par rapport aux propos de l'autre. Ces dernières sont teintées par sa perception de la position sociale spécifique de l'interviewé et les interprétations qu'il fait des messages verbaux et non verbaux de l'autre. Les informations recueillies doivent donc être vues comme une approximation de la perspective que l'interviewé a bien voulu communiquer, constituant le troisième filtre de communication. En outre, des blocages de communication ou des sujets tabous pour les répondants peuvent faire en sorte que chercheur et répondants ne réussissent pas à engager un dialogue véritable. Un autre problème concerne la valeur des informations divulguées lors des entrevues. Le répondant peut, à l'occasion, être mû par le désir de rendre service ou d'être bien vu.

On voit donc que s'engager dans une entrevue constitue une expérience riche qui n'est toutefois pas dénuée de problèmes. Les informations recueillies à des fins de recherche fournissent un certain type de données, soit ce que les gens expriment au sujet de leur expérience, avec toutes les limites que cela peut comporter.

C'est la raison pour laquelle, dans une recherche qualitative/interprétative, les chercheurs jumellent souvent plusieurs modes de collecte de données ; ils évitent ainsi les biais de chacune de celles-ci en associant par exemple l'observation et l'entrevue.

L'observation – En recherche qualitative/interprétative, l'observation constitue un mode important de collecte de données. Chapoulie (1984), que citent Jaccoud et Mayer (1997), définit l'observation en recherche comme suit :

> elle implique l'activité d'un chercheur qui observe personnellement et de manière prolongée des situations et des comportements auxquels il s'intéresse, sans être réduit à ne connaître ceux-ci que par le biais des catégories utilisées par ceux qui vivent ces situations (p. 212).

Cette définition renvoie au terme «observer» que Postic et De Ketele (1988) situent comme l'action de centrer son attention sur une situation et d'en analyser la dynamique interne. Un chercheur peut effectuer des observations selon plusieurs postures, plus ou moins impliquées, comme dans le cas de l'entrevue.

Le chercheur peut en effet occuper la position d'observateur passif, dans la mesure où il ne participe pas activement à la dynamique ambiante. Sa question de recherche lui fournit une direction pour orienter ses observations ; il note les comportements observés selon leur pertinence perçue par rapport à la recherche amorcée. Cette observation ne s'effectue pas au moyen d'une grille d'observation comme dans le cas d'une recherche de type quantitatif/positiviste. Le chercheur définit plutôt «une unité d'observation», mécanisme très systématique, qui permet d'extraire des données des comportements observés et qui fournit une règle d'observation.

> L'unité d'observation suivante a été formulée dans un contexte d'observation de cinq enfants en garderie. L'unité d'observation se lit comme suit : séquence d'un comportement qui commence avec la présence consciente de deux (ou plus) enfants en interaction dans un milieu physique et une tentative d'en arriver à une participation à une activité en cours ou en émergence. L'épisode se termine avec la rupture de l'interaction entre eux (Savoie-Zajc, 1989).

Une unité d'observation doit toujours clarifier le début et la fin de l'épisode observé. Ceci devient la règle pour extraire des données de recherche à partir des notes d'observation ou des documents filmés. L'unité d'observation prend véritablement forme sur le site observé. Le chercheur peut préparer et amorcer son observation avec des points de repère en tête, des définitions conceptuelles, opérationnalisées en comportements, mais c'est véritablement sur le site même que le chercheur raffine son outil d'observation.

L'observation participante constitue un deuxième type d'observation. Le chercheur y occupe une position très impliquée, c'est-à-dire qu'il participe pleinement à la dynamique ambiante. Bianquis-Gasser (1996) définit l'observation participante comme «un apprentissage et comme un dispositif de travail. C'est en partageant même temporairement le quotidien du groupe étudié que le chercheur peut tenter de dépasser le rapport déséquilibré de l'enquêteur à son objet d'étude» (p. 146). Ce type d'observation pose de façon aiguë le problème de l'accès au terrain. Il est nécessaire que les personnes observées soient d'accord pour accueillir dans leurs rangs une personne étrangère qui vient là pour participer à leur vie quotidienne, avec l'intention explicite d'analyser leurs comportements. Pour faire de l'observation participante, il n'est toutefois pas essentiel d'être étranger à un groupe. On peut aussi penser à une observation participante effectuée par un enseignant dans sa classe. Il participe à la vie du groupe mais, en même temps, il se donne des outils systématiques pour mieux comprendre certains comportements qui, chez ses élèves, suscitent son intérêt et sa curiosité.

> Doyon (1995) a observé, pendant une période de six mois, des étudiants handicapés intellectuels à qui elle enseignait l'art dramatique; elle cherchait à comprendre comment leur implication dans une formation en art dramatique permettait aux élèves de développer leur affectivité. En sa qualité d'enseignante, elle a développé ses activités pédagogiques et elle a continué d'interargir avec ses élèves. Elle a toutefois filmé des ateliers en art dramatique et formulé des unités d'observation en s'inspirant des trois premiers niveaux de la taxinomie de Krathwohl, ce qui lui a permis d'extraire de ses épisodes filmés des données qu'elle a ensuite analysées.

L'observation participante permet au chercheur de mettre en question, de vérifier au fur et à mesure ses interprétations auprès des personnes avec lesquelles il est en interaction dans leur vie quotidienne. C'est la grande force de ce type de collecte de données: il permet de dépasser le langage, ce que les personnes disent qu'elles font, pour s'intéresser à leurs comportements et au sens qu'elles y donnent. Les limites à l'observation et à l'observation participante sont liées au coût en temps et en énergie du chercheur qui doit être physiquement présent dans un lieu pendant une période de temps signifiante. Elles sont aussi liées à l'accès du chercheur au site, car s'il n'est pas déjà membre de ce milieu, il faudra obtenir l'assentiment des acteurs concernés et établir des relations de confiance en se faisant connaître et accepter par le groupe.

Un troisième mode de collecte de données utile en recherche qualitative/interprétative est celui du recours à divers matériaux écrits.

Le matériel écrit – Ce type de données regroupe plusieurs formes, dont des textes écrits produits à partir d'une question de départ (réponses à des questions ouvertes de questionnaires par exemple) ou librement sur un thème fourni par le chercheur (rédaction d'élèves) ou une production spontanée (des lettres, des journaux de bord). Il regroupe aussi du matériel graphique: des dessins spontanés ou non, des photographies. Les archéologues et les anthropologues ont développé une grande expertise dans l'utilisation ou dans l'étude des objets que des individus ont fabriqués et ont laissés comme témoignages de leurs activités quotidiennes. À proprement parler, ce ne sont pas des documents écrits, mais des artefacts, des traces d'un comportement et d'une organisation sociale quelconque. Ils constituent un matériau riche de sens pour qui prend le temps de les étudier et se donne les moyens de les décoder.

Les productions écrites et graphiques fournissent des matériaux extrêmement riches et précieux pour la recherche en éducation. Elles permettent à l'enseignant d'allier activités de classe et compréhension de l'évolution du processus d'apprentissage, de la résolution de problèmes ou de la représentation d'élèves à propos d'une certaine problématique ou de l'acquisition de certaines valeurs.

Pour comprendre l'évolution de la représentation au sujet de l'environnement de jeunes du secondaire, Lalonde (1998) a demandé aux élèves de produire deux dessins libres représentant l'environnement : un au début de l'année scolaire et l'autre à la fin. Des textes écrits ont aussi été produits au cours de l'année à partir de thèmes fournis par l'enseignant. Ensuite, ces données graphiques et écrites ont été analysées.

Le dessin spontané permet de communiquer un message au moyen de codes visuels, moins fréquemment utilisés (Pourtois et Desmet, 1988). Le répondant peut donc exprimer, selon un langage autre que le langage oral, l'idée qu'il se fait d'un thème ou d'une problématique particulière. Le message communiqué fait ressortir différentes facettes du problème étudié.

Le recours de plus en plus fréquent au portfolio comme stratégie d'évaluation des apprentissages des élèves constitue aussi un matériau verbal et graphique riche à explorer et à exploiter en recherche qualitative/interprétative en éducation.

Gagnon (1996) et Maillet (1996) ont eu recours au portfolio pour évaluer les effets sur les savoirs, les savoir-être et les savoir-faire de leurs élèves qui avaient vécu une approche pédagogique fondée sur la transdisciplinarité au cours de l'année scolaire. Diverses productions écrites ont été insérées au portfolio des élèves. À la fin de l'année scolaire, les enseignants ont pu analyser de façon systématique l'évolution de leurs élèves sur les différents savoirs.

Synthèse aux modes de collecte de données – L'entrevue, l'observation et l'utilisation de matériel écrit constituent des modes complémentaires de collecte de données. L'un fait ressortir des aspects que l'autre ne peut aborder. Ainsi, une recherche qualitative/interprétative soigneusement planifiée permet d'insérer plusieurs modes de collecte de données : des observations et des productions écrites ou des entrevues et des observations ou des entrevues et des dessins. L'association dépend étroitement de la nature du problème et des questions de recherche.

Dans la logique du modèle méthodologique présenté plus tôt, la collecte de données s'effectue simultanément à l'analyse des données. Ceci force le chercheur à identifier ses biais par rapport aux données, à tenter des regroupements sous des catégories et à retourner au site de recherche pour mettre à l'épreuve ces catégories d'analyse émergentes et les interprétations possibles. Le chercheur est alors en position de valider avec les répondants, de façon constante et continue, le bien-fondé des concepts explicatifs qui se dessinent et d'en vérifier l'envergure et la valeur. Mais que signifie analyser des données ?

2.4 Analyse de données qualitatives

Comme l'indique Deslauriers (1991), analyser des données, dans ses termes les plus simples, renvoie « aux efforts du chercheur pour découvrir les liens à travers les faits accumulés » (p. 79). Le chercheur veut donc saisir le sens des données recueillies. Lessard-Hébert, Goyette et Boutin (1994), citant Erickson, mentionnent que c'est une logique inductive et délibératoire qui prévaut dans l'analyse de données qualitatives. Le chercheur s'interroge sur le sens contenu dans les données et fait des allers et retours entre ses prises de conscience, ses vérifications sur le terrain, permettant des ajustements à la classification des données.

La place du cadre théorique dans l'analyse de données qualitatives reste un sujet controversé. Certains, dont Glaser et Strauss (1967) avec la théorie enracinée, maintiennent que le chercheur doit arriver au site de recherche avec le moins d'influences théoriques possible. Il doit se laisser imprégner par le milieu ambiant et tirer des données recueillies l'essence du phénomène étudié. Le cadre théorique est repris à la fin de la recherche et permet de discuter de l'intégration de la théorie émergente, enracinée dans les données, au corpus des connaissances théoriques déjà constituées. Cette position, typiquement inductive, est qualifiée de naïve, car le chercheur peut difficilement faire abstraction d'un corpus de connaissances au sujet du phénomène étudié, accumulé au cours des années.

Une autre position qu'on pourrait qualifier d'inductive modérée par rapport à la place du cadre théorique et son influence sur l'analyse des données est celle de reconnaître l'influence du cadre théorique, par la définition opérationnelle des concepts étudiés. Les différentes dimensions qui ont servi à qualifier le concept sont toutefois mises de côté, pour le temps de l'analyse, afin de laisser émerger les catégories. Finalement, une troisième position, dite logique inductive délibératoire, consiste à utiliser le cadre théorique comme un outil qui guide le processus de l'analyse. La grille d'analyse initiale peut toutefois être enrichie si d'autres dimensions ressortent des données.

Exemples

L'analyse selon une logique typiquement inductive – Savoie-Zajc (1994), dans son étude sur le sens que les jeunes à risque de décrochage scolaire donnent à leur expérience, est partie du discours des jeunes pour élaborer les différentes catégories d'analyse et fournir une interprétation du phénomène étudié.

L'analyse selon une logique inductive modérée – Dans son étude au sujet du développement affectif d'étudiants handicapés intellectuels inscrits dans des ateliers d'art dramatique, Doyon (1995) s'est fondée sur les définitions de Krathwohl du développement affectif et des trois premiers niveaux de la taxinomie. Lors de l'analyse, elle s'est servie de ces définitions pour classifier ses données selon les trois niveaux étudiés. De là, elle a appliqué une logique inductive pour dégager ce que les comportements classifiés sous ces trois niveaux communiquaient comme sens.

L'analyse selon une logique inductive délibératoire – Vaillant (1997), dans sa thèse sur le processus de changements dans un programme de formation en pédagogie universitaire, a conduit son analyse à partir des concepts théoriques qui entourent le processus d'implantation. Là où les données se sont révélées plus riches que le cadre théorique, des catégories nouvelles ont été créées.

Miles et Huberman (1991) ont produit un schéma qui représente les divers processus à l'œuvre dans l'analyse de données (figure 2).

Une opération de réduction des données très courante est celle de la codification. Cela consiste à attribuer un nom aux divers segments des transcriptions des données ou des productions écrites et graphiques. Paillé (1996c) suggère de poser ces questions afin de faciliter l'opération à l'œuvre dans l'établissement des codes : Qu'est-ce qu'il y a ici ? Qu'est-ce que c'est ? De quoi est-il question ? Les codes utilisés pour mettre en évidence les diverses idées contenues dans le texte sont ensuite regroupés en catégories. Ces dernières traduisent une dimension conceptuelle présente dans les codes. D'autres questions facilitent l'opération de catégorisation : Qu'est-ce qui se passe ici ? De quoi s'agit-il ? Je suis en face de quel phénomène ? (*Ibid.*)

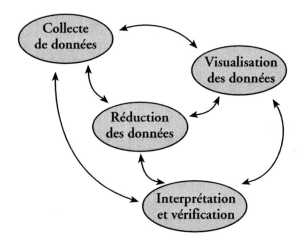

Figure 2
Analyse de données qualitatives

Miles et Huberman (1991) soulignent l'importance de la stratégie de visualisation des données : Comment lier ensemble les codes et les catégories subséquentes et comment représenter ce réseau de sens ? Le recours aux schémas ou à la production d'images, de métaphores aide le chercheur à établir des liens entre les catégories d'analyse. À cet égard, il est intéressant de noter que des logiciels d'analyse de données qualitatives tels que *NUD•IST, N•VIVO, ATLAS-ti* procurent à leur utilisateur une configuration visuelle pour saisir l'organisation des données : une arborescence dans le cas de *NUD•IST*, un réseau conceptuel pour *ATLAS-ti* et une arborescence et un réseau conceptuel dans le cas de *N•VIVO*.

Une fois que le chercheur a effectué les regroupements jugés importants et constitué un schéma explicatif, il doit y donner sens. Qu'est-ce que ceci signifie ? Que doit-on comprendre de cela ? Qu'est-ce que ceci nous apprend au sujet du phénomène et comment cela se compare-t-il à ce que l'on sait déjà ? Ces quelques questions résument bien les préoccupations du chercheur dans l'interprétation des résultats de sa recherche.

On remarque que les différents processus représentés à la figure 2 ne sont pas linéaires. On y retrouve la dynamique itérative illustrée à la figure 1. La dynamique du processus d'analyse consiste en une logique délibératoire faite de vérifications et de comparaisons constantes entre les codes identifiés, la compréhension grandissante alors que l'analyse progresse, et l'orientation de plus en plus guidée de la collecte de données.

Ces quelques paragraphes ont tenté de regrouper les éléments de base à l'œuvre dans l'analyse de données qualitatives. Ils sont toutefois loin de rendre la complexité et la richesse conceptuelle associées à l'analyse de données qualitatives. Des lectures complémentaires sont suggérées à la fin du chapitre ; elles permettent d'approfondir le concept de l'analyse et de découvrir la diversité des expériences et des méthodes de travail développées par les chercheurs au fil des ans.

Critères de rigueur de la recherche qualitative/interprétative

Un chercheur doit aussi évaluer la rigueur de la recherche entreprise. Les critères de rigueur, sortes de règles d'évaluation, proviennent pour ainsi dire d'un consensus de la communauté scientifique qui partage une même épistémologie.

Guba et Lincoln (1982) et Lincoln et Guba (1985) ont énoncé un ensemble de critères de rigueur suffisamment précis et opérationnalisés qui peuvent servir de jalons à un chercheur. Prenant comme point de départ les critères de la recherche quantitative/positiviste, ces auteurs ont voulu offrir des critères de remplacement qui siéent davantage à la recherche qualitative/interprétative. Nous les appelons critères méthodologiques.

3.1   *Critères méthodologiques*

Il s'agit de critères de crédibilité en remplacement du critère de la validité interne, de transférabilité au lieu du critère de validité externe, de fiabilité plutôt que fidélité, de confirmation plutôt qu'objectivité. Le tableau 1 présente une brève définition de ces critères et quelques moyens y sont associés pour en soutenir l'atteinte.

Le premier critère, celui de crédibilité, consiste en une vérification de la plausibilité de l'interprétation du phénomène étudié. Il est recherché par le recours à diverses stratégies de triangulation, tel le retour aux participants, le recours à plusieurs modes de collecte de données, l'interprétation des résultats des analyses selon divers cadres théoriques ou la confrontation des points de vue de plusieurs chercheurs. La présence prolongée du chercheur sur le site de recherche est également susceptible de soutenir la crédibilité des interprétations puisque le chercheur développe une compréhension fine des dynamiques des contextes où il étudie le phénomène.

Tableau 1

Critères méthodologiques

Critères méthodologiques	Définition sommaire	Quelques moyens
Crédibilité	Le sens attribué au phénomène est plausible et corroboré par diverses instances	• engagement prolongé de la part du chercheur • techniques de triangulation
Transférabilité	Les résultats de l'étude peuvent être adaptés selon les contextes.	• descriptions riches du milieu/contexte de l'étude • journal de bord
Fiabilité	Il y a cohérence entre les résultats et le déroulement de l'étude.	• journal de bord • triangulation du chercheur
Confirmation	Les données produites sont objectivées.	• instruments de collecte de données justifiés • approches d'analyse clarifiées et appliquées judicieusement • vérification externe

Le deuxième critère, celui de transférabilité, constitue un critère partagé entre le chercheur et le lecteur de la recherche dans la mesure où ce dernier, qui est un utilisateur potentiel des résultats de la recherche, s'interroge sur la pertinence, la plausibilité, la ressemblance qui peut exister entre le contexte décrit par cette recherche et son propre milieu de vie. Le chercheur a alors la responsabilité de fournir des descriptions des contextes à l'intérieur desquels s'est déroulée la recherche et aussi de fournir les caractéristiques de son échantillon. Qui sont les participants à la recherche en termes d'âge, d'expérience, quels sont leurs liens avec le phénomène étudié? Le journal de bord est également une stratégie pour assurer la transférabilité de la recherche. Cette question fait l'objet d'une section spécifique un peu plus loin dans ce chapitre.

Le troisième critère, celui de fiabilité, porte sur la cohérence entre les questions posées au début de la recherche, l'évolution qu'elles ont subie, la documentation de cette évolution et les résultats de la recherche. Est-ce que le fil conducteur de cette recherche est clair? Est-ce que les différentes décisions que le chercheur a été amené à prendre pendant la recherche sont justifiées? Les quelques moyens suggérés sont le journal de bord et la triangulation du chercheur.

Le quatrième critère méthodologique, la confirmation, renvoie au processus d'objectivation pendant et après la recherche. Est-ce que cette recherche est convaincante et crédible ? Est-ce que les données sont cueillies et analysées de façon rigoureuse ? La démarche de recherche empruntée est-elle clairement décrite ? Il importe que les outils de collecte de données soient justifiés par le cadre théorique, que les formes d'analyse appliquées soient décrites, qu'il y ait cohérence entre les deux. On peut aussi penser à des formes de vérification externe des données, un peu à la manière d'un audit externe qui reprend tout le matériel accumulé pendant la recherche et en retrace la logique.

3.2   *Critères relationnels*

Un deuxième ensemble de critères existe depuis plus récemment (Lincoln, 1995 ; Manning, 1997). Quelques théoriciens de la recherche ont en effet reproché aux critères méthodologiques de ne pas suffisamment tenir compte de la dynamique inhérente à la recherche qualitative/interprétative. De plus, puisque cette forme de recherche traduit une position socioconstructiviste par laquelle on insiste sur le rôle actif du participant à la recherche comme coconstructeur de sens avec le chercheur, il fallait des critères de rigueur qui traduisent cette dynamique interactive, collaborative et socioconstructiviste. Ce sont les critères relationnels (tableau 2).

Le critère de l'équilibre met en évidence l'importance d'assurer que les points de vue représentés dans la recherche respectent les « différentes voix » exprimées. Le chercheur a le souci de respecter une certaine pondération dans l'expression de la dynamique étudiée, en s'efforçant de ne pas avantager un groupe plus qu'un autre.

Quatre critères interrogent ensuite le caractère de l'authenticité de la recherche, dans le sens particulier de sa pertinence et de ses effets.

Tableau 2

Critères relationnels

Les critères relationnels	Définition sommaire	Quelques moyens
Équilibre	Les différentes constructions et leurs valeurs sous-jacentes sont communiquées.	• engagement prolongé • techniques de triangulation
Authenticité ontologique	L'étude permet aux participants d'améliorer et d'élargir leurs perceptions à propos de la question à l'étude.	• témoignages de personnes attestant de cette maturation et de l'élargissement de leurs perspectives
Authenticité éducative	Les points de vue de l'ensemble des acteurs participant à l'étude sont objets d'apprentissage : on passe de la perspective individuelle à la vision d'ensemble.	• témoignages de personnes attestant de cette maturation et de l'élargissement de leurs perspectives
Authenticité catalytique	Les résultats de l'étude sont énergisants pour les participants.	• techniques de triangulation • diffusion du rapport
Authenticité tactique	Les participants peuvent passer à l'action.	• témoignages de personnes • suivi

Ces quatre dimensions d'authenticité s'intéressent à la qualité des prises de conscience que les participants développent : la recherche qualitative/interprétative est source et occasion d'apprentissage tant pour les participants que pour le chercheur. On apprend au sujet de l'envergure du discours sur le phénomène étudié (authenticité ontologique), on prend conscience de sa propre position et on peut la comparer avec celles des autres personnes (authenticité éducative). Par sa pertinence et les apprentissages qu'elle suscite, la recherche procure aux participants l'énergie d'agir sur leur réalité (authenticité catalytique) ; grâce aux pistes de réflexion suggérées ainsi que par ses recommandations, elle fournit aux participants des outils conceptuels qui leur sont nécessaires pour passer à l'action (authenticité tactique). Pour vérifier le respect de ces critères de rigueur, le chercheur suscite le témoignage des personnes qui ont participé à la recherche et il s'intéresse à la nature des apprentissages réalisés ainsi qu'aux suivis à la recherche. Le chercheur questionne aussi ses propres motifs à s'y engager, ses apprentissages, ses prises de conscience et le suivi qu'il entend donner à une telle étude.

On a vu dans la discussion à propos des critères de rigueur que deux des moyens suggérés revenaient souvent. Il s'agit de la triangulation et de la tenue d'un journal de bord. De quoi s'agit-il au juste ?

3.3   *Triangulation*

La stratégie de recherche dite de triangulation relève d'origines positivistes. Tashakkori et Teddlie (1998) mentionnent que Campbell et Fiske (1959) proposaient de planifier des recherches en introduisant plusieurs instruments de mesure pour compenser les limites de chacune. La notion est reprise par Denzin (1978) et appliquée à la recherche qualitative/interprétative. On définit maintenant la triangulation comme une stratégie de recherche au cours de laquelle le chercheur superpose et combine plusieurs perspectives, qu'elles soient d'ordre théorique ou qu'elles relèvent des méthodes et des personnes (Denzin, 1978 ; Savoie-Zajc, 1993b, 1996b). Schwandt (1997) choisit de la définir comme une procédure qui permet d'avancer que le critère de validité a été rencontré. Elle discrimine au cours de la recherche parmi les inférences qui possèdent un caractère de justesse et de véracité (p. 163). On retient de ces deux définitions complémentaires que la triangulation poursuit en fait deux objectifs. Le premier est de permettre au chercheur d'explorer le plus de facettes possible du problème étudié en recueillant des données qui vont faire ressortir des perspectives diverses. Ceci permettra de dégager une compréhension riche du phénomène analysé. Le second vise à mettre la triangulation au cœur du processus de co-construction des connaissances et à supporter l'objectivation du sens produit pendant la recherche. Habermas (1987) nomme ceci le « procès d'intercompréhension ». Il fait référence à la dynamique humaine qui s'établit entre des personnes qui souhaitent communiquer et qui, au cours de leur contact, cherchent à être comprises l'une de l'autre. Pareille compréhension entre les interlocuteurs prend pour mesure la vérité, la justesse et la véracité entre le langage utilisé et les mondes des acteurs, construits par leur expérience, leurs savoirs, leur culture, leur biais.

On peut ainsi distinguer entre plusieurs types de triangulation qui vont se rattacher à l'un ou à l'autre de ces objectifs. Relativement au premier objectif qui vise une compréhension la plus riche possible du phénomène étudié, on retrouve la triangulation théorique alors que plusieurs perspectives théoriques peuvent être utilisées pour donner sens au phénomène. Il y a aussi la triangulation des méthodes où l'on a recours à plusieurs modes de collecte des données. Cette forme de triangulation est aussi la plus fidèle à la conception initiale de la triangulation, alors que plusieurs modes de collecte de données compensent pour les limites de chacun pris individuellement. La triangulation du chercheur se traduit par deux comportements possibles. Dans le premier cas, plusieurs chercheurs conduisent une recherche et ils comparent leurs points de vue. Dans le deuxième cas, le chercheur prend une distance par rapport à sa démarche et discute avec quelqu'un d'autre qui l'interroge sur les décisions prises au cours de la recherche. La triangulation des sources prévoit que plusieurs points de vue seront abordés pendant la recherche. Des enseignants, par exemple, peuvent être amenés à réfléchir à l'expérience scolaire des jeunes à risque de décrochage. Deux perspectives sont ainsi présentes sur une même question : celle des jeunes et celles des enseignants. La triangulation par l'analyse constitue aussi un mode de corroboration intéressant qui consiste à analyser un même corpus de données selon deux approches différentes (Savoie-Zajc et Garnier, 1999).

Relativement au deuxième objectif de triangulation, celui d'objectiver la démarche de coconstruction des savoirs, la triangulation indéfinie supporte ce souci de retour aux participants à la recherche et suscite la discussion autour des constructions de sens émergentes. Ce retour peut s'effectuer pendant la collecte de données alors que le chercheur vérifie si les propos exprimés par les participants ont été adéquatement reproduits. Il s'effectue surtout pendant l'analyse alors que le chercheur s'efforce de susciter les réactions des participants à propos des constructions qui s'élaborent autour de leurs propos. Ces réactions deviennent de nouvelles données qui s'intègrent à la base de données de la recherche.

3.4   Journal de bord

Un deuxième moyen revient souvent dans la discussion sur les critères de rigueur est celui du journal de bord, sorte de « mémoire vive » de la recherche (Savoie-Zajc, 1996c). Il s'agit d'un document dans lequel le chercheur note les impressions, les sentiments qui l'assaillent pendant la recherche. Il consigne aussi des événements jugés importants, ceux-ci devenant de précieux rappels quand vient le temps d'analyser les données et de rédiger le rapport. Le journal de bord détient ainsi trois fonctions : celle de garder le chercheur réflexif pendant sa recherche, celle de lui fournir un espace pour exprimer ses interrogations, ses prises de conscience, et celle de consigner les informations qu'il juge pertinentes. Une autre fonction consiste à lui permettre de retrouver la dynamique du terrain et de reconstituer les atmosphères qui ont prévalu pendant la recherche, cela une fois que le travail sur le terrain est terminé et qu'il faut rédiger le rapport de recherche, le mémoire ou la thèse. Le journal de bord renferme ainsi des renseignements précieux, car ce type d'informations fournit aux données un contexte psychologique et pas uniquement contextuel. (Ce n'est pas tout de savoir que l'observation s'est effectuée dans une cafétéria à l'heure du midi.) Il importe aussi de savoir qu'il pleuvait, qu'il y avait une atmosphère fébrile, que le chercheur avait mal à la tête et qu'il faisait chaud. C'est dans le journal de bord que sont consignés de tels renseignements. Il s'agit d'un document personnel auquel se réfère le chercheur. Il ne se retrouve donc pas au rapport de recherche, au mémoire ou à la thèse, à moins que des héritiers décident de le publier (Malinowski, 1985) ou que le chercheur choisisse de le rendre public (Johnson, 1975) ou que le journal de bord soit un mode de collecte de données dûment identifié dans la recherche, comme dans le cas de recherche-actions où les chercheurs notent des indices de transformation de leur pratique professionnelle.

Comment faire un journal de bord ? Il peut être agencé de façon très systématique ou garder une forme spontanée. Dans ce dernier cas, le chercheur écrit ce qui lui semble marquant et important sans plus de formalité. Dans le premier cas, les notes peuvent être organisées sous diverses entrées. Elles sont divisées en notes de site (ce qui s'est passé sur le terrain), en notes théoriques (les concepts théoriques qui viennent en tête lorsque tels ou tels propos sont consignés), en notes méthodologiques (toutes réflexions, toutes prises de conscience qui vont infléchir la recherche) et en notes personnelles (toutes informations à propos de l'accueil sur le site de recherche ou sur la nature des relations avec les participants). L'usage du journal de bord dans la recherche est un document de référence. Il permet de retracer les raisons qui ont justifié l'ajout, par exemple, de nouvelles questions au schéma d'entrevue ; il « documente » l'évolution de la recherche et des relations avec les participants ; il renferme des indices sur le degré d'ouverture et de confiance que les personnes ont graduellement manifesté à l'égard de la présence du chercheur dans leur milieu et les rapports établis pendant la recherche. Avec le recul que permet de prendre le journal de bord, un chercheur peut ainsi mieux dégager les incidents critiques, comprendre les messages qui ont pu être communiqués subtilement. Il permet aussi de retracer les influences théoriques et conceptuelles qui ont habité le chercheur pendant tout le processus de la recherche : de sa planification initiale à l'interprétation des résultats.

4 ▬ Conclusion

Pareille exploration de la recherche qualitative/interprétative est forcément réductrice. Elle a brossé un portrait général de ce type de recherche. Le choix du modèle méthodologique (figure 1) a, de fait, éliminé d'autres façons de conduire la recherche et ainsi d'autres dynamiques. Le texte a tout de même tenté de faire ressortir les caractéristiques principales de la recherche qualitative/interprétative, un type de recherche où l'interaction entre chercheurs et participants est privilégiée pour mieux comprendre le sens donné au phénomène étudié.

5 — Activités d'appropriation

– Identifiez les caractéristiques de la recherche qualitative/interprétative.

– Choisissez un article, un mémoire, une thèse qui communique une recherche de type qualitatif/interprétatif. Dégagez-en la démarche et la structure méthodologique.

• Est-ce que la recherche identifiée à l'activité précédente vous semble rigoureuse? Pour répondre à cette question, appliquez les critères de rigueur définis précédemment.

– Trouvez des exemples de triangulation en recherche.

• Dressez un tableau comparatif des divers type de triangulation.

• Appréciez leur utilisation: l'étude vous semble-t-elle plus rigoureuse ou l'usage de la triangulation apporte-t-elle plus de confusion?

• Justifiez votre appréciation.

6 — Concepts importants

Vous trouverez une définition des mots clés suivants dans la section «Glossaire»: analyse des données, échantillonnage intentionnel, échantillonnage théorique, entrevue, observation, recherche qualitative/interprétative, triangulation, triangulation des méthodes, triangulation des sources, triangulation du chercheur, triangulation indéfinie, triangulation par l'analyse, triangulation théorique.

7 — Lectures complémentaires

Becker, H.S. (2002). *Les ficelles du métier: comment conduire sa recherche en sciences sociales.* Paris: Éditions La Découverte.

> Écrit par un sociologue réputé et un chercheur chevronné, cet ouvrage explore au profit du lecteur, la complexité des études de terrain et il met à nu la logique inhérente à la recherche qualitative/interprétative.

Creswell, J.H. (1998). *Qualitative inquiry and research design: Choosing among five traditions.* Thousand Oaks (CA): Sage Publications.

> Cet ouvrage décrit les cinq approches les plus souvent employées en recherche qualitative/interprétative et il établit un parallèle entre leur opérationalisation, de la question de recherche à la rédaction du rapport final. Les approches sont: l'approche biographique, la phénoménologie, la théorie ancrée, l'ethnographie

et l'étude de cas. De nombreux exemples sont proposés ainsi qu'un très riche glossaire.

Denzin, N.K. et Lincoln, Y.S. (dir.) (1994). *Handbook of qualitative research*. Thousand Oaks (CA) : Sage Publications.

Texte de base incontournable en recherche qualitative/interprétative. Les nombreux collaborateurs décrivent de façon sommaire une dimension spécifique liée à ce type de recherche.

DesLauriers, J.P. (1991). *Recherche qualitative : guide pratique*. Montréal : McGraw-Hill.

Ouvrage très pertinent et bien structuré pour ceux et celles qui souhaitent se familiariser avec la recherche qualitative/interprétative. Les concepts sont présentés avec minutie ; le texte est d'accès facile.

Mucchielli, A. (dir.) (1996). *Dictionnaire des méthodes qualitatives en sciences humaines et sociales*. Paris : Armand Colin.

Ce dictionnaire définit divers termes associés à la recherche qualitative/interprétative en les illustrant par des exemples tirés de recherches. Il s'agit là d'un bon ouvrage de référence.

Paillé, P. et Mucchielli, A. (2003). *L'analyse qualitative en sciences humaines et sociales*. Paris : Armand Colin.

Texte fort bien documenté sur différentes formes d'analyse de données qualitatives. On y fait un bon rappel des caractéristiques importantes de la recherche qualitative/interprétative.

Poupart, J., Deslauriers, J.P., Groulx, L.H., Laperrière, A., Mayer, R. et Pirès, A. (1997). *La recherche qualitative : enjeux épistémologiques et méthodologiques*. Boucherville : Gaëtan Morin.

Excellent ouvrage dans lequel les divers auteurs abordent des aspects différents de la recherche qualitative/interprétative en gardant, comme fil conducteur, les cadres conceptuels et épistémologiques à l'intérieur desquels les concepts ont évolué et les pratiques de recherche se sont affirmées.

Septième chapitre

La *recherche quantitative*

Paul Boudreault
Université du Québec en Outaouais

▰▰▰Plan du chapitre

▰▰▰Résumé

Ce chapitre, qui présente les caractéristiques d'une recherche expérimentale, vise à permettre à l'étudiant-chercheur d'appliquer la démarche à son propre projet de recherche. Les principaux concepts qui sous-tendent la recherche quantitative sont expliqués en des termes simples pour que le chercheur débutant puisse apprivoiser progressivement les modalités d'organisation et de réalisation d'une recherche rigoureuse. Plusieurs exemples ainsi que des illustrations facilitent la compréhension des différentes étapes. Des références à des travaux plus spécialisés vont guider le nouveau chercheur vers des auteurs qui ont développé davantage l'un ou l'autre des aspects méthodologiques.

Introduction

Les nouveaux chercheurs, qu'ils soient étudiants ou jeunes diplômés, hésitent parfois à aborder une question de recherche sous l'angle quantitatif. Ces inquiétudes sont souvent associées aux statistiques, à la terminologie compliquée ou à une certaine rigidité des règles qu'impose toute recherche quantitative sérieuse. Certains pensent qu'il est nécessaire d'être familier avec les diverses formules statistiques de traitement de l'information. D'autres se demandent si, en sciences humaines, il convient de chercher des façons de mesurer et d'interpréter des renseignements en nombres sans risquer de perdre une partie significative de l'information.

La recherche scientifique, dite expérimentale, a obtenu ses lettres de noblesse à partir de recherches d'envergure menées particulièrement en sciences ; elle repose sur la démonstration de liens significatifs de cause à effet entre différentes variables. Il suffit de se rappeler les recherches de Binet ou de Wechsler portant sur l'intelligence et celles de Pavlov réalisées sur des animaux en laboratoire.

Pourtant, aussi bien en éducation qu'en psychologie, il existe déjà plusieurs pratiques courantes qui s'inspirent de la recherche quantitative. Citons l'évaluation des apprentissages scolaires qui permet à l'enseignant de suivre l'évolution des élèves et d'adapter les stratégies d'enseignement en conséquence. De même, l'analyse des mesures de l'estime de soi d'un groupe de personnes peut aider le psychologue ou le psychoéducateur à planifier ses activités. Dans de telles situations, les analyses statistiques ne sont pas une fin en soi, mais une étape visant à donner un sens aux informations recueillies.

Ce chapitre s'inscrit justement dans cette visée pratique, celle de fournir aux étudiants et aux jeunes chercheurs les notions de base de la recherche quantitative ; il présente les principales notions et les illustre d'exemples applicables dans leurs milieux habituels de travail, soit les écoles, les milieux de garde, les centres de réadaptation, les familles. À cette fin, nous considérons d'abord les perspectives théoriques de la recherche quantitative et leurs types d'application en sciences humaines. Dans l'esprit d'une formation pratique à la recherche seront surtout présentées des pistes pouvant permettre au chercheur de regrouper ses idées de recherche en fonction des grandes balises méthodologiques : les caractéristiques d'un véritable projet de recherche de type quantitatif, les buts poursuivis par ce type de recherche, les règles strictes qu'il importe de respecter.

▶️ Perspectives théoriques : la démarche de recherche

La majorité des auteurs s'entendent pour dire qu'une démarche scientifique de recherche comporte habituellement sept étapes. La figure 1 présente ces étapes.

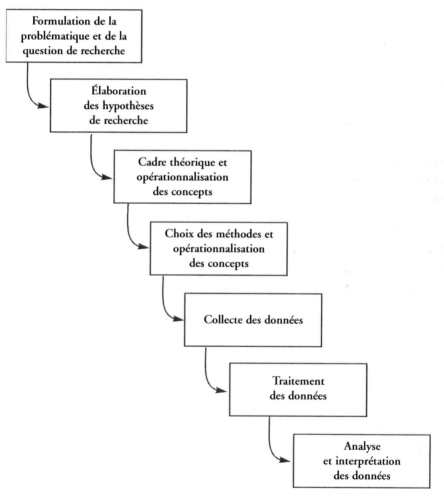

Figure 1

Étapes d'une démarche scientifique de recherche quantitative
(inspiré de Trudel et Antonius, 1991, p. 22 ; Simard, 1996, p. 7)

Quelle que soit la méthodologie retenue, une recherche vise d'abord à faire évoluer la connaissance. Dans le cas d'une recherche quantitative, les nouvelles connaissances s'expliquent par des données présentées principalement sous forme de nombres ; l'analyse de ces données contribue à fournir de nouvelles informations et permet, soit de décrire, soit d'expliquer ou de prédire une situation ou un phénomène. Il convient de mentionner tout de suite que la recherche fondamentale ne sera pas traitée dans ce chapitre, même si elle relève de la recherche quantitative, car ce type de recherche est habituellement mené par des chercheurs expérimentés, en vue d'élaborer une nouvelle théorie ou de vérifier une théorie existante. Or, ce n'est pas vraiment ce que visent les nouveaux chercheurs en sciences humaines. Ils se préoccupent davantage de problèmes concrets qui ont un impact sur la société, souvent leur société immédiate, soit, à titre d'exemples, leur classe, leurs élèves, les habiletés sociales ou cognitives d'enfants ou d'adultes, ou encore, l'intégration communautaire d'un groupe de personnes qui a attiré leur attention. Voilà pourquoi il sera uniquement question de recherche appliquée, dont les résultats représentent mieux le désir habituel des nouveaux chercheurs d'avoir un impact sur leur milieu environnant.

2.1   Problématique et question de recherche

À la base de toute problématique de recherche, il y a une recension des écrits. Cette recension permet de relever ce qui a été dit sur le sujet et qui semble poser problème. Cela permet d'éviter de reprendre une recherche qui a déjà été faite et de s'assurer que la nouvelle recherche fera progresser la connaissance scientifique actuelle en couvrant des aspects ou des volets qui n'ont pas encore été traités, du moins, pas de cette manière.

La problématique constitue la formulation du problème principal qui justifie la démarche de recherche. L'énoncé de cette problématique présente alors le problème à l'origine du questionnement du chercheur. La question de recherche qui en découle interprète en quelques mots le but de la recherche, c'est-à-dire ce que la recherche devrait contribuer à clarifier. Voici deux exemples pour illustrer le sens de cette terminologie.

– Exemple d'un **problème de recherche** – Les personnels de l'école XYZ constatent que les élèves qui arrivent en 1re année ne semblent pas suffisamment prêts à entreprendre l'apprentissage de la lecture, ce qui entraîne un taux d'échec élevé à la fin de l'année.

– Exemple d'une **question de recherche** – Peut-on mieux préparer les élèves à entreprendre l'apprentissage de la lecture en 1re année ?

Il serait possible de formuler d'autres questions de recherche à partir d'une même problématique, selon la perspective envisagée par le chercheur ou selon ses propres préoccupations. Par exemple, est-ce que les élèves de notre école sont moins bien préparés à entreprendre l'apprentissage de la lecture en première année ? Ou encore, est-ce que des facteurs environnementaux pourraient expliquer le fait que les élèves de 1re année de l'école XYZ réussissent moins bien l'apprentissage de la lecture en 1re année ? Ou encore, les stratégies pédagogiques des enseignantes de 1re année favorisent-elles l'apprentissage de la lecture en 1re année ? Bien d'autres énoncés seraient aussi possibles.

Le choix de la question de recherche détermine et influence la suite des opérations, les étapes subséquentes, dont celle de la formulation des hypothèses de recherche.

2.2   Élaboration des hypothèses

Le libellé des hypothèses de recherche doit viser à répondre à la question de recherche. Comme il peut y avoir plusieurs hypothèses en réponse à une même question de recherche, il importe que le chercheur détermine d'abord ce qu'il aimerait trouver à la fin de la recherche. Précisons ici qu'il n'est pas nécessaire de trouver une hypothèse qui devrait absolument se vérifier à la fin de la recherche. Une démonstration contraire, qui n'irait pas dans le sens d'une hypothèse, pourrait tout de même contribuer à faire avancer la connaissance dans le domaine. À cette étape-ci, il suffit que l'hypothèse ou les hypothèses soient réalistes dans le contexte ; l'analyse des données de la recherche permettra de confirmer ou d'infirmer ces hypothèses. Dans le déroulement de la recherche, la formulation des hypothèses correspond à une étape clé, car ce sont les hypothèses qui vont orienter plus tard les choix méthodologiques.

Dans la formulation des hypothèses, c'est le mot « intuition » qui résume le mieux ce qui devrait guider le chercheur. Ce que ce dernier ressent dépend bien entendu de ce qu'il a lu dans la documentation scientifique et de ce qu'il a perçu dans le milieu concerné par cette recherche. Gauthier (1986) dit que les hypothèses constituent des « traductions empiriques, des prémisses théoriques, toujours provisoires et qui ne sont ni des prévisions ni des prédictions » (p. 121).

En lien avec la question de recherche retenue précédemment dans l'exemple plus avant, plusieurs hypothèses de recherche pourraient être formulées. Après un remue-méninges, il faut retenir uniquement celles qui paraissent réalistes et qui pourraient faire l'objet d'une observation systématique ainsi que d'une prise de mesures.

– Exemple d'une **hypothèse de recherche** – L'utilisation de la nouvelle méthode d'enseignement ZYX dès le préscolaire prépare mieux les élèves à apprendre à lire en 1re année.

– Autre exemple d'une **hypothèse de recherche** – Une diminution du nombre d'élèves par classe maternelle favorise une meilleure préparation à l'entrée scolaire en 1re année.

– Autre exemple d'une **hypothèse de recherche** – L'intervention dès le préscolaire d'une orthopédagogue auprès des élèves à risque augmente les probabilités de réussite des élèves en 1re année.

2.3 Cadre théorique et opérationnalisation des concepts

En recherche quantitative, pour donner un sens aux résultats d'analyses statistiques, il faut d'abord situer le contexte de la recherche. Trudel et Antonius (1991) résument bien la nécessité de cette étape : « cette recherche doit [...] s'insérer dans un cadre théorique, c'est-à-dire dans une vision globale des hypothèses, de leur justification, de leur sens et [de] leurs implications » (p. 13). Par exemple, si une recherche portait sur le développement d'habiletés sociales de l'enfant aussi bien dans son milieu familial que scolaire, le modèle théorique de Bronfenbrenner qui place l'enfant au centre d'un système à plusieurs paliers pourrait servir de point de référence et bien asseoir les hypothèses.

De même, pour que les interprétations des résultats de la recherche ne restent pas vagues en raison d'un manque de clarté des hypothèses de départ, chacun des concepts utilisés dans les hypothèses doit être compris des lecteurs. Il est donc essentiel de préciser les termes clés d'une hypothèse de façon à les rendre observables et mesurables dans une perspective opératoire, à les rendre compréhensibles dans le contexte de la recherche. Cette clarification des concepts devient d'autant plus nécessaire que certains termes peuvent avoir des significations différentes selon les milieux ou selon les professionnels qui les utilisent. Ainsi, le concept « apprendre à lire », énoncé dans l'exemple d'hypothèse cité plus haut, pourrait être perçu différemment par des enseignantes de 1re année. Il y a donc lieu de mieux définir ce concept en essayant de trouver les indicateurs de ce concept. Étant donné que la recherche amorcée se veut quantitative, il faut d'abord chercher à isoler des indicateurs mesurables qui deviendront des variables. Ce pourrait être le nombre de mots lus correctement pendant une période de temps limitée, le résultat obtenu à un examen de lecture du ministère de l'Éducation, l'appréciation de l'enseignante sur une échelle de compétence en lecture répartie en trois, cinq ou sept points, etc.

2.4   Choix des méthodes, des variables et des instruments de mesures

Cette étape est le cœur de la recherche. Le chercheur prend des décisions importantes concernant l'organisation même de la recherche sur :

- le **qui** (la population à étudier). Est-ce que toute la population concernée par
le problème de recherche fera l'objet de la recherche ou seulement un échantillon ? En recherche quantitative, cette population, qu'elle soit composée de
personnes ou d'animaux, est appelée les sujets de la recherche.

- le **quoi** (ce qu'il faut observer). Quelle situation est à l'origine du problème
de recherche qu'il devient pertinent d'observer afin de vérifier les hypothèses ?
On parle alors de l'objet de la recherche ; les informations recueillies sont nommées les données.

- le **où** (le milieu d'observation ou la situation à observer). Dans quel contexte
la recherche va-t-elle se dérouler ? Le questionnement revêt une importance
primordiale, car en dépend toute la validité des résultats qui seront tirés de
l'expérimentation.

- le **pourquoi** (ce qui est recherché comme information ou phénomène).
Quelles sont les variables à mesurer ? Il s'agit de préciser les variables indépendantes et dépendantes.

- le **comment** (les stratégies ou les outils de cueillette des données). Comment
faut-il procéder pour vérifier les hypothèses ? Autrement dit, quels choix
méthodologiques faire pour assurer le bon déroulement de la recherche vers
la vérification des hypothèses : utiliser des tests ou des questionnaires, passer
des entrevues, faire de l'observation systématique, etc.

- le **quand** (la période de temps concernée par l'expérimentation ou l'observation). Quel serait le meilleur moment pour effectuer l'expérimentation ?
Parfois, un phénomène n'est pas observable n'importe quand. En milieu scolaire par exemple, il y a des périodes qui ne sont pas nécessairement propices
pour intervenir ; habituellement, les évaluations formatives ou sommatives sont
prévues à la fin des étapes ou à la fin de l'année.

2.5   Collecte des données

Essentiellement, cette étape consiste à réunir toutes les informations pertinentes,
dans le sens où elles peuvent contribuer à fournir un élément de réponse à la
question de recherche. La collecte des données comprend non seulement toutes
les notes des observations systématiques ou les prises de mesure avant, pendant et après l'expérimentation, mais aussi les données descriptives des sujets
étudiés. Par exemple, ce pourrait être l'âge des élèves calculé en mois, le nom-

bre de jours d'absence de l'école, la scolarité du père et de la mère, etc. Selon les objectifs de la recherche, les informations susceptibles d'aider à la vérification des hypothèses devraient toutes être relevées. Au moment du traitement des données, il est toujours plus facile de ne pas retenir certaines informations jugées inutiles que d'essayer de trouver des formules statistiques permettant de compenser un oubli méthodologique ou, simplement, de déplorer l'absence d'informations qui n'auraient pas été relevées au cours de l'expérimentation.

2.6   *Traitement des données*

Ces dernières années, l'évolution rapide des moyens technologiques a contribué grandement à faciliter la réalisation de cette étape de la démarche. En effet, l'ordinateur personnel équipé de quelques logiciels souvent faciles à utiliser permet au chercheur d'organiser lui-même ses données. Lorsque les entrées sont faites, ce qui correspond à la saisie des données, diverses fonctionnalités informatiques favorisent, à partir de modèles prédéfinis, la présentation des données sous forme de tableaux et de graphiques. Il reste au chercheur à choisir, entre autres parmi les différents types d'histogrammes, de courbes de distribution, de secteurs ou de nuages de points, le graphique qui illustre le mieux les caractéristiques qu'il désire mettre en évidence.

2.7   *Analyse et interprétation des données*

Cette dernière étape de la recherche est souvent considérée comme la plus gratifiante pour le chercheur ; elle consiste à comparer les informations obtenues pour chacune des variables avec les hypothèses initiales, afin de savoir si elles se vérifient. Encore ici, il existe des logiciels conviviaux qui permettent de faire une multitude d'analyses statistiques qui vont « faire parler » les chiffres.

De plus, si un échantillon seulement de la population concernée a participé à l'expérimentation, le chercheur doit, si possible, pousser son analyse jusqu'à la généralisation des données, à savoir si les relations établies entre les variables avec les groupes impliqués dans cette expérimentation seraient aussi applicables à une population plus grande.

3▬Types de recherches quantitatives

Les recherches quantitatives peuvent être regroupées en trois types que les auteurs appellent a) un vrai modèle expérimental, b) un modèle quasi expérimental et c) un modèle pré-expérimental. Les particularités de chacun de ces types sont résumées dans le tableau suivant.

Tableau I

Comparaison des caractéristiques des types de recherches
quantitatives (inspiré de Martella, Nelson et Marchand-Martella, 1999, p. 131)

	Modèle		
	Expérimental	Quasi expérimental	Pré-expérimental
L'échantillonage des sujets est fait au hasard dans une population donnée.	Oui	Non	Non
Le hasard détermine quels participants seront soumis aux épreuves.	Oui	Non	Non
Implication d'un groupe contrôle.	Oui	Oui	Non
Le groupe expérimental et le groupe contrôle sont équivalents.	Oui	Non	Non

La décision du chercheur de retenir l'un ou l'autre de ces types de recherche expérimentale repose habituellement sur plusieurs facteurs, dont la population concernée selon que les sujets sont sélectionnés de façon aléatoire ou non ainsi que la composition des groupes de sujets qui sont impliqués dans la recherche. De façon plus détaillée, voici les caractéristiques de chacun de ces types de recherche.

3.1 Modèle expérimental

Étant donné que la majorité des recherches expérimentales visent à découvrir ce qui explique un phénomène, autrement dit à démontrer l'existence d'une relation de cause à effet, la recherche consiste souvent à observer les effets d'une variable sur une autre. La première variable appelée indépendante agit d'une certaine façon sur une variable dépendante. En se reportant à nouveau à l'exemple des élèves qui ont de la difficulté à lire, la variable indépendante pourrait être une intervention orthopédagogique individuelle hebdomadaire d'une durée de 45 minutes, faite dans le but d'amener une meilleure réussite en lecture.

Afin de s'assurer que les effets sur la variable dépendante (réussite en lecture) soient attribuables uniquement à la variable indépendante (intervention), il devient nécessaire d'avoir un groupe contrôle qui ne bénéficiera pas de cette même intervention. Ainsi, les différences de rendement en lecture entre le groupe expérimental (qui a reçu l'intervention) et le groupe contrôle (qui n'a pas eu d'intervention) devraient refléter l'efficacité relative de la variable indépendante.

Pour attribuer les effets à la seule présence de cette variable indépendante, il devient nécessaire d'annihiler toutes les autres influences possibles. Pour ce faire, il faut absolument que les deux groupes soient en tous points équivalents, ce qui signifie que les élèves du groupe expérimental ressemblent comme des jumeaux aux élèves du groupe contrôle en regard des caractéristiques individuelles. Plus le nombre de sujets est petit, plus il est important que chaque élève d'un groupe soit semblable avec un autre ayant les mêmes caractéristiques dans l'autre groupe, telles que l'âge, le degré de scolarité des parents, le potentiel intellectuel, etc.

La rigueur indispensable à un vrai modèle expérimental requiert en outre que ce soit le hasard qui détermine quels élèves bénéficieront de l'intervention. En plaçant de façon aléatoire les élèves dans un groupe ou dans l'autre, le chercheur élimine pratiquement les risques de voir d'autres variables non contrôlées affecter les résultats.

Un échantillonnage aléatoire des sujets constitue donc l'autre caractéristique inhérente à ce modèle. Considérant qu'il n'est pas toujours possible de prendre tous les sujets pour mener la recherche, que ce soit par mesure d'économies de temps, d'argent ou simplement pour une question pratique de faisabilité, le chercheur doit souvent faire appel à la technique d'échantillonnage pour retenir un nombre moins grand de sujets, mais qui soit en même temps représentatif de l'ensemble de la population concernée. Si le chercheur souhaite faire des inférences, il est primordial que le choix de l'échantillon soit bien fait. Il existe plusieurs stratégies pour arriver à estimer un échantillon aléatoire représentatif.

Il n'y a pas d'alternative, le vrai modèle expérimental s'impose alors au chercheur qui veut vérifier l'existence d'un lien causal entre la variable indépendante et la variable dépendante. L'explication tient au fait que les deux groupes sont identiques au point de départ, de sorte que tout changement à la fin de l'expérimentation puisse s'expliquer uniquement par l'ajout d'une variable dans un seul des groupes.

3.2   *Modèle quasi expérimental*

Comme l'illustre le tableau 1, le modèle quasi expérimental se distingue du modèle expérimental sur trois points. Même si la recherche comporte deux groupes, le groupe expérimental et le groupe contrôle ne sont pas vraiment équivalents ; l'appartenance à l'un ou l'autre groupe n'est pas le fruit du hasard ; enfin, l'échantillonnage représentatif de la population élargie n'a pas été fait de façon aléatoire.

Par exemple, un chercheur pourrait décider de conduire une recherche quasi expérimentale dans une école spécifique à partir de la même question de recherche et des mêmes hypothèses, en prenant deux classes de 1re année. Déjà, les deux groupes ne peuvent pas être considérés comme équivalents. Même un jumelage parfait des élèves dans deux classes de 1re année relativement à toutes les caractéristiques personnelles mentionnées plus avant ne serait pas suffisant pour garantir l'équivalence des groupes, car la variable « enseignante » n'est pas contrôlée. Les élèves du groupe A pourraient réaliser l'apprentissage de la lecture plus rapidement que ceux du groupe B parce que l'enseignante utilise des stratégies d'enseignement plus efficaces. Dans ce cas, étant donné qu'une variable importante n'est pas contrôlée, l'amélioration du rendement des élèves pourrait s'expliquer autrement que par l'introduction d'une variable indépendante. Pour contourner cette difficulté, il faudrait que les groupes expérimental et contrôle ne correspondent pas aux groupes classes, mais plutôt que les élèves soient choisis par hasard dans l'un ou l'autre et qu'ils reçoivent l'intervention en dehors de la classe.

Une mise en garde relativement à la possibilité d'un effet pygmalion devient nécessaire lorsque le chercheur opte pour le modèle quasi expérimental. En effet, en considérant que les sujets du groupe expérimental et du groupe contrôle ne sont pas désignés au hasard, les expérimentateurs ou certains participants pourraient influencer les résultats par cette appartenance des sujets à l'un ou à l'autre groupe. Par exemple, un psychoéducateur pourrait mettre moins d'énergies dans ses interventions rééducatives s'il est informé des attentes peu élevées des chercheurs à l'égard des enfants qu'il reçoit en thérapie. Si le chercheur n'assure pas une vigilance constante, d'autres effets aussi pervers peuvent influencer les résultats d'une recherche. Ainsi, une enseignante bien intentionnée qui serait consciente du fait que sa classe forme le groupe contrôle pourrait être tentée d'appliquer certaines parties de l'intervention effectuée uniquement dans le groupe expérimental, surtout s'il s'agit de la classe voisine.

3.3   Modèle pré-expérimental

Davantage associé à une recherche en laboratoire, le modèle pré-expérimental n'est pas tellement utilisé en éducation ou en psychologie, principalement parce qu'il ne permet pas vraiment d'exercer un contrôle sur les variables. La représentativité de la population n'est pas assurée, il n'y a pas de groupe contrôle et les sujets soumis à l'expérimentation ne sont pas sélectionnés au hasard. Il ressort alors avec évidence que l'utilisation des résultats se limite au contexte très particulier de cette pré-expérimentation.

En maintenant le même exemple, la recherche pourrait consister, soit à faire une étude de cas sur un élève en particulier, soit au suivi d'un groupe restreint d'élèves. Les effets de la variable indépendante portent alors sur la différence entre la mesure qui précède l'intervention et la mesure qui a suivi l'intervention. Cependant, il demeure difficile d'attribuer uniquement à la variable indépendante l'entièreté des effets sur la variable dépendante. De même, une pré-expérimentation pourrait simplement viser la validation des outils ou des stratégies d'intervention, avant d'entreprendre une recherche de type quasi expérimental ou expérimental.

Caractéristiques du problème de recherche

Krathwohl (1998) mentionne que, pour qu'un problème puisse être considéré comme un bon problème de recherche, ce problème doit d'abord susciter un grand intérêt chez le chercheur lui-même et être traitable. On dit souvent qu'un chercheur prend soin de son projet de recherche comme d'un bébé. Pour ce faire, il faut que ce soit un projet bien choisi, qui prenne aux tripes, et non pas un projet conseillé fortement par un professeur ou un ami. Il importe aussi de considérer sérieusement les limites prévisibles de la recherche afin de pouvoir l'achever dans un délai raisonnable. Certaines contraintes de temps, de distances à parcourir, de disponibilités de sujets, de ressources financières, de compétences personnelles entraînent parfois un questionnement qui influence l'orientation à donner au projet.

De façon plus spécifique, une approche quantitative de recherche permet de répondre à un problème de recherche relatif à un phénomène quantifiable, c'est-à-dire qu'il est possible d'en mesurer certains aspects avec des nombres. S'applique bien à la recherche quantitative tout problème qui implique une observation systématique et la prise de mesures. Outre les recherches qui visent à décrire ou à expliquer un phénomène ou une situation, il est possible de trouver des recherches quantitatives qui tentent non seulement de comprendre, mais aussi de prédire ce qui pourrait éventuellement arriver.

Par exemple, dans un centre de formation professionnelle, un directeur qui se préoccupe du taux élevé d'abandons et d'échecs avant la fin du programme d'études décide de faire passer des tests d'habiletés et de personnalité pour connaître les relations avec le rendement des élèves lors des examens. Cette recherche de type pré-expérimental se révèle très utile lorsque les analyses statistiques font ressortir un profil type des personnes qui à la fois réussissent bien dans les études et aussi n'abandonnent pas avant d'avoir obtenu leur diplôme.

Une telle recherche permet d'une part de décrire le profil type des personnes selon leur performance dans ce programme d'études et, d'autre part, d'expliquer le fait que certains réussissent bien alors que d'autres ont de la difficulté.

Cet exemple fournit une autre caractéristique de la recherche quantitative : elle peut aider à prédire ce qui pourrait se passer dans le futur. En effet, en connaissant le profil type des candidats susceptibles de réussir un programme donné, le directeur peut choisir les meilleurs candidats en administrant les tests d'habiletés et de personnalité avant l'admission au programme, ce qui facilite la sélection des candidats qui offrent la meilleure probabilité de réussite de leur programme d'études.

D'autres problèmes de recherche se prêtent aussi très bien à la recherche quantitative. Il suffit de pouvoir quantifier les informations. Ce pourrait être des recherches portant sur la fréquence de comportements inacceptables d'un élève ou d'un groupe d'élèves dans une classe, sur la durée des réunions ou les quantités d'interventions des participants, sur le nombre de répétitions nécessaires pour que des enfants réussissent un apprentissage, sur les effets d'une intervention thérapeutique dans l'amélioration de la santé mentale d'un groupe de personnes, sur l'évolution des revenus des enseignants au cours des quarante dernières années ; en résumé, sur toutes les relations entre deux ou plusieurs variables qu'il est possible de mesurer. Des comparaisons de mesures de performance, de rendement ou d'appréciations étalées sur une échelle de mesure, des études de sélection ou de classement, des suivis d'interventions professionnelles font souvent l'objet de recherches quantitatives.

But (particularisme, comparaison, généralisation)

En lien avec le problème de recherche et les hypothèses qui en découlent, le but ultime de la recherche quantitative est de faire, à l'aide de données quantifiées, une démonstration éloquente d'une relation entre plusieurs variables. Pour faire valoir sa démonstration, le chercheur a la possibilité de présenter des tableaux qui résument les informations recueillies, de les illustrer à l'aide de figures ou de graphiques pour mettre en évidence les différences entre les résultats, puis à la suite de l'analyse statistique des données, de faire ressortir les relations entre les variables par une synthèse des résultats souvent présentée sous forme de tableau ou de schéma.

5.1   Tableaux de présententation

Un avantage important des recherches quantitatives provient de la grande facilité à organiser les informations représentées par des nombres. En fait, pour
chacune des variables isolées au moment de la formulation des hypothèses,
ont été réunies plusieurs données ; regroupées dans un tableau, elles indiquent
déjà des différences entre elles ou, tout au moins, des tendances.

Reprenons l'exemple des candidats pour divers programmes de formation professionnelle. Une recherche visant à connaître le rendement scolaire de l'ensemble
des candidats pour chacun des programmes générerait plusieurs tableaux différents. À titre d'illustration, voici trois exemples de tableaux : le premier montre
le nombre de candidats par programme pour les deux dernières années ; le
deuxième présente le classement des candidats pour l'année 1999 ; le troisième
permet de comparer les candidats des années 1999 et 2000, selon leur classement aux tests d'aptitudes.

Tableau 2

Représentation du nombre de candidats selon les programmes
pour les années 1999 et 2000

Programme / Année	1999	2000
Secrétariat	43	22
Comptabilité	27	36
Soins dentaires	18	31
Coiffure	26	17
Mécanique	51	44
Infographie	35	50
Total des candidats	200	200

Le tableau 2 est une représentation simple de données. Ce sont des données
brutes qui n'ont subi encore aucun traitement. Déjà, avant même de procéder
à l'analyse des résultats, le chercheur perçoit d'un premier coup d'œil des pistes
à explorer, dont :

— une différence importante du nombre de candidats selon les programmes ;

— une variation, pour plusieurs programmes, du nombre de candidats d'une année
    à l'autre, même si le nombre total de candidats pour l'ensemble de la com-
    mission scolaire demeure le même ;

– les fréquences de candidatures montrent que la popularité des programmes change d'une année à l'autre.

Il serait possible de poursuivre avec une analyse plus détaillée des différences et des similitudes entre les programmes comme d'un programme à l'autre. D'autres données présentées dans le tableau suivant et se rapportant au même projet mettent bien en évidence les avantages d'une présentation des données dans un tableau synthèse.

Tableau 3
Représentation du nombre de candidats selon les programmes
et leur classement aux tests d'aptitudes pour 1999

Programme	1999	Excellent	Très bon	Bon	Faible	Très faible
Secrétariat	43	2	6	18	11	6
Comptabilité	27	5	3	14	4	1
Soins dentaires	18	4	3	9	2	0
Coiffure	26	3	7	10	4	2
Mécanique	51	1	17	13	12	8
Infographie	35	10	10	13	1	1
Candidats	200	25	46	77	34	18
Pourcentage		12,5	23	38,5	17	9

Le tableau 3 fournit plusieurs précisions intéressantes pour l'étape de l'analyse des données. Il fait ressortir, entre autres :

– que dans l'ensemble des programmes, il y a plus de candidats excellents et très bons, que faibles et très faibles;

– que pour certains programmes, comme en mécanique et en secrétariat, les candidats ne semblent pas être répartis également dans chacune des catégories;

– que certains programmes, dont l'infographie, attirent des candidats qui ont des aptitudes plus élevées.

Ces observations sommaires visent uniquement à indiquer qu'un tableau peut fournir beaucoup d'informations qui facilitent l'analyse des données. Bien entendu, lors de la véritable étape d'analyse des données, le chercheur doit reprendre une à une les variables afin de faire ressortir les diverses relations.

En présumant que cette recherche longitudinale implique aussi des cohortes d'élèves à chaque nouvelle année, on peut facilement montrer les particularités des candidats de chaque cohorte en présentant les données dans un même tableau.

Tableau 4

Représentation du nombre de candidats selon les programmes et leur classement aux tests d'aptitudes pour 1999 et 2000

Programme	1999	2000	Excellent		Très bon		Bon		Faible		Très faible	
Secrétariat	43	22	2	2	6	2	18	11	11	1	6	6
Comptabilité	27	36	5	7	3	9	14	10	4	9	1	1
Soins dentaires	18	31	4	3	3	3	9	16	2	6	0	3
Coiffure	26	17	3	3	7	4	10	8	4	1	2	1
Mécanique	51	44	1	2	17	10	13	19	12	9	8	4
Infographie	35	50	10	3	10	12	13	16	1	14	1	5
Candidats	200	200	25	20	46	40	77	80	34	40	18	20
Pourcentage			12,5	10	23,0	20	38,5	40	17,0	20	9,0	10

La comparaison des cohortes de candidats de deux années offre de nouvelles données à analyser. Dans l'ensemble, le tableau 4 montre à la fois des ressemblances et des différences entre les deux groupes de candidats. Même à l'intérieur d'un même programme, certaines données fluctuent selon les années. Toutes ces observations pourraient faire l'objet d'un exercice à réaliser en classe par les étudiants.

Si le directeur de cette école de formation professionnelle voulait poursuivre sa recherche, il y aurait plusieurs autres relations à prendre en considération afin de vérifier, à plus long terme, si le rendement scolaire des candidats correspond bien aux aptitudes initialement démontrées lors des examens d'admission. Ce pourrait être une étude corrélationnelle qui consisterait à analyser toutes les variables. En fait, le traitement statistique viserait à vérifier s'il y a une relation significative entre, d'une part, le rendement à chacune des épreuves des tests d'aptitudes passés au moment de l'admission et, d'autre part, le rendement aux examens scolaires dans différentes matières. Il ne fait pas de doute que, pour le directeur, il en découlerait des retombées pratiques relatives à la gestion des dossiers des futurs candidats, dans une perspective prédictive.

5.2   Illustration par diagrammes

Avec les chiffriers électroniques comme Excel, il devient facile de traduire un tableau de données quantifiées en un diagramme qui résume bien les données que le chercheur a relevées et qu'il veut mettre en évidence. Selon l'objectif poursuivi, le choix du modèle de diagramme deviendra un histogramme, un cercle avec des secteurs, un nuage de points ou des courbes. Voici quelques exemples de diagrammes qui concernent les données présentées dans les tableaux qui précèdent.

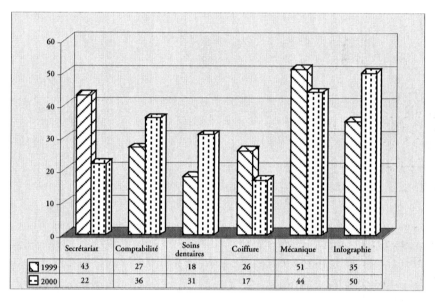

	Secrétariat	Comptabilité	Soins dentaires	Coiffure	Mécanique	Infographie
1999	43	27	18	26	51	35
2000	22	36	31	17	44	50

Figure 2
Représentation graphique du nombre de candidats dans
les programmes de formation professionnelle pour 1999 et 2000

Présentée sous forme d'un histogramme, la figure 2 fait bien ressortir les écarts entre les nombres de candidats pour chacun des programmes et pour chaque année. Les colonnes qui s'élèvent parlent souvent plus au lecteur que les chiffres ou les phrases explicatives. Différentes options sont offertes, entre autres, le choix des échelles pour indiquer les résultats dans chacun des axes, les formes et textures des colonnes, la grosseur des polices de caractères, l'apparence générale en deux ou trois dimensions, les effets de couleurs.

Les chiffriers électroniques fournissent plusieurs modèles différents de représentation ; il revient au chercheur de retenir la forme qui présente avec le plus d'éloquence les éléments qu'il souhaite développer davantage dans son analyse. Parfois, l'utilisation de la couleur ou de certains effets spéciaux, comme des flèches, apporte un complément intéressant et permet d'isoler un aspect qui mérite d'être considéré avec plus d'attention.

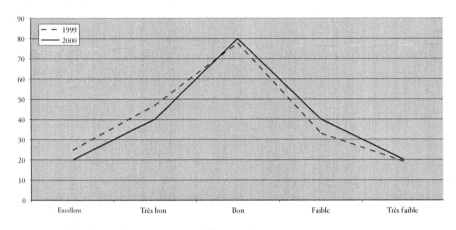

Figure 3

Représentation graphique montrant le nombre de candidats dans les programmes de formation professionnelle pour 1999 et 2000

En lien avec les résultats globaux présentés dans le tableau 4 pour distinguer les performances des candidats pour l'année 1999 et l'année 2000, les courbes de distribution de la figure 3 illustrent bien les fréquences des résultats obtenus aux examens par les deux cohortes. En fait, il n'y a pas de très grandes différences entre les deux groupes de candidats. D'un seul coup d'œil, il est possible de noter que la cohorte de 1999 était légèrement plus forte, car la ligne pointillée montre une plus grande fréquence de candidats « excellents » et « très bons » et une fréquence moindre de candidats « faibles » et « très faibles ».

Mentionnons que la représentation équilibrée selon la courbe de distribution en cloche de Gauss correspond ici aux résultats de l'année 2000 ; cela constitue peut-être un idéal à atteindre, mais ne se produit probablement jamais d'une manière aussi parfaite.

5.3   Statistiques de démonstration

Dès que deux variables quantitatives sont en cause, il est possible de faire un traitement statistique appelé corrélation. Selon Grenon et Viau (1996b), « on dira qu'il existe un lien linéaire entre deux variables si la forme du nuage de points montre une tendance linéaire, comme une ligne droite » (p. 260). Or, dans l'exemple de la figure 3, la linéarité n'est pas parfaite, car il y a des croisements et des soubresauts. On ne peut donc pas avancer que les deux groupes sont semblables, même s'il existe certaines ressemblances.

La base de cette méthode corrélationnelle de recherche repose sur le fait que les deux ensembles de données fournis par la collecte des données de chacune des deux variables varient l'un et l'autre. Cette variation peut être traitée statistiquement. Le résultat de cette comparaison, nommé coefficient de corrélation, démontre l'importance de cette relation. Une corrélation parfaite qui indiquerait que les deux groupes sont identiques serait égale à 1. Dans un tel cas, les deux lignes chemineraient de façon parallèle ou se superposeraient si chaque groupe comprenait le même nombre de sujets pour chaque mesure. C'est aussi à partir de ce coefficient de corrélation que le chercheur peut établir si son hypothèse initiale, qui prévoyait un lien relationnel entre ces deux variables, se vérifie ou doit être rejetée. Des tables de référence permettent au chercheur d'effectuer ces vérifications et de déterminer si le coefficient est significatif, compte tenu du nombre de sujets à l'étude et du nombre de variables concernées.

Mais, les analyses statistiques ne sont pas toujours aussi simples. Les recherches qui nécessitent des traitements statistiques plus complexes requièrent souvent l'usage de logiciels spécialisés. C'est le cas, par exemple, de la recherche de Potvin, Deslandes et Leclerc (1999) qui ont entrepris de démontrer qu'il existait des relations entre plusieurs variables pour expliquer le redoublement des élèves. Avec un échantillon de 990 élèves et 32 enseignantes du préscolaire, ils ont réalisé des analyses de données, entre autres, sur les attitudes de l'enseignante envers l'élève et sa perception à l'égard du cheminement scolaire de l'élève. Tous les traitements statistiques ont permis d'arriver à des conclusions qui font avancer la connaissance de certains facteurs pouvant influencer le redoublement.

Pour résumer les résultats de cette étude longitudinale de plus de trois ans, les auteurs ont produit quatre tableaux pour faciliter la compréhension du lecteur de leur article. Sans dévoiler toutes les données qui ont été traitées statistiquement, ils présentent en tableaux les données les plus significatives. Par la suite, le lecteur est en mesure de suivre plus facilement l'analyse que les chercheurs ont faite, en se référant au besoin au tableau correspondant.

Il va de soi que des recherches plus complexes requièrent des traitements statistiques plus poussés. Lorsque la saisie des données est terminée, ce qui constitue habituellement la tâche la plus pénible de toute l'opération, souvent, en quelques secondes, apparaissent les résultats, quel que soit le nombre de sujets ou le nombre de variables concernés.

5.4   Interprétation des données

D'entrée de jeu, il faut dire qu'il n'est pas toujours possible d'extrapoler ou d'extraire les résultats. D'une part, l'évidence ne saute pas toujours aux yeux à la seule vue d'un tableau ou d'un graphique ; d'autre part, il faut parfois recourir à des formules statistiques d'un niveau de complexité plus avancé, requérant un spécialiste du domaine, pour arriver à faire parler les données. Il arrive aussi que les chercheurs soient tentés d'étendre la portée de leurs résultats en essayant de les transposer dans un autre contexte ou un autre milieu. En sciences humaines, il semble pratiquement impossible d'affirmer que toutes les variables se présentent de la même façon d'un milieu à un autre, car les acteurs, qu'ils soient sujets, intervenants, observateurs ou autres, évoluent et changent chaque jour. Un même contexte de recherche ne peut réapparaître : il y aura toujours des conditions particulières qui vont justifier de nuancer l'interprétation. Il est donc préférable de limiter l'impact de la recherche à son contexte réel et de se contenter de dégager les liens qui émergent des analyses, en précisant la portée des conclusions.

S'il semble périlleux de vouloir généraliser les résultats d'une recherche à d'autres populations, il demeure toutefois possible d'étendre la portée des résultats de recherche avec une méta-analyse. Le but d'une telle « analyse de contenu d'un grand nombre de conclusions d'études ou de recherches dans un domaine » (Legendre, 1993) est précisément de faire une synthèse des résultats afin de les généraliser à une plus grande population.

Gueyaud et Dassa (1998) ont réalisé une telle méta-analyse de 108 recherches portant sur le lien corrélatif entre le concept de soi et le rendement scolaire. Ils arrivent d'ailleurs à la conclusion que pour l'ensemble des recherches traitées, « les conclusions ne pouvaient être généralisées d'une étude à l'autre et que les corrélations qui caractérisent les liens entre le concept de soi et le rendement scolaire fluctuent passablement, ce qui nécessite d'autres recherches, cette fois-ci incluant des volets qualitatifs » (p. 317). Il importe de mentionner que la majorité des recherches qui ont fait l'objet de cette méta-analyse n'étaient pas de type expérimental dans le sens exposé précédemment. Lorsqu'il n'y a pas de groupe témoin comme dans une recherche pré-expérimentale ou lorsque les groupes ne sont pas équivalents et que les sujets de l'expérimentation ne sont pas déterminés au hasard, comme dans une recherche quasi expérimentale, il n'est pas possible de généraliser les résultats de la recherche au-delà de la population directement représentée. Il faut alors, pour arriver à généraliser les résultats, procéder à une méta-analyse, qui est en fait une analyse des analyses des conclusions d'un ensemble de recherches.

6 Source d'évidence (notions de fidélité et de validité)

En recherche quantitative, les termes fidélité et validité demeurent incontournables. Mais, selon les types de recherche, leur signification peut différer. Ils renvoient avant tout à la rigueur méthodologique requise pour mener une recherche quantitative.

Ces notions se rattachent principalement aux instruments de mesure; on la qualifie alors de fidèle et de valide s'il y a occurrence. Des formules statistiques permettent d'estimer la fidélité d'un outil ou d'en vérifier la validité. Ainsi, la fidélité d'un instrument dénote sa capacité de toujours mesurer la même chose, c'est-à-dire que dans des circonstances semblables, quel que soit l'évaluateur, des résultats similaires devraient être obtenus. Par exemple, on dit d'un test d'intelligence qu'il a une très bonne fidélité, signifiant ainsi qu'il mesure toujours les mêmes composantes, sans égard au psychologue ou au conseiller d'orientation qui procède à l'évaluation, dans la mesure où les consignes d'administration sont bien respectées. Dans cette perspective, la fidélité traduit l'objectivité reliée à l'utilisation d'un outil de mesure.

La notion de validité est plus difficile à cerner, car elle se rapporte à plus d'un schème de référence. Si la principale caractéristique de la fidélité est associée au fait de toujours mesurer la même chose, celle de la validité est associée au fait de bien mesurer ce qu'on veut mesurer. Cependant, il existe plusieurs types de validité : « toutes les sortes de validité peuvent se regrouper selon qu'elle soit interne ou externe et qu'elle concerne un instrument de mesure ou une recherche expérimentale » (Legendre, 1993).

La validité d'un instrument de mesure se situe en référence à ses qualités de construction (validité de construit et validité de contenu), ce qui est appelé la validité interne, soit aux possibilités d'une application à une population élargie, ce qui correspond à la validité externe. Ainsi, un outil bien construit, qui tient compte des critères à mesurer, est considéré comme ayant une bonne validité interne, alors qu'on dira qu'il a aussi une bonne validité externe, s'il est possible de l'utiliser non seulement avec d'autres populations, mais aussi dans d'autres contextes.

Par ailleurs, selon Krathwohl (1998), la validité d'une recherche expérimentale est dite interne ou intrinsèque lorsque « la synergie d'ensemble de l'étude met en évidence l'existence d'une relation suffisamment significative entre les variables pour supporter un lien inférentiel de cause à effet» (p. 138). Il sera davantage question de validité externe ou extrinsèque lorsque les résultats de la recherche expérimentale pourront être transposables dans un autre milieu, à d'autres populations ou à d'autres contextes. Les chercheurs se préoccupent habituellement de cet aspect car, souvent, un des buts de la recherche est de pouvoir généraliser les résultats. «Les spécialistes de la recherche appliquée doivent vraiment s'assurer de la validité externe de leurs résultats, s'ils ont l'intention d'en généraliser l'application à d'autres populations ou à d'autres situations» (Martella *et al.*, 1999, p. 47).

7 ▪▪▪Méthodologie ou pratiques

Ce qui précède laisse sans doute entendre que la méthode de recherche quantitative est très structurée et qu'il suffit de suivre toutes les étapes proposées pour en réaliser une facilement. Une telle recherche ne consiste pas seulement à remplir des cases, car des décisions importantes qui nécessitent un bon jugement et une perspicacité certaine sont requises pour prendre les virages appropriés à chacune des étapes critiques. Ces décisions, qui relèvent du chercheur, vont déterminer l'envergure de la recherche et, par voie de conséquence, elles vont également en fixer les limites. Ne sont d'ailleurs jamais menées à terme plusieurs recherches qui ont été entachées de mauvaises décisions en cours de réalisation, que ce soit au moment de l'élaboration de la question de recherche, du choix des variables à retenir dans les hypothèses, ou encore dans la méthodologie même de la recherche, surtout lorsqu'il faut déterminer la population à étudier ou fixer le devis expérimental.

Ceci étant, il devient nécessaire de reprendre les sept étapes d'une démarche scientifique (figure 1), ne serait-ce que pour confirmer l'importance de maintenir une grande rigueur tout au long de la réalisation d'une recherche. Par la suite, il faut aussi s'arrêter au choix du type de recherche (tableau 1). La méthodologie employée dépend grandement du type de recherche que le chercheur se propose de réaliser. Il demeure tout de même des constantes qui caractérisent les recherches quantitatives dont quelques-unes méritent d'être précisées : une démarche de prise de mesures, souvent en des temps différents pour faciliter les comparaisons ; la référence d'un groupe contrôle en plus du groupe expérimental ; la stratégie de l'échantillonnage pour faire le choix des sujets ; le sondage comme outil de cueillette de données.

7.1   Le design prétest/post-test

Le modèle traditionnel de recherche quantitative implique une prise de mesures, qu'il s'agisse du modèle pré-expérimental, quasi expérimental ou expérimental. Il y a plusieurs façons de prendre des mesures au cours d'une recherche selon les objectifs qu'elle poursuit. Il demeure tout de même un canevas de base qui s'applique à chacun de ces types : le design pretest/post-test. La terminologie française n'est pas encore consacrée, mais comme l'image de ce groupe de mots décrit ce dont il est question, la traduction littérale suivante devrait convenir : le design prétest/post-test.

Il importe de dissiper tout de suite une ambiguïté fréquente dans l'usage qui est fait du terme « prétest ». Certains l'emploient pour désigner un test pilote réalisé auprès d'un groupe restreint de sujets, test visant à valider un questionnaire par exemple ; d'autres, particulièrement les chercheurs américains, emploient le mot prétest pour désigner la prise de mesures initiales d'une recherche, celle qui a lieu avant que ne débute l'expérimentation, ce qui constitue le niveau de base. Ainsi, le prétest se trouve à l'opposé du post-test qui représente la mesure finale, faite à la suite de l'expérimentation proprement dite.

Aussi bien en éducation qu'en psychologie, le design prétest/post-test reste la stratégie de recherche la plus fréquemment utilisée pour faire la démonstration d'une relation causale entre une variable indépendante et une variable dépendante. Dans une recherche de type pré-expérimental, le design s'applique de la façon suivante : le groupe expérimental est soumis à une mesure de la variable dépendante avant (prétest) qu'ait lieu l'intervention (variable indépendante) et une autre mesure est prise après l'intervention (post-test) pour vérifier les effets sur la variable dépendante. Dans une recherche de type quasi expérimental, étant donné qu'il y a non seulement le groupe expérimental (groupe A), mais aussi un groupe contrôle (groupe B), les deux groupes sont soumis aux mesures antérieures (prétest) et postérieures (post-test) à l'intervention. Il en va de même pour une vraie recherche expérimentale.

7.2   Groupe expérimental et groupe témoin

Un autre aspect particulier de la recherche expérimentale est l'utilisation d'un groupe contrôle, appelé aussi groupe témoin, pour faciliter l'isolement de la variable indépendante dans la mesure des effets au moment du post-test. Au début d'une vraie recherche expérimentale, la composition du groupe expérimental et du groupe contrôle devrait être très semblable, car l'appartenance à l'un ou l'autre groupe relève du pur hasard. Autrement dit, chacun des sujets du groupe A (groupe expérimental) devrait avoir son sosie dans le groupe B (groupe contrôle). La seule différence entre les deux groupes réside alors dans la présence de la variable indépendante qui, dans le premier groupe, devrait amener des effets sur la variable dépendante. Une nuance doit toutefois être apportée dans le cas d'une recherche quasi expérimentale : étant donné que les deux groupes ne sont pas parfaitement équivalents, les résultats de la recherche peuvent être quelque peu affectés par cette situation. De fait, pour que les deux groupes soient réellement considérés comme équivalents, personne ne devrait, exception faite des chercheurs, connaître la composition de l'un et l'autre groupe. Non seulement les sujets ne devraient pas savoir à quel groupe ils appartiennent, mais aussi et surtout, les intervenants et les évaluateurs ne devraient pas être informés de leur rôle dans l'évolution de la recherche. De cette façon, il y moins de risque de contamination des résultats.

Il peut y avoir aussi plus d'un groupe expérimental et plus d'un groupe contrôle. Selon les hypothèses de recherche et le devis expérimental, un autre groupe de sujets peut s'ajouter. Par exemple, si une directrice des services éducatifs d'une commission scolaire veut savoir si la formule sports-études favorise davantage l'amélioration du rendement scolaire des élèves du secondaire que la formule musique-études ou la formule informatique-études, il faut déjà penser à trois groupes expérimentaux. L'enseignement de l'informatique, de la musique et des sports devient la variable indépendante. S'il est possible de former trois groupes équivalents, les effets sur la variable dépendante, à savoir le rendement scolaire, devraient être entièrement attribuables à la variable indépendante. Cependant, dans la réalité, il semble irréaliste de retrouver des groupes de sujets vraiment équivalents à tous les égards.

7.3   L'échantillonnage

La technique de l'échantillonnage fait partie des pratiques courantes de plusieurs entreprises. La procédure est la suivante : au hasard, certains produits sont retirés d'une chaîne de production pour une étude de qualité ou, encore, des personnes sont interceptées dans la rue ou jointes par téléphone pour répondre à un sondage. Les conditions qui dictent ce hasard ne répondent pas toujours à une grande rigueur méthodologique. En recherche expérimentale cependant, l'échantillonnage doit suivre rigoureusement certaines règles.

Le principal objectif de l'échantillonnage est de faciliter la recherche en restreignant le nombre de sujets soumis à l'expérimentation, tout en maintenant une bonne représentativité. Pour ce faire, le chercheur doit d'abord prendre soin de bien identifier la population générale visée par sa recherche et à laquelle il souhaiterait que les conclusions soient étendues. Cette tâche n'est pas simple, car le chercheur doit prendre des décisions importantes dès le début de sa recherche en pensant à leur incidence qui se fera sentir au moment de l'interprétation des données.

Par exemple, si la recherche vise à connaître les livres préférés des lecteurs francophones âgés de dix ans, l'échantillon ne pourrait pas se limiter à un seul continent, car il y a des francophones dans plusieurs pays et plusieurs continents. Si l'échantillon retenu ne comprend des Québécois que d'une région, toute l'interprétation des données devrait faire référence à cette population restreinte, ce qui diminue de beaucoup la portée de la recherche.

Comme l'expliquent Grenon et Viau (1996a), le chercheur peut choisir les unités statistiques d'un échantillon de plusieurs façons. «Celles-ci se divisent en deux grandes catégories: les méthodes d'échantillonnage aléatoire ou probabiliste et les méthodes d'échantillonnage non aléatoire ou non probabiliste. Si l'on utilise une méthode d'échantillonnage aléatoire, on peut employer des modèles probabilistes qui permettront, à partir d'un échantillon, d'inférer sur une population» (p. 92). Pour en savoir davantage sur ces méthodes, le lecteur est invité à consulter la rubrique qui porte sur les lectures complémentaires, à la fin du chapitre.

Pour un nouveau chercheur, il importe surtout de connaître l'utilité de la technique de l'échantillonnage en recherche quantitative. Les sondages constituent le meilleur exemple pour saisir les multiples applications possibles en sciences humaines.

7.4   Le sondage et la recherche d'informations

Dans une société nord-américaine ou européenne, on peut dire qu'il en pleut des sondages, surtout en temps de campagne électorale. Toutes les entreprises utilisent l'une ou l'autre forme de sondage pour essayer de savoir si la clientèle potentielle s'intéresse à leurs produits. Avant d'entreprendre des projets d'envergure, les gouvernements de tous les paliers, municipal, provincial, fédéral, s'appuient sur les sondages pour connaître l'opinion des citoyens.

Trop souvent, le terme a une connotation péjorative parce qu'il est associé à une banale enquête. Il est vrai qu'un sondage est avant tout une enquête pour obtenir des informations sur un sujet précis. Le sondage n'est pas toujours bien perçu pour deux raisons: ses limites ne transparaissent pas clairement lorsque les résultats sont dévoilés et, parfois, les sondeurs ne respectent pas beaucoup de rigueur méthodologique, particulièrement en ce qui a trait à la représentativité de l'échantillon. Ainsi, par exemple, il est rarement fait mention de la mortalité expérimentale en divulguant les résultats. Les sondeurs expliquent habituellement en termes de pourcentages les opinions des répondants, mais ils n'indiquent pas combien de personnes ont refusé de participer au sondage. Peut-être y aurait-il une explication dans le fait que ces gens auraient pu préférer ne pas répondre justement parce qu'ils étaient conscients que leur opinion n'allait pas dans le sens de la majorité des personnes ou bien simplement parce qu'ils craignaient d'être identifiés. D'autres méthodologies biaiseés ont aussi été relevées dans la documentation, ce qui justifie des mises en garde.

Pour avoir une crédibilité en recherche, le sondage doit être mené en suivant les règles de l'art. Comme le précisent Trudel et Antonius (1991), « le sondage est un instrument de recherche, de mesure, de structuration et de présentation de l'information, fondé sur l'observation de réponses à un ensemble de questions posées à un échantillon d'une population » (p. 249).

Plusieurs auteurs proposent une démarche pour réaliser un sondage qui rencontre la rigueur attendue d'une recherche sérieuse. L'accent sur l'importance d'une validation des outils de cueillette des données et d'une validation de la démarche revient chaque fois. Comme dans tous les types de recherche, la validité des informations repose sur le professionnalisme du chercheur qui a bien planifié chacune des étapes et respecté un cadre méthodologique rigoureux. Concrètement, dans un sondage, la valeur scientifique des outils de cueillette des données doit être à l'abri de toute critique. Les outils habituellement utilisés, l'entrevue et le questionnaire, doivent donc être préparés avec soin pour donner aux résultats de la recherche toute la portée souhaitée.

7.5   Le questionnaire et l'entrevue

Ces stratégies de cueillette de données ne sont pas propres à la recherche quantitative. Ce qui les caractérise en recherche quantitative, c'est davantage le format qui trahit en quelque sorte le désir des chercheurs de recueillir des informations mesurables et quantifiables. Dans le cas d'une cueillette de données par entrevue, il y a toujours un questionnaire en arrière-plan. On parle alors d'entrevue dirigée ou semi-dirigée car le chercheur est intéressé à savoir des choses précises, qu'il sera capable de convertir en données numériques de fréquence ou de durée par exemple.

Plusieurs auteurs se sont intéressés au questionnaire ; le chercheur peut facilement trouver un modèle qui lui convient. Entre autres, Colin, Lavoie, Delisle, Montreuil et Payette (1995) fournissent des conseils utiles pour confectionner un questionnaire. Ils insistent particulièrement sur deux aspects : la nécessité de penser dès le début au traitement statistique qui s'ensuivra. Cela facilite le travail de dépouillement et l'importance de la présentation même du questionnaire : « on indiquera clairement les consignes à suivre ; on cherchera à réduire au minimum le travail du répondant, notamment en lui faisant cocher sa réponse » (p. 29). Tels qu'ils sont conçus, des logiciels de base de données comme FileMaker Pro et Access facilitent grandement ces tâches, par la disponibilité de listes de réponses avec des barres de défilement qui limitent beaucoup l'écriture comme telle.

D'autres auteurs, dont Krathwohl (1998) et Martella *et al.* (1999), apportent de nombreux détails à l'appui de leurs propositions d'un questionnaire type, qu'il s'agisse d'un questionnaire fermé ou d'un canevas d'entrevue. Les éléments suivants font l'objet d'un consensus non seulement de ces auteurs, mais de nombreux autres qui ont publié en français ou en anglais.

– Utiliser un langage compréhensible par tout répondant potentiel ; attention tout spécialement au jargon spécialisé qui pourrait décourager les non-initiés.

– S'assurer que le sens de la question est suffisamment clair pour qu'il n'y ait pas de réponse farfelue.

– Veiller à limiter le plus possible le nombre et la longueur des questions.

– Éviter d'orienter la réponse dans la formulation de la question ; il est préférable d'employer une forme impersonnelle qui n'est pas susceptible de rejoindre émotivement le répondant.

– Proposer des choix de réponses qu'il suffit de cocher en variant l'ordre et le sens des réponses proposées afin de ne pas guider les répondants vers une option. De plus, il faut conserver une case ouverte dans l'éventualité où aucune des suggestions ne serait satisfaisante.

Somme toute, il revient au chercheur de profiter de ces conseils pour construire un questionnaire qui rencontre ses besoins en favorisant l'expression la plus complète possible des répondants en regard de sa question de recherche. C'est souvent en essayant de se placer dans la peau du répondant que le chercheur arrive à mieux trouver les formulations adéquates. Par la suite, il lui reste à soumettre son questionnaire à un échantillon restreint de personnes, ce qui permet de le peaufiner avant qu'il soit proposé à une population cible.

♣ Activités d'appropriation

– Donnez trois exemples de problèmes de recherche, tirés d'un contexte scolaire, qui s'appliqueraient bien à une méthodologie quantitative.

– En reprenant l'un des trois exemples de la question précédente, indiquez quelle population ou quel échantillon pourrait constituer le groupe expérimental et le groupe contrôle.

– Dans ce même exemple, mentionnez les différentes variables qui pourraient faire l'objet d'une mesure et précisez les hypothèses de recherche qu'il serait possible de formuler.

– Quelle généralisation des résultats de cette même recherche le chercheur pourrait-il faire et comment ces résultats contribueraient-ils à faire évoluer la connaissance?

– Représentez, à l'aide d'un diagramme, les résultats escomptés par cette recherche.

– Décrivez les étapes de réalisation d'un sondage visant à connaître les perceptions à la fois des élèves, des enseignants et des parents relativement au nombre maximal d'élèves par classe.

– Trouvez un article scientifique qui traite d'une recherche quantitative; résumez-en les principaux résultats en faisant ressortir l'utilité de ces nouvelles connaissances.

– Imaginez un projet de recherche quantitative qui vous permettrait de répondre à une préoccupation personnelle et tracez-en les grandes lignes. Si l'imagination n'est pas assez fertile, les termes suivants devraient vous orienter sur des pistes à exploiter : distances à parcourir ; résultats scolaires ; calories ; nombre d'heures ; fréquence d'un événement ; statistiques sportives ; etc.

♣ Concepts importants

Vous trouverez une définition des mots clés suivants à la section «Glossaire» : corrélation, diagramme, échantillon, fidélité, groupe contrôle, groupe expérimental, hypothèse, post-test, prétest, sujets de recherche, validité, variable dépendante, variable indépendante.

♣ Lectures complémentaires

Le chercheur qui désire en savoir davantage sur l'un ou l'autre des volets abordés peut consulter les références qui suivent et, au besoin, aller chercher le complément d'information souhaité. Les mots clés sont placés par ordre alphabétique pour faciliter le repérage.

Analyses statistiques (notions)

- Les méthodes quantitatives et la statistique (Trudel et Antonius, p. 21)
- L'inférence statistique et l'estimation (Grenon et Viau, T.2, p. 122 ; Krathwohl, p. 455)
- Les tests d'hypothèses (Grenon et Viau, T.2, p. 162)
- La méta-analyse (Krathwohl, p. 553)

Buts et objectifs de la recherche quantitative

- Pourquoi quantifier (Trudel et Antonius, p. 5)
- La recherche descriptive et la recherche évaluative (Krathwohl, p. 25)
- Les différentes méthodologies de recherche (Martella *et al.*, p. 16)
- La relation causale (Martella *et al.*, p. 174)
- La démarche scientifique (Simard, p. 5)
- La détermination des objectifs (Colin *et al.*, p. 11)
- Les caractéristiques des trois stratégies comparatives (Gauthier, p. 143)
- Le design expérimental, quasi expérimental et pré-expérimental (Martella *et al.*, p. 130)

Corrélations (notions)

- Les corrélations entre deux variables (Colin *et al.*, p. 220)
- Les coefficients d'association et de corrélation (Trudel et Antonius, p. 402)
- La méthode corrélationnelle (Martella *et al.*, p. 201)

Cueillette des données

- L'observation directe (Gauthier, p. 229)
- L'observation et l'évaluation (Krathwohl, p. 421)
- La confection d'un questionnaire (Colin *et al.*, p. 29)
- Les questionnaires distribués (Trudel et Antonius, p. 282)
- Le prétest et le post-test (Martella *et al.*, p. 133)

Échantillonnage (notions)

- Les types d'échantillonnage (Colin *et al.*, p. 51)
- L'échantillon ou la population (Trudel et Antonius, p. 209)
- Le passage de l'échantillon à la population (Colin *et al.*, p. 323)
- Les techniques d'échantillonnage (Gauthier, p. 179 ; Grenon et Viau, T.2, p. 92)
- L'échantillonnage et l'estimation (Simard, p. 171)
- Le biais dans les échantillons (Trudel et Antonius, p. 221)
- La population, l'unité statistique et l'échantillon (Grenon et Viau, p. 10)
- Le groupe expérimental et le groupe contrôle (Martella *et al.*, p. 44)

Fidélité et validité (notions)

- La validité interne et la validité externe (Krathwohl, p. 136)
- Des précisions sur les notions de fidélité et de validité (Martella *et al.*, p. 65)

Hypothèses de recherche

- La prévisibilité du réel par les hypothèses (Gauthier, p. 121)
- La formulation des hypothèses et leur validation (Trudel et Antonius, p. 14 et 329 ; Martella *et al.*, p. 99)

Mesures (notions)

- La notion d'échelle de mesure (Trudel et Antonius, p. 37)
- Les échelles de mesure (Grenon et Viau, p. 31 ; Martella *et al.*, p. 94)
- Les échelles de mesure Likert, Guttman, Thurstone (Gauthier, p. 365)

Problème de recherche

- La spécification de la problématique (Gauthier, p. 49)
- La définition d'un problème de recherche (Krathwohl, p. 81)

Sondage (stratégies)

- La portée et la limite (Gauthier, p. 320)
- La nature et la conception d'un sondage (Trudel et Antonius, p. 249)
- Le sondage et les questionnaires (Krathwohl, p. 351)

Tableaux et figures

- Des idées de présentation des données (Colin *et al.*, p. 78 et 175 ; Simard, p. 23-67)
- L'organisation des données (Trudel et Antonius, p. 62)
- La lecture de tableaux et graphiques (Grenon et Viau, p. 165)
- La distribution normale (Colin *et al.*, p. 289 ; Grenon et Viau, p. 184 ; Grenon et Viau, T.2, p. 66)
- Le modèle normal et la loi normale (Simard, p. 149)
- L'histogramme et le polygone de fréquences (Trudel et Antonius, p. 80)
- La présentation sous forme de tableaux (Grenon et Viau, p. 66)

Variables (notions)

- La relation entre les variables (Trudel et Antonius, p. 361-399 ; Colin *et al.*, p. 33)
- Les variables quantitatives et qualitatives (Grenon et Viau, p. 24)
- L'association de deux variables quantitatives (Grenon et Viau, p. 258)

Huitième chapitre

La recherche-action

André Dolbec et Jacques Clément
Université du Québec en Outaouais

Plan du chapitre

Résumé

Ce chapitre situe la pertinence de la recherche-action vers des changements réels dans la pratique des éducateurs. Après un bref historique, le texte présente la nature cyclique et tridimensionnelle (recherche, action et formation) de la recherche-action qui s'apparente à un processus de résolution de problèmes. Différentes représentations du processus illustrent par la suite l'alternance entre l'action et la réflexion. Des stratégies de collecte et d'interprétation des données sont explicitées. Suivent les différentes étapes de la recherche-action et des techniques particulières qui peuvent être appliquées dans chacune d'elles. Le chapitre propose aussi des critères qui permettent de juger de la rigueur de ce type de recherche et présente des stratégies de validation des données par la triangulation. Il se termine par des questions et des activités qui visent à permettre au lecteur de s'initier à ce type de recherche.

■■■■Introduction

En éducation, dans le but d'obtenir des réponses à leurs questions, les enseignants ont longtemps fait appel à des chercheurs de l'extérieur de l'école. Les chercheurs qui répondaient à l'appel tentaient alors d'explorer la situation pour identifier les variables qui s'y trouvaient. Leur désir de comprendre les causes des problèmes qu'ils étudiaient se justifiait par l'idée qu'une fois trouvée, une explication pourrait se généraliser à tous les problèmes du même type. La recherche devait alors permettre des économies d'échelle en offrant des explications applicables dans des situations semblables. Cette façon de faire a conduit à un cul-de-sac, car la plupart des éducateurs ne tenaient pas compte des résultats des recherches déjà publiés. En général, ils ne les lisaient même pas. Une des raisons fournies pour expliquer le manque d'intérêt des éducateurs pour la recherche menée par des chercheurs professionnels qui viennent de l'extérieur de la situation étudiée fut celle du manque de pertinence : les résultats proposés ne répondaient pas aux besoins spécifiques et contextualisés des praticiens.

Au cours des années 1980 s'est ajouté un autre type de recherche : la recherche qualitative (Erickson, 1986). Cette recherche ne se donnait pas comme objectif d'expliquer la cause des phénomènes observés, elle cherchait plutôt à étudier une culture complexe, une réalité particulière, afin de permettre au chercheur de mieux comprendre le système qu'il étudiait et de développer des connaissances. Le chercheur se rapprochait davantage des praticiens et les comprenait mieux. Toutefois, il ne pouvait toujours pas leur fournir de réponses concrètes qui puissent les aider à résoudre leurs problèmes quotidiens : ce n'était pas son but.

Ces deux types de recherche, habituellement menées par des chercheurs à temps plein qui travaillent la plupart du temps en milieu universitaire, ont permis de faire avancer les connaissances en éducation. Cependant, bien peu de changements réels ont été réinvestis dans la pratique des éducateurs. Ceux qui cherchent n'ont pas l'intention de changer les situations qu'ils analysent même si, parfois, ils influencent les personnes auprès desquelles ils interviennent. Ils croient qu'une fois la recherche terminée, la diffusion des résultats représentera la fin du cycle et qu'elle pourra influencer les praticiens de l'éducation ainsi que les preneurs de décision. Pourtant, les études sont nombreuses à témoigner de la résistance des praticiens à adopter les solutions proposées par les chercheurs (Cochran-Smith et Lytle, 1993).

La recherche-action diffère des autres types de recherche par son objectif premier qui est de produire un changement dans une situation concrète. En effet, plutôt que cibler la production de connaissances qui seront utilisées, en général après la recherche, pour influencer l'action, elle veut intégrer l'action au processus de recherche afin que le changement visé se produise pendant la recherche. La recherche-action en éducation est donc un processus unique qui comprend deux sous-processus ou deux pratiques qui sont menées simultanément : la pratique de la recherche ou de la compréhension de l'action et la pratique de l'action éducative (figure 1).

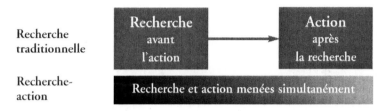

Figure 1
Différence entre la recherche et la recherche-action

2 Bref historique de la recherche-action

Au début du siècle, John Dewey (1910, 1929) avait déjà proposé une telle approche. Comme le rapportent Kemmis (1991), King et Lonnquist (1996), Noffke (1997), Savoie-Zajc (2001) et Dolbec (1997, 2003), celui-ci rêvait de créer une science de l'éducation où les enseignants participeraient activement à un nouveau processus de recherche qui allierait la recherche de théories utiles à une forme d'investigation enracinée dans la pratique. Ce n'est que beaucoup plus tard, en 1946, que la recherche-action telle qu'on la connaît a fait son apparition.

Kurt Lewin (1946) a été le premier à utiliser l'expression recherche-action (*action research*). Lors de ses recherches portant sur la dynamique des groupes et le changement social, il a découvert que les gens changeaient leurs attitudes et leurs comportements beaucoup moins rapidement lorsqu'on s'adressait à eux sur une base individuelle. Il a démontré que les interactions dans un groupe et la collaboration à la prise de décision favorisaient davantage le changement que la participation passive. Il a proposé aux chercheurs d'aller sur le terrain pour tenter de résoudre, avec les gens directement concernés, les problèmes réels auxquels ceux-ci étaient confrontés ; il a repris l'idée proposée par Dewey : l'action devait être de la recherche et la recherche, de l'action.

Lewin (1946) a suggéré une approche globale qui rassemblait trois pratiques habituellement séparées et menées par des personnes différentes: 1) la pratique de la recherche effectuée par des chercheurs et des professionnels, 2) l'action effectuée pour résoudre des problèmes concrets et menée par les acteurs impliqués dans la situation à changer, et 3) la pratique de la formation des acteurs pour qu'ils puissent se prendre en charge.

En 1953, Stephen Corey a proposé aux enseignants d'utiliser cette approche comme moyen d'améliorer leur enseignement. Pour lui, la recherche devait être menée par les praticiens eux-mêmes pour «l'étude scientifique de leurs propres problèmes dans le but de guider, de corriger et d'évaluer leurs décisions et leurs actions» (Corey, 1953). Les enseignants étaient vus comme des chercheurs plutôt que les sujets d'une expérimentation pilotée de l'extérieur. Ce type de recherche a commencé alors à être considéré comme une stratégie efficace pour répondre aux problématiques des enseignants.

La recherche-action a dû rapidement s'éloigner des méthodologies utilisées par la recherche positiviste ou quantitative à cause de son ancrage dans l'action. Les chercheurs devaient rester acteurs et ne pouvaient plus prétendre à l'objectivité, ils choisissaient de travailler en équipe et ils devaient utiliser une approche souple pour s'adapter aux constants changements de leur pratique éducative. Les problématiques qu'ils exploraient restaient complexes et floues, s'enracinaient dans des situations concrètes et étaient influencées par les interactions entre plusieurs acteurs qui avaient des perceptions différentes face aux problèmes et aux solutions à y apporter.

Lawrence Stenhouse (1975) s'est inspiré de Corey et a valorisé le rôle de l'enseignant chercheur (*teacher researcher*). Il a renforcé l'idée que l'enseignement est une forme de recherche quotidienne et perpétuelle. Dans ses travaux portant sur la réforme du programme d'études en Angleterre dans les années 1970, il a invité les enseignants à devenir des chercheurs réflexifs, des praticiens capables d'être critiques et systématiques dans l'analyse de leurs interventions éducatives. À l'instar de Lewin, il leur a suggéré de travailler en équipes pour interpréter les données recueillies par chacun. Un autre Britannique, John Elliott (1977), s'est appuyé sur ses travaux et a étayé le point de vue selon lequel les praticiens doivent devenir des participants conscients et engagés dans le développement des théories issues de leurs propres préoccupations.

Selon King et Lonnquist (1996), les travaux des Britanniques ont donné un nouveau rôle à la recherche en éducation. La recherche-action analyse les besoins de gens de terrain. Selon ces autrices, les travaux de Donald Schön (1983, 1987) ont apporté les arguments nécessaires pour expliquer ce recadrage majeur des finalités de la recherche-action. Elle permet de produire un savoir d'expérience qui jusqu'alors n'était pas reconnu par les professionnels de la recherche. La recherche a donc pu quitter le monde universitaire et être appropriée par les professionnels de l'enseignement.

Bawden (1991) est allé jusqu'à proposer d'utiliser la démarche d'apprentissage expérientiel [1] de Kolb (1984) comme modèle de recherche-action. La recherche-action peut ainsi se faire sur la base d'une expérience concrète, par l'observation et la réflexion sur l'expérience, la formation de concepts abstraits et de généralisations, et mener à l'expérimentation dans de nouvelles situations, ce qui conduit éventuellement à une nouvelle expérience qui constitue le début d'un nouveau cycle. Cette démarche de recherche, qui est au cœur du processus d'apprentissage, permet d'améliorer la pratique, de comprendre cette pratique et d'améliorer le milieu où elle se déroule tout en permettant de mieux le comprendre.

La recherche-action en éducation a aussi une dimension éducative. Elle tente d'emprunter la démarche socioconstructiviste qui est de plus en plus utilisée dans les milieux éducatifs. Selon Brooks et Brooks (1993), on est constructiviste lorsqu'on croit que la connaissance est construite ou réinventée par les apprenants, qu'ils soient élèves, enseignants ou chercheurs en éducation. Cet apprentissage, qui n'est pas linéaire, se produit dans des contextes riches d'apprentissages qui favorisent l'action. Les connaissances sont générées et testées par la découverte lors de la résolution de problèmes. L'implication des acteurs dans la recherche s'enracine aussi dans les principes de l'éducation des adultes (Knowles, 1990). Selon cette approche, l'apprentissage de l'adulte est souvent expérientiel et se fait à partir de son bagage d'expérience. L'éducateur d'adultes reconnaît le désir d'apprentissage continu de ceux auprès desquels il intervient, leur en laisse la responsabilité et favorise la collaboration par le travail en équipes.

Avec le temps, la recherche-action a intégré les approches appliquées dans la pratique éducative; elle est devenue elle-même une stratégie importante de changement en éducation. On ne peut pas changer ce qui se passe en salle de classe en ne cherchant qu'à remplacer les outils ou les stratégies utilisés par les enseignants comme s'il s'agissait d'un quelconque processus de production (Kemmis, 1991). Les enseignants eux-mêmes doivent changer en examinant leur pratique quotidienne, en clarifiant leurs modèles mentaux (Senge et Gauthier, 1991) et en évaluant l'impact de leurs actions. Le processus de recherche-action

---

1   Selon David Kolb, il s'agit d'un processus par lequel la connaissance est créée à partir de la transformation de l'expérience.

éducative en éducation[2] permet donc aux éducateurs de devenir conscients des trois rôles qu'ils mènent concurremment dans leur pratique quotidienne, à savoir la pratique de la recherche, la pratique de l'éducation et leur formation continue par rapport aux problèmes examinés et aux processus utilisés pour les identifier ou les résoudre.

La nature de la recherche-action

Les écrits sur la recherche-action sont nombreux. De 1966 à 1997, Noffke (1997) a recensé, seulement dans ERIC, plus de mille textes portant sur la recherche-action. Plusieurs typologies ont été proposées par différents chercheurs (Goyette et Lessard-Hébert, 1987 ; Noffke, 1997 ; King et Lonnquist, 1996 ; Dolbec, 2003) désireux d'éclairer ceux qui veulent s'y initier. On peut distinguer les types de recherche-action selon leurs finalités. Selon ce critère, on retrouve la recherche-action diagnostique, la recherche-action évaluative et la recherche-action émancipatrice. On peut aussi utiliser la position qu'occupe le chercheur dans la recherche pour parler de recherche-action collaborative ou de recherche-action menée par le praticien. En éducation, on peut retrouver tous ces types de recherche-action. Tantôt, il s'agit d'un professeur d'université qui s'associe à des enseignants pour résoudre, avec eux, un problème qu'ils vivent dans leur école ; tantôt, il s'agit d'un enseignant qui effectue une recherche-action avec ses collègues pour changer la situation dans laquelle ils se retrouvent ou même d'un enseignant qui intervient seul, dans sa classe, pour améliorer ses interventions éducatives.

Après avoir étudié de nombreux écrits portant sur la recherche-action, Lavoie, Marquis et Laurin (1996) ont proposé la définition suivante de la recherche-action.

> La recherche-action est une approche de recherche, à caractère social, associée à une stratégie d'intervention et qui évolue dans un contexte dynamique. Elle est fondée sur la conviction que la recherche et l'action peuvent être réunies. Selon sa préoccupation, la recherche-action peut avoir comme buts le changement, la compréhension des pratiques, l'évaluation, la résolution des problèmes, la production de connaissances ou l'amélioration d'une situation donnée. La recherche-action doit avoir pour origine des besoins sociaux réels, être menée en milieu naturel de vie, mettre à contribution tous les participants à tous les niveaux, être flexible (s'ajuster et progresser selon les événements),

---

2　En anglais, les chercheurs en éducation utilisent le vocable « *educational research* » pour désigner tantôt la recherche en éducation tantôt la recherche éducative.

établir une communication systématique entre les participants et s'auto-évaluer tout au long du processus. Elle est à caractère empirique et elle est en lien avec le vécu. Elle a un design novateur et une forme de gestion collective où le chercheur est aussi un acteur et où l'acteur est aussi chercheur (p. 41).

La recherche-action s'apparente à un processus rigoureux de résolution de problèmes qui permet de réduire les écarts entre ce qui est observé et ce qui serait souhaitable. Elle ajoute à ce processus l'application de stratégies de recherche dans le but de contribuer au développement des connaissances et au savoir dans le champ de l'éducation ainsi que d'accentuer la prise de conscience des praticiens par rapport à leurs interventions dans leur milieu particulier. Ces deux processus permettent de distinguer la recherche et la recherche-action. Dans le premier cas, on insiste sur le volet recherche. Le chercheur vise à mieux comprendre la situation pendant le processus de changement. Dans le deuxième cas, c'est plutôt le changement qui est la priorité du chercheur. Ces deux processus s'influencent mutuellement. En effet, c'est lorsque l'action est éclairée par la recherche qu'elle risque d'être la plus efficace et c'est lorsqu'un système est en changement que sa dynamique devient apparente et qu'on peut mieux la comprendre (Dick, 1998).

La recherche-action est privilégiée en éducation puisqu'elle s'accomplit dans une pratique qui repose sur la transmission de valeurs particulières et de certaines connaissances en vue de former des êtres éduqués (Legendre, 1995). Le chercheur tente donc d'être cohérent avec ces mêmes valeurs puisque ses actions font partie intégrante du processus éducatif dans lequel il intervient.

3.1   *La recherche-action vue comme un système d'activités humaines*

La recherche-action peut être conçue comme un ensemble d'activités humaines qui peuvent être planifiées en vue de produire un changement désiré ou de concrétiser un changement émergent. Ces activités peuvent être représentées au moyen de la modélisation systémique (Checkland, 1981 ; Dolbec, 1989). Par analogie, on peut concevoir la recherche-action comme un système constitué d'un réseau complexe de sous-systèmes interreliés et dirigés vers l'émergence d'une nouvelle réalité. Ce système d'activités comprend certains paramètres qui gagnent à être explicités par celui qui veut planifier une recherche.

3.1.1   Les rôles (PAC)

Il importe de clarifier les rôles des personnes concernées en répondant à certaines questions :

– Qui sera le propriétaire (P) du système de recherche, c'est-à-dire qui le concevra et en déterminera la mission ?

– Qui agira (A) ? Y aura-t-il un ou plusieurs acteurs ? Qui accomplira les activités du système ? Qui prendra les décisions dans le système, en mesurera l'efficacité et apportera les changements nécessaires afin de permettre l'atteinte de sa cible ?

– Qui est le client (C) de la recherche ? Qui veut savoir ou changer quelque chose ? Qui va bénéficier des changements et des connaissances produits par le système ?

2-   La transformation (T)

Le système sera identifiable par sa transformation. Ce processus (T), qui est au cœur du système, lui permet d'atteindre sa cible (objectifs) et sa mission ou sa finalité (buts).

– Quelle est la raison qui justifie la recherche ? Quelles en sont la finalité, les buts et la raison d'être ?

– Vers quelle cible le processus de transformation du système sera-t-il dirigé ? Quels changements seront produits par le système ?

3-   L'environnement (E)

Le paramètre environnement définit le contexte de la recherche. Il comprend le lieu et l'espace où le système d'activités sera implanté. Dans le cas de la recherche-action, la recherche se fait dans un ici et maintenant bien défini.

– Où se déroulera la recherche ?

– Quand débutera la recherche ?

4-   La vision du monde (V)

Ce paramètre qui appartient au propriétaire sert de critère de décision lors de la création du système et permet de comprendre le raisonnement derrière le choix de la mission et de la cible du système de recherche. Dans cette perspective, selon la vision du monde de ses agents (leurs paradigmes, postulats et valeurs), la transformation souhaitée est dirigée vers une ou plusieurs cibles : les chercheurs, les acteurs, les chercheurs-acteurs eux-mêmes ; l'organisation ou l'environnement dans lequel ils évoluent. Le changement se manifeste par des apprentissages effectués pendant ou après la mise en œuvre du processus au plan des différents savoirs : le savoir-être (prises de conscience personnelles ou collectives, changements d'attitudes, etc.), le savoir-faire (rigueur dans l'observation, habiletés en résolution de problèmes, habileté à travailler en collaboration, compétences professionnelles, etc.) et le savoir (savoir théorique et savoir pratique) au regard de la solution apportée au problème, de la situation problématique elle-même, de l'environnement où se déroule l'intervention et du processus de recherche lui-même.

Le chercheur peut retenir ces différents paramètres en utilisant le PATCEV comme méthode mnémotechnique. Lorsqu'il conceptualise son système de recherche-action, il détermine qui est le propriétaire (P) du système de recherche ; qui est ou quels sont les agents (A) ; quelle est la transformation (T) visée, c'est-à-dire le processus mis sur pied afin d'atteindre la cible du système recherche-action et, éventuellement, la mission du système ; qui est le client (C) ou le ou les bénéficiaire(s) de la recherche ; quel est l'environnement (E), c'est-à-dire le lieu et le moment où se déroule l'intervention et la vision du monde (V) du concepteur du système qui permet d'expliquer la pertinence et l'importance de la recherche.

Quel niveau de changement la recherche-action vise-t-elle ? Selon la vision du monde adoptée par le chercheur, la recherche peut viser un changement dans sa prise de conscience ou dans celle des autres participants et/ou viser la mise en place d'une communauté d'apprenants intéressés à améliorer l'efficacité de leurs actions. Elle peut aussi viser l'amélioration de sa propre pratique ou celle des autres et/ou vouloir apporter une modification ou une transformation dans l'organisation où se déroule l'action et dans les pratiques de ses membres. Elle peut aussi vouloir produire un changement dans la société ambiante ou un changement social. Quelles sortes de savoirs veut-elle générer ? Un savoir explicite et transférable ou un savoir expérientiel et tacite, personnel et contextualisé ? Ces savoirs peuvent être de différents aspects selon les postulats qui influencent les chercheurs. Ces dimensions du changement ainsi que la nature du savoir produit peuvent être perçues différemment selon les chercheurs. Parfois, la recherche ne cible qu'un objectif particulier ; parfois, elle en vise plusieurs.

Les finalités du système recherche-action servent à en déterminer la démarche et les stratégies de changement. Contrairement aux processus traditionnels de recherche qui ne se préoccupent pas de l'action et contrairement aux démarches de résolution de problèmes qui ne cherchent pas à produire du savoir, la recherche-action comprend, faut-il le rappeler, des sous-processus qui sont mis en branle simultanément et qui doivent être gérés de façon concomitante : la recherche, l'action et la formation. Ces trois sous-processus qu'on appelle triple finalité de la recherche-action peuvent être représentés schématiquement par un triangle (Dolbec, 2003). Celui-ci permet de saisir d'un coup d'œil la complexité du système « recherche-action ».

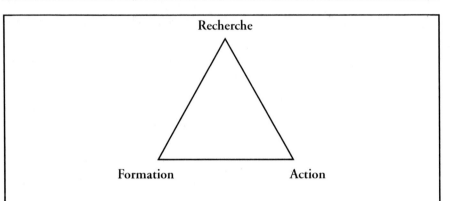

Le pôle « Recherche » représente l'utilisation d'un processus méthodologique rigoureux pour guider et éclairer l'action tout au long de son déroulement et en évaluer l'impact.

Le pôle « Action » représente les gestes posés en situation concrète pour atteindre la cible du système recherche-action et pour produire le changement.

Le pôle « Formation » représente les apprentissages effectués par celui qui veut comprendre la situation et son contexte, le contenu de l'intervention et l'apport du processus de recherche-action lui-même considéré comme une stratégie de changement. Il représente la démarche de formation continue dans laquelle s'inscrivent les acteurs.

Figure 2
La triple finalité de la recherche-action

4 Exemples de recherche-action

Les problématiques suivantes ont déjà fait l'objet de recherche-action dans des milieux particuliers.

– La réalisation de projets éducatifs.

– L'élaboration de projets pédagogiques particuliers : sports-études, mi-temps pédagogique, classes d'immersion en langues secondes, intégration des TIC dans la pédagogie, classes d'art, mise sur pied d'une école alternative, l'intégration de l'approche stratégique dans son enseignement, implantation de l'approche de la médiation dans les apprentissages et l'implantation de l'apprentissage coopératif.

– Le développement des organisations : gestion coopérative et équipes autogérées.

– Projets spécifiques : la participation des parents à la gestion de l'école, aux activités pédagogiques, le partenariat entre les organismes dans la gestion des équipements, l'intégration des aînés dans l'école, la mise sur pied de services d'appoint pour soutenir les devoirs à la maison.

Les exemples de projets de recherche-action suivants ont été planifiés en utilisant les paramètres des systèmes d'activités humaines contenus dans le PATCEV (Propriétaire, Agent(s), Acteur(s), Transformation, Client, Environnement, Vision du monde) :

Premier exemple – Convaincue de l'importance d'avoir un programme d'intervention commun (V), comme enseignante (P) en techniques de garde au Collège XYZ (E), avec l'aide de volontaires en provenance des garderies (A) qui veulent s'impliquer dans la recherche, je (A) faciliterai (T) l'émergence d'un réseau de relations entre les garderies pour permettre le transfert d'informations (cible) et améliorer la qualité de vie des enfants qui vont en garderie (mission).

Deuxième exemple – En tant que personne engagée dans le développement intégral des enfants (P) et en tant qu'enseignante (P), consciente du manque de soutien donné aux enfants de l'école XYZ (E), j'élaborerai (C) et j'implanterai (T_2), avec une équipe de parents (A) que je vais constituer (T_1), un service de soutien (cible) pour les enfants doués (bénéficiaires) qui sera offert par les parents et les ressources disponibles (A) dans l'école (E) dans le but de favoriser l'apprentissage et la croissance de cette clientèle (mission). (La vision du monde est la suivante : il est important de travailler en collaboration avec les parents et de soutenir les enfants doués dans leur rythme d'apprentissage.)

Troisième exemple – En tant qu'étudiante à la maîtrise en éducation (P) ayant fait ses stages à l'école XYZ de Gatineau et concernée par la nécessité de respecter les différences individuelles (V), je vais identifier un milieu de recherche (E) où je mettrai sur pied une équipe d'enseignants intéressés par la problématique (T) avec le soutien de la direction d'école (A) dans le but d'organiser (T) avec eux (A) des activités particulières (cible) pour maintenir la motivation des élèves (mission) qui apprennent rapidement (bénéficiaires) et qui sont souvent ignorés par le système scolaire. Ceci permettra de respecter leurs besoins et leurs différences (V).

Quatrième exemple – En tant qu'enseignante au secondaire concernée par le besoin de mettre en place un accompagnement professionnel auprès des nouveaux enseignants au secondaire (P), afin de faciliter leur entrée dans la carrière (V), je privilégierai le mentorat comme forme de soutien et une aide offerte par un enseignant expérimenté à l'endroit d'un novice (V). Lors de la recherche, nous vérifierons les effets d'une telle mesure de soutien sur l'insertion professionnelle des nouveaux enseignants (T) ainsi que les divers apprentissages réalisés par la relation mentorale, auprès de l'enseignant expérimenté, le mentor et le mentoré (T). Cette recherche est guidée par l'importance accordée à la participation des gens du milieu, c'est-à-dire les enseignants et la direction de l'école (E). En ayant recours au savoir d'expérience des enseignants expérimentés et par la relation mentorale créée, il sera possible d'anticiper des apprentissages au plan pédagogique, organisationnel, personnel et social (V).

Cinquième exemple – En tant qu'éducateur physique engagé dans le développement intégral des enseignants (P) intervenant en éducation physique et éducation à la santé (P) conscient des difficultés pour les étudiants de persévérer pour compléter leurs études secondaires, particulièrement les garçons (V), je conduirai avec des collègues (P), l'équipe-école, les parents et les officiers de la fondation (A) une recherche nommée Santé globale pour des élèves ayant choisi de s'y inscrire sur une base volontaire et sans discrimination sociale (E). Cette recherche visera à développer de saines habitudes de vie, au quotidien, pour ainsi tendre vers l'équilibre: un esprit sain dans un corps sain (T). Les élèves participeront à une variété d'activités physiques et d'apprentissages reliées tant aux habiletés sociales qu'à la connaissance du corps humain sur une base régulière. Cette recherche vise à contribuer à former des adultes en devenir équilibrés et aptes à poser des choix éclairés (T).

4.1   *Illustration du processus de recherche-action*

On peut représenter un déroulement type de recherche-action comme un processus cyclique d'action et de réflexion. Le cycle permet de passer à l'action en vue de produire un changement et de prendre du recul pour évaluer son efficacité et préparer l'action suivante.

ACTION → RÉFLEXION → ACTION → RÉFLEXION…

La réflexion sert deux objectifs. D'abord, elle permet de comprendre ce qui s'est passé et ensuite de formuler un plan d'action qui tient compte de la nouvelle compréhension de la situation après l'action.

Le cycle le plus connu est celui qui s'inspire de Kurt Lewin et qui a été repris par de nombreux auteurs. Il s'agit d'abord de planifier l'action, ensuite d'agir, d'observer pendant l'action et, finalement, de réfléchir sur l'action. Le cycle peut être illustré de la façon suivante:

PLANIFICATION → ACTION → OBSERVATION → RÉFLEXION…

Chacun des cycles de la recherche débute par une réflexion avant l'action. Il s'agit alors de l'étape de planification (réflexion avant l'action). L'intervenant décide de ce qu'il veut faire et identifie les actions qui lui permettront d'atteindre ses objectifs. Il cherche aussi à déterminer comment il pourra valider ses données et les interprétations qu'il a faites lors des cycles précédents. La deuxième étape consiste à passer à l'action. Pendant qu'il agit, l'intervenant observe (réflexion pendant l'action). Ceci lui permet de vérifier si ce qui se passe correspond à ce qu'il a planifié. Il peut découvrir qu'il lui manque certaines habiletés pour passer du plan à l'action, il peut aussi savoir s'il atteint les résultats désirés et changer son action à la lumière de son expérience. Après avoir agi, l'intervenant réfléchit encore (réflexion après l'action). Il peut se remémorer ses actions et celles des autres, puis évaluer si son plan se déroule comme prévu. Il peut aller jusqu'à réviser les buts qu'il poursuit, analyser les données recueillies, les interpréter, changer son approche et ses stratégies ou communiquer différemment avec les personnes impliquées dans l'action. Cette réflexion lui permet de préciser ses intentions et de planifier le prochain cycle.

Le déroulement type de la recherche-action ressemble à un va-et-vient continuel entre le monde de l'action et le monde de la réflexion. On peut illustrer ce passage entre le monde réel et le monde conceptuel par une image où une ligne pointillée sépare les activités effectives dans la réalité et celles qui ont lieu dans la représentation de cette dernière. Lorsque le chercheur est acteur, il regarde, agit et influence. Lorsqu'il réfléchit et prend du recul, de la distance pour conceptualiser l'objet de sa recherche, il se situe dans le monde conceptuel. Il reprend ensuite le processus afin de réinvestir dans une pratique d'amélioration ou de modification dans le monde réel de son objet de recherche. La figure 3 illustre un tel déroulement.

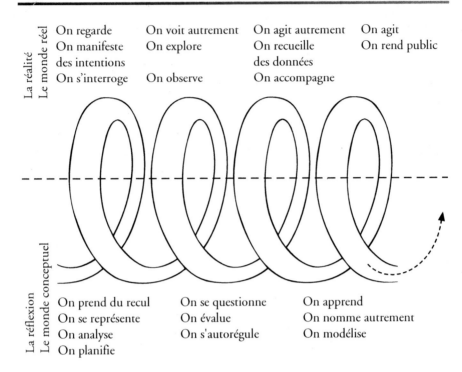

La réalité / Le monde réel			
On regarde	On voit autrement	On agit autrement	On agit
On manifeste des intentions	On explore	On recueille des données	On rend public
On s'interroge	On observe	On accompagne	

La réflexion / Le monde conceptuel		
On prend du recul	On se questionne	On apprend
On se représente	On évalue	On nomme autrement
On analyse	On s'autorégule	On modélise
On planifie		

Figure 3

Processus type de la recherche-action

Les différentes étapes du processus de recherche-action intègrent un mouvement continu d'action et de réflexion. Regarder, nommer et s'interroger par rapport à une situation concrète, prendre ensuite du recul, analyser et s'en faire des représentations, retourner dans le monde réel voir autrement, agir et observer. On retourne dans le monde conceptuel pour poursuivre le questionnement, modéliser afin de mieux comprendre et de poursuivre l'intervention en agissant autrement, en recueillant des preuves et en s'autorégulant. On apprend, on peut nommer autrement ou on écrit pour partager avec d'autres son expérience de recherche et servir de référentiel pour d'autres recherches-action en éducation.

◼︎▬▬ Les stratégies de recherche-action

En éducation, la recherche-action peut être utilisée dans de nombreux contextes. Ainsi, l'enseignant peut être seul chercheur et travailler dans sa classe à l'amélioration de son enseignement. Il peut aussi travailler avec un ou des collègues intéressés par la même problématique. Dans ce cas, la recherche qui est menée par une équipe est dite collaborative. Finalement, la recherche peut être menée par toute une équipe-école. C'est une recherche qui devient concertée. À ce moment, c'est tout le groupe qui se prend en charge et travaille à un projet commun comme la mise en place, la réalisation et l'évaluation d'un projet éducatif.

La recherche-action utilise un vaste répertoire de méthodes pour obtenir des données et améliorer la pratique. Ces méthodes peuvent être quantitatives ou qualitatives. La recherche-action exige de faire l'équilibre entre les coûts (efforts nécessaires; temps requis pour se rencontrer, observer, planifier, réfléchir et expérimenter; ressources nécessaires) et les résultats. Les méthodes sont donc adaptées pour intégrer la recherche à l'action.

La recherche-action ne se distingue pas des autres types de recherche par des techniques ou des méthodes spécifiques, mais plutôt par son objet et le rôle du chercheur. En effet, elle permet d'observer l'ici et maintenant de la pratique qu'elle cherche à améliorer. Elle se distingue aussi par le statut tout à fait particulier qu'elle accorde au chercheur. Celui-ci se considère comme un chercheur-acteur, il cherche à collaborer avec ceux qui sont impliqués dans la situation problématique. Il est convaincu que le changement survient plus facilement lorsque les protagonistes se sentent concernés.

Elle se caractérise plutôt par un effort constant de relier et de mener en même temps action et réflexion, c'est-à-dire de réfléchir sur son action en vue de prendre des décisions éclairées et logiques et d'en évaluer les conséquences pour améliorer une situation et apprendre. Ce processus n'arrête pas. C'est la raison pour laquelle il repose sur un cycle qui comprend des étapes de planification, d'action, d'observation et de réflexion.

Les tenants de la recherche-action insistent pour ne pas s'emprisonner dans un processus méthodologique trop rigide qui les empêcherait de réagir aux imprévus rencontrés pendant son processus sur le terrain. La dynamique de l'action exige de faire des compromis en regard du temps disponible et du contexte. La recherche ayant comme objet l'orientation et l'influence d'un processus, tout retrait du chercheur en vue d'analyser ce qu'il observe et de réfléchir sur ses interventions ne peut être que temporaire. Celui-ci ne peut se permettre d'arrêter longtemps, il doit rester collé à l'action. Ceci amène des contraintes particulières que ne connaît pas le chercheur qui se situe en dehors de l'action. La planification et l'organisation du processus d'intervention facilitent donc la supervision de son déroulement.

Le modèle que proposent McNiff, Lomax et Whitehead (1996) (figure 4) n'identifie pas d'étapes précises à l'intérieur des cycles. Il offre toutefois au chercheur-acteur la possibilité de modifier sa démarche en tout temps pour s'adapter à la rétroaction reçue. Ce modèle laisse aussi place à l'apparition de sous-processus qui peuvent se développer et se dérouler parallèlement au processus principal planifié par le chercheur.

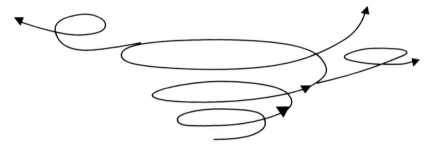

Figure 4
Modèle de recherche-action selon McNiff, Lomax et Whitehead (1996)

Les différentes étapes des processus qui émergent reposent sur l'utilisation de techniques particulières qui permettront d'ajouter plus ou moins de rigueur au processus de résolution de problèmes.

Le point de départ – En recherche-action, comme dans tout autre processus de recherche, la première étape commence par la perception d'une difficulté ressentie (Dewey, 1910). Schön (1983) et Chekland (1981) utilisent, de leur côté, l'expression « situation problématique ». L'exploration de cette difficulté ressentie, de ce qui dérange, est menée dans le milieu par les acteurs eux-mêmes, seuls ou avec des collaborateurs. Si le chercheur arrive de l'extérieur de l'organisation où se déroule la recherche, c'est à cette phase qu'il négocie son entrée dans le système ainsi que son rôle et celui des divers protagonistes. Cette phase de préparation permet d'établir des relations de confiance, de construire un climat propice au changement et de se mettre d'accord sur les mécanismes de participation.

La clarification de la situation – La deuxième étape consiste à prendre du recul et à examiner la situation d'un autre point de vue afin de la situer ou de la recadrer. Il s'agit de comprendre la problématique et de cerner ce qui cause problème. Dewey (1910) parle de cibler et de définir le problème. Le chercheur-acteur tente d'observer et de réfléchir à ce qui se passe. Il recueille des informations afin de se faire une meilleure représentation de la situation ; il prend conscience de ses valeurs qui servent de filtres perceptifs et l'amènent à structurer ce qui est problématique devant lui. Le problème prend tout son sens à la lumière de l'expérience passée et de la vision du monde de celui qui l'examine.

Certaines techniques peuvent être utilisées pour clarifier les perceptions de la problématique. Les discussions en salle de classe permettent d'échanger des informations, des opinions et des expériences par rapport à la difficulté ressentie. Le chercheur peut encourager le groupe sans s'impliquer directement. Des discussions en petits ou en grands groupes peuvent permettre à des enseignants de partager leurs préoccupations et de définir des problèmes qui les mobilisent. Le chercheur peut aussi favoriser l'apprentissage coopératif pour aider un groupe à collaborer à la résolution d'un problème. La technique du remue-méninges peut servir à identifier différents aspects de la problématique. Les jeux de rôles peuvent contribuer à mieux comprendre la situation en permettant aux praticiens d'illustrer des relations qui posent problème. Le questionnement peut aussi aider ceux qui tentent de cerner la problématique à l'explorer davantage. Les questions permettent de clarifier les valeurs et les croyances de la personne et de faciliter l'approfondissement de sa prise de conscience du problème, l'identification des divers protagonistes et l'exploration des différentes perspectives. Elles peuvent aussi permettre d'obtenir de l'information supplémentaire, encourager la recherche, aider le chercheur à en dire davantage, faciliter l'exploration de la situation, en relancer la description et mener le groupe à prendre une décision.

L'utilisation d'histoires, de narrations ou de récits permet de faire le portrait d'une série d'événements vécus par une ou plusieurs personnes. On peut les écrire pour décrire, expliquer ou exprimer certains événements. Ils permettent d'enchaîner des épisodes en une séquence logique et de les articuler à partir d'un thème, d'un problème ou d'un personnage. Par exemple, plusieurs chercheurs-acteurs écrivent leur biographie afin d'accentuer leur prise de conscience de leurs apprentissages et de réfléchir sur leur cheminement et sur l'évolution de leurs idées et de leurs attitudes durant leur carrière.

L'étude de cas, méthode présentée au chapitre suivant, est un autre moyen d'appuyer l'exploration d'une situation complexe et de trouver des solutions.

La planification de l'action – Les solutions tirées de l'expérience des acteurs sont d'abord identifiées. Ensuite, après l'exploration des solutions déjà connues, de nouvelles solutions peuvent être proposées. Une évaluation est alors faite en vue de choisir la solution la plus susceptible de fonctionner. Un plan d'action plus ou moins détaillé est alors articulé pour permettre au chercheur-acteur d'expérimenter. Ce plan d'action clarifie la mission ou la finalité du système d'intervention et la stratégie qui sera utilisée pour impliquer les protagonistes, les tâches à accomplir par chacun et les moments où elles devront l'être. Il précise aussi quelles ressources seront nécessaires pour assurer la transformation désirée et quelles contraintes en provenance de l'environnement vont influencer le déroulement de l'action.

Le chercheur doit évaluer si le plan est réaliste et s'il peut être implanté dans un milieu particulier. Ensuite, il met en place un sous-système de régulation continue afin de s'assurer que le plan puisse s'implanter en s'adaptant en fonction des événements et des personnes impliquées. Ce processus permettra d'observer la réalisation du plan dans l'action et d'en voir l'adaptation continue. Le chercheur élaborera aussi une stratégie d'évaluation pour témoigner des transformations et de leur efficacité.

Le chercheur détermine finalement les moyens qu'il devra mettre en place pour recueillir des données pendant l'action. Le plan d'une recherche-action ne peut être structuré comme celui d'une recherche qui n'est pas menée dans l'action. En effet, pendant que la recherche se déroule, le problème initial change, des informations supplémentaires deviennent disponibles et mènent à de nouvelles solutions. La recherche-action permet ainsi d'identifier de nouvelles solutions tout en en validant d'autres.

L'action – Pendant l'implantation de la solution ou des solutions, des observations sont recueillies afin d'observer l'effet des actions sur la situation jugée problématique, de noter les résistances en provenance des personnes qui font face au changement et de vérifier l'efficacité de la solution ou des solutions.

L'évaluation – Cette étape consiste à revoir le processus d'implantation et à observer les résultats de l'application de la solution mise en place. Si celle-ci produit les résultats attendus, elle est emmagasinée dans le répertoire de l'intervenant et peut être appliquée de nouveau dans une situation semblable. Si elle n'a pas mené au résultat prévu, elle est rejetée ; par la suite, le problème sera reformulé afin de reprendre le processus.

Le partage du savoir généré – Les connaissances apprises par le chercheur sont rendues publiques afin de les rendre accessibles aux autres intervenants qui peuvent les intégrer dans leur propre pratique ou les rejeter parce qu'elles ne s'appliquent pas à leur contexte particulier. L'utilisation d'un mémoire, d'un rapport de recherche, le compte rendu d'une conférence ou le procès-verbal d'un séminaire servent à témoigner de la recherche-action entreprise et à la soumettre à la critique des pairs. L'utilisation de métaphores et d'histoires est également un moyen supplémentaire mis à la disposition du chercheur pour partager l'expérience vécue.

Les objets de transfert de la recherche-action peuvent être classés en quatre ordres (Clément, 1996) que présente la figure 5.

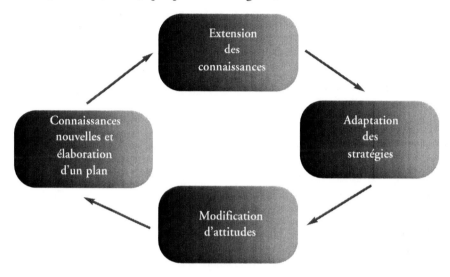

Figure 5
Applications ou objets de transfert de la recherche-action

La recherche-action ne vise pas la généralisation des résultats comme dans la recherche quantitative. De plus, elle est participative et l'engagement des personnes qui la mènent sont des conditions de sa réussite. Pour produire le changement visé, elle doit rester souple pour tenir compte des changements non planifiés qui influencent son contexte et s'adapter à la situation. Ces caractéristiques vont à l'encontre des critères de rigueur traditionnels de la recherche. Ses critères de validité doivent donc être différents. Plusieurs auteurs s'entendent pour dire que les critères utilisés pour en examiner la rigueur doivent différer de ceux des autres types de recherche (Nunneley, 1997 ; Savoie-Zajc, 1999). Les critères de rigueur qui apparaissent au tableau 1 sont de bons indicateurs du sérieux de la recherche-action.

5.1   Les stratégies de collecte de données

Lorsqu'il veut définir un problème, connaître la perception des personnes impliquées et conclure qu'il a produit le changement désiré, le chercheur-acteur évite de s'en tenir à son intuition. Comme tous les chercheurs, il essaie de se fier à des données qu'il recueillera avant, pendant et après l'action. Pour ce faire, il dispose de différents moyens, dont l'observation, le questionnaire, l'entrevue, le journal de bord et le portfolio.

Tableau I
Critères pour juger la rigueur d'une recherche-action

Critères	Questions
Cohérence systémique	Est-ce que le processus de recherche a été décrit? Est-il pertinent face aux objectifs poursuivis? Le contexte de la recherche est-il présenté? Les facteurs qui ont influencé le processus sont-ils décrits?
Confirmation	La recherche est-elle exempte de préjugés, et ses données et ses méthodes d'analyse des données peuvent-elles être examinées par les autres?
Crédibilité	Est-ce que ceux qui sont compétents pour porter un jugement sur la recherche ont suffisamment d'information pour la trouver plausible?
Faisabilité	Est-ce que la solution mise en place répond à un besoin réel exprimé par les acteurs? Est-ce que la recherche a tenu compte des contraintes sociales, politiques, économiques et culturelles du milieu?
Fiabilité et appropriation	Connaît-on la provenance des données recueillies? Peut-on s'y fier? Ont-elles été recueillies avec des procédures rigoureuses? Les conclusions sont-elles cohérentes avec le déroulement de la recherche?
Pertinence	Est-ce que la recherche répond aux besoins d'un groupe particulier?
Respect des valeurs et principes démocratiques	Est-ce que les droits des personnes impliquées ont été respectés? Les acteurs ont-ils été impliqués? Le climat était-il propice aux échanges entre les protagonistes? Est-ce que tous les acteurs ont été partie prenante aux décisions?
Transférabilité	La recherche permet-elle de partager l'expérience du chercheur avec d'autres praticiens? Est-ce que les résultats obtenus dans un contexte particulier peuvent être signifiants pour d'autres qui sont dans d'autres contextes?

L'observation – Le chercheur-acteur essaie de développer sa capacité à faire de l'observation continue. Ses observations peuvent devenir de plus en plus systématiques, et ce, jusqu'à l'exploration d'un phénomène particulier. Elles peuvent être mémorisées mais, le plus souvent, elles sont recueillies par des notes. Les inférences et les jugements ne font pas partie de l'observation qui doit être la plus descriptive possible. Une bonne observation est spécifique, précise et ne comporte pas d'évaluation. Par exemple, l'expression «l'élève a bien répondu aux questions» est moins précise que «l'élève a correctement répondu à cinq des six questions». L'utilisation d'instruments facilite l'observation. Ainsi, des échelles et des grilles permettent d'identifier des comportements particuliers en même temps que leur fréquence d'apparition. Certaines observations assurent l'objectivité alors que d'autres nécessitent que l'observateur pose un jugement ou se fasse une interprétation. Dans ce cas, l'apprentissage de l'instrument et la confrontation de ses observations par la triangulation peuvent aider l'observateur à mieux l'utiliser.

Les observations peuvent être faites par un observateur participant ou non participant. Un tel observateur recueille ses observations en même temps qu'il agit. L'observateur non participant regarde la situation de l'extérieur, sans s'impliquer. Le praticien observe les comportements et les expressions verbales et non verbales pour tenter de comprendre ses perceptions d'un phénomène. Les enregistrements sonores ou vidéos peuvent aussi aider l'observateur et même le remplacer dans certains cas. Le praticien peut alors les écouter ou les regarder après l'intervention, puis les analyser.

Les notes peuvent prendre différentes formes. La narration est un texte peu structuré qui est utilisé pour décrire des événements. Un rapport anecdotique, de son côté, est plus ciblé. Il a pour but de décrire un événement dans ses détails. Dans ce cas, le rapport peut consigner des faits et l'interprétation de ces faits. Le dossier peut servir à recueillir la fréquence de ce qui fait l'objet de l'observation sur une certaine période de temps, et ce, sans inclure de jugements ou d'interprétations. Les images utilisent des symboles visuels plutôt que des mots pour représenter une observation.

Le questionnaire – Le questionnaire peut être utilisé pour obtenir de l'information auprès d'un groupe d'individus. Étant donné qu'en recherche-action les données sont recueillies dans une situation particulière, il est rare d'avoir recours à de grandes enquêtes et d'utiliser des instruments qui exigent des manipulations quantitatives complexes pour les standardiser et les valider. Les sondages peuvent servir à identifier des opinions et des perceptions.

L'entrevue – L'entrevue structurée, semi-structurée ou non structurée permet de recueillir des données. L'entrevue structurée est celle qui offre le moins de marge de manœuvre. Elle ressemble au questionnaire, car elle consiste à poser des questions préalablement choisies. L'entrevue semi-structurée est plus flexible ; elle donne la possibilité au chercheur d'approfondir une réponse en questionnant davantage. L'entrevue non structurée permet de recevoir pendant l'entrevue de l'information qui apparaît pertinente dans la dynamique de l'entrevue ; elle permet aussi de changer la séquence des questions afin de suivre la pensée du répondant et de faire expliciter davantage.

Le journal de bord – Le journal de bord sert à recueillir plusieurs informations. Il est le lieu privilégié pour faire rapport des observations recueillies au fur et à mesure du déroulement de la recherche. Il peut s'agir, par exemple, d'une chronique qui s'étend sur une certaine période de temps. D'une manière, il permet de mettre en mots, dans le cadre du processus d'écriture, l'expérience du chercheur-acteur. Le journal sert aussi à noter les réflexions faites pendant et après l'expérience. Il peut décrire un épisode, en analyser les causes et les effets, tenter d'identifier le rôle joué par les protagonistes ainsi que les croyances et les théories en jeu. Il est préférable que les entrées au journal soient faites le plus rapidement possible après l'événement décrit. Des notes subséquentes pourront être ajoutées une fois que l'entrée initiale a été effectuée.

Un journal de bord comprend habituellement :

–   La date et l'heure de l'entrée.

–   Une brève description des événements de la journée ou de la séance d'observation.

–   La description détaillée d'un ou de deux épisodes retenus parce qu'ils suscitent le questionnement, confirment ou génèrent de l'énergie. Il s'agit plus que d'un compte rendu et ce n'est pas non plus un enregistrement. La description reflète la perception de celui qui l'écrit.

–   L'analyse de l'épisode qui consiste à prendre du recul, à prendre une pause pour se relire et chercher des relations, des associations et des significations qui n'avaient peut-être pas été remarquées auparavant. C'est également un commentaire porté sur l'expérience décrite. On peut aussi noter des explications, comprendre l'événement, sa signification, les apprentissages qu'on en tire, les questions qui sont soulevées, la pertinence de l'épisode et la responsabilité du praticien dans ce qui s'est passé.

Le journal peut être fait à double entrée. Par exemple, sur la page droite de son cahier, le chercheur note ses descriptions de l'expérience en y incluant ses perceptions. Sur la page de gauche, il note ses réflexions sur l'expérience.

La réflexion sur l'action peut être stimulée par la technique du dialogue (Hobson, 1996). Il s'agit de s'imaginer en train de converser avec quelqu'un qui a de l'importance pour soi. Le chercheur décrit ensuite le dialogue qui se déroule. Il peut commencer avec une question telle que « Que pensez-vous de mon intervention ? » Ensuite, à la manière de quelqu'un qui rédige une pièce de théâtre, il écrit ce que cette personne lui dit dans son imagination. Il se répond et le dialogue prend forme.

L'analyse du journal peut être appuyée par la technique du soulignement. Il s'agit de se relire pour trouver ce qui attire notre attention, pour identifier des thèmes. Une fois qu'il a identifié un thème, le chercheur lit à nouveau son journal en soulignant ce qui est relié au thème. Le chercheur peut aussi demander à un collègue de lui faire la lecture, à haute voix, de ce qu'il a souligné. Le fait d'entendre ce qui a été écrit permet souvent de découvrir autre chose.

Le journal de bord est donc un instrument qui soutient l'observation et la réflexion au cours de la recherche. Après la recherche, il devient un témoin du changement qui s'est produit chez le chercheur-acteur tant au plan de ses représentations que de ses actions. Il permet de dégager le cheminement effectué entre le début et la fin de la recherche ; il sert ainsi d'instrument de validation.

Le portfolio – Le portfolio est un outil très utile pour conserver le matériel produit tout au cours de la recherche. Il emmagasine tout document qui peut fournir des données qui seront analysées et feront la preuve du changement accompli par la recherche. Par exemple, il contient des ordres du jour, des invitations à des rencontres, des procès-verbaux, des travaux d'étudiants, des résultats d'examens, des dessins, des préparations de cours, des rapports d'activités, des bilans, des coupures de journaux ou de revues, des fiches, des résumés de lecture, des enregistrements, etc.

5.2   *La triangulation comme stratégie de validation des données*

Afin de maintenir sa rigueur, la recherche-action propose la technique de la triangulation. Cette technique, élaborée à l'origine par les marins pour se retrouver en mer, a depuis lors été perfectionnée avec la venue des satellites de communication. Quel que soit l'endroit où quelqu'un se trouve sur la terre, il peut trouver sa position sur une carte en lisant la latitude et la longitude qui sont calculées par un appareil transmetteur relié au système GPS (*Global Positioning System*). Cet appareil calcule sa distance par rapport à une série de satellites géostationnaires. Ce sont les triangles formés par l'appareil et les satellites qui permettent de se focaliser avec une très grande précision. Le chercheur qui se met en rapport avec une réalité risque de se tromper parce qu'il lui manque un troisième « point » de référence pour objectiver sa perspective. La technique de la triangulation lui permet d'ajouter une autre perspective et de diminuer sa subjectivité. La recherche qualitative s'est dotée de diverses méthodes de triangulation qui ont inspiré la recherche-action. Le tableau 2 en présente quelques-unes.

Tableau 2

Types de triangulation

Types de triangulation	Exemples
1) Utiliser plusieurs méthodes pour recueillir les données.	Faire des entrevues, analyser des documents et faire de l'observation.
2) Utiliser différentes méthodes pour interpréter les données.	Analyser seul ses données et les faire valider par ceux auprès de qui elles ont été recueillies. Les soumettre à un ami critique.
3) Questionner différents informateurs.	Recueillir l'information auprès de plusieurs personnes. Rechercher ceux qui ont des opinions différentes sur la problématique.
4) Études de cas multiples.	Mener plusieurs recherches-action dans différentes situations.
5) Poser différentes questions pour obtenir l'information.	Demander ce qui ne va pas et demander des suggestions pour améliorer la situation.
6) Faire appel à différents chercheurs.	Mener la recherche avec des cochercheurs afin d'obtenir des perspectives différentes.

La rigueur de la recherche peut également être atteinte par les stratégies suivantes :

– Effectuer plusieurs cycles de recherche-action de sorte que les derniers cycles puissent valider les observations effectuées lors des cycles précédents.

– Combiner la collecte des données et leur interprétation à chacun des cycles de manière à permettre leur validation lors des cycles subséquents.

– Avoir recours à un ami critique. L'ami critique peut être un collègue ou un ami qui est intéressé par la recherche et qui accepte que le chercheur partage avec lui ses données et ses interprétations. L'ami critique s'engage à réagir à ce qui lui sera présenté en posant des questions et en offrant son point de vue tout en restant le plus honnête possible.

– Valider ses données auprès d'autres chercheurs et des participants à la recherche.

– Utiliser des écrits portant sur le problème examiné par la recherche-action comme sources de données supplémentaires.

– Évaluer l'effet des actions posées au fur et à mesure de la recherche, être prêt à modifier sa solution ou son plan d'action à la lumière des données recueillies.

Conclusion

On a vu que la recherche-action est un processus intégrateur qui peut servir de porte d'entrée pour les processus de recherche, d'action et de formation. Le fait de considérer ces trois types d'activités comme un système d'intervention unique (recherche-action-formation) place le praticien au cœur de l'action. En nommant, en décrivant sa pratique, ce dernier se donne les moyens pour s'auto-évaluer et prendre conscience de ses actions. Celui qui amorce une recherche-action se place dans une position pour changer une situation, la transformer et se changer lui-même. Cette intégration d'un processus de changement à la recherche considère la recherche-action comme une activité globale par opposition à une désintégration provoquée par la spécialisation du monde moderne. Ce changement s'amorce à partir d'un soi conscient; chaque praticien, par sa participation à un projet de recherche-action, se donne les moyens de comprendre ses théories éducatives et de les rendre publiques. C'est avec le cœur, dimension affective, et avec la tête, dimension rationnelle, que chacun choisit le changement qu'il désire faire, le niveau d'engagement qu'il veut y mettre et la nature des modifications qu'il prévoit. La formation et la recherche font appel à des habiletés rationnelles; habituellement, elles s'adressent à la tête; la recherche-action invite à tenir compte aussi de la dimension émotionnelle dans toutes les phases de sa réalisation.

Activités d'appropriation

– Lorsque vous examinez votre pratique, que ce soit celle d'étudiant, d'intervenant ou d'enseignant, y a-t-il des moments que vous pourriez considérer comme de la recherche-action? Quels en seraient les indices?

– Comment pourriez-vous intégrer les composantes recherche et action dans votre pratique quotidienne?

– Tentez d'identifier les moments où vous avez réfléchi sur votre action professionnelle. Comment pourriez-vous vous donner davantage de temps? Que pourriez-vous faire pour améliorer votre pratique et la compréhension que vous en avez?

– Pendant les prochaines semaines, prenez dix minutes à la fin de chaque journée pour écrire votre journal de bord. Prenez ce temps pour réfléchir sur le déroulement de la journée et identifier des actions qui pourraient être améliorées.

– Essayez d'imaginer comment vous pourriez vous y prendre pour implanter la «Réforme» du programme dans votre école sans créer de résistance.

– Dans votre travail, tentez d'agir de façon intentionnelle en clarifiant ce que vous cherchez à accomplir et de prendre conscience de ce qui se passe avant de passer à l'action. Notez quand vous arrivez à vos fins et quand vous n'y arrivez pas ; notez aussi vos comportements consécutifs à vos succès et à vos échecs.

⬛ Concepts importants

Vous trouverez une définition des mots clés suivants dans la section «Glossaire» : apprentissage coopératif, chercheur-acteur, processus, recherche-action, régulation, système d'activité humaine, triangulation.

⬛ Lectures complémentaires

Action Research Resources. Site Internet :
< http://www.scu.edu.au/schools/gcm/ar/arhom.html >

Site web australien de l'Université Southern Cross mis à jour par Bob Dick. Ce site permet d'accéder à une foule de ressources portant sur la recherche-action telles :

– une revue électronique consacrée à la recherche-action (Action Research International) ;

– plusieurs listes de discussion sur les thèmes : la théorie et la pratique de la recherche-action, les problèmes de méthodologie, les applications en gestion, la recherche qualitative ;

– un cours portant sur la recherche-action et l'évaluation (Areol) qui est offert gratuitement chaque semestre ;

– des articles portant sur la recherche-action ;

– des thèses de maîtrise et de doctorat portant sur la recherche-action ainsi que les adresses pour joindre des étudiants en recherche-action ;

– des liens avec d'autres sites internationaux, tels PARnet (Participative Action Research Network at Cornell University), CARS (University of East Anglia, Angleterre), ARoW (University of Sydney), CARN (Collaborative Action Research Network), et CARPP (Centre for Action Research in Professional Practice) ;

ALARPM (The Action Learning Action Research and Process Management Association et l'IFAL (The International Federation for Action Learning).

Baribeau, C. (dir.) (1992). La recherche-action : de Kurt Lewin aux pratiques québécoises contemporaines. *Revue de l'Association pour la recherche qualitative, 7,* 41-119.

Texte intéressant pour celui qui veut connaître l'apport de Kurt Lewin qui a toujours beaucoup d'influence dans la pratique de la recherche-action.

Elliott, J. (1991). *Action research for educational change.* Milton Keynes (GB) : Open University Press.

Cet ouvrage présente une forme de recherche-action utile au praticien qui veut améliorer ses pratiques.

Goyette, G. et Lessard-Hébert, M. (1987). *La recherche-action : ses fonctions, ses fondements et son instrumentation.* Québec : Presses de l'Université du Québec.

Ce volume présente une analyse exhaustive d'écrits portant sur la recherche-action.

Lavoie, L., Marquis, D. et Laurin, E. (1996). *La recherche-action : théorie et pratique.* Québec : Presses de l'Université du Québec.

Excellent ouvrage didactique sur la recherche-action. Il fait le tour du concept et de l'application immédiate qui peut en être faite. Il propose une démarche où le lecteur chemine selon une formule d'autoformation grâce à différents modules qui vont de la définition et des principes de la recherche-action à ses étapes de réalisation.

McNiff, J., Lomax, P. et Whitehead, J. (1996). *You and your action research : Project.* New York (NY) : Routledge.

Les auteurs, qui recourent à une des approches britanniques de recherche-action où le praticien est encouragé à devenir chercheur, ont voulu offrir un guide méthodologique simple à utiliser. Ce livre s'adresse à ceux qui veulent apprendre à faire de la recherche-action ; il présente, de façon détaillée, les étapes et les techniques de la recherche-action.

Mesnier, P.-M. et Missotte, Ph. (2003). *La recherche-action : une autre manière de chercher, se former, se transformer.* Paris : L'Harmattan.

Ce livre trouve son origine d'un colloque portant sur l'actualité de la recherche-action. Il présente différents points de vue sur l'état actuel de la recherche-action et discute de leurs principes, de leurs fondements et de leurs résultats.

Nodie Oja, S. et Smulyan, L. (1989). *Collaborative action research: A developmental approach.* Londres: Falmer Press.

La recherche-action se présente ici comme une démarche collaborative qui permet aux enseignants d'améliorer leur milieu de travail. Le volume contient plusieurs exemples de projets de recherche-action visant le changement qui ont été menées dans des écoles américaines.

Schön, D. (1994). *Le praticien réflexif.* Montréal: Les Éditions Logiques.

Un livre de référence indispensable pour celui qui veut approfondir sa pratique professionnelle et devenir un chercheur qui étudie les actions effectuées. Bonne introduction à l'analyse réflexive.

Stringer, E.T. (1996). *Action research: A handbook for practitioners.* Thousand Oaks (CA): Sage Publications.

L'auteur présente la recherche-action communautaire et explique clairement la façon dont la recherche peut être menée de façon méthodique en préparant d'abord le terrain, en observant ensuite la situation problématique afin d'en faire un portrait qui sera interprété et expliqué en bout de ligne.

Neuvième chapitre

L'étude de cas

Thierry Karsenti et Stéphanie Demers
Université de Montréal

▰▰▰ Plan du chapitre

▰▰▰ Résumé

Ce chapitre traite de l'étude de cas, une méthode de recherche particulière qui permet d'étudier un phénomène en contexte naturel, de façon inductive (exploratoire) ou déductive (confirmatoire), selon les objectifs de la recherche. Cette méthodologie de recherche est de plus en plus présente en éducation. Un des grands avantages de l'étude de cas est, selon Mucchielli (1996), de fournir une situation où l'on peut observer l'interaction d'un grand nombre de facteurs ; ceci permet de saisir la complexité et la richesse des situations sociales. Plusieurs associent l'étude de cas à la recherche qualitative, tandis que d'autres la considèrent comme une technique particulière d'enquête empirique (ou quantitative) où sont utilisées de multiples sources d'informations. C'est donc une méthodologie mixte où des données qualitatives sont jumelées à des données quantitatives afin de donner plus de rigueur aux résultats.

■▬▬Introduction

De nos jours, en éducation, bien des chercheurs ne considèrent plus recherche qualitative et recherche quantitative comme deux pôles d'une dichotomie, mais plutôt comme deux pôles d'un continuum (voir La méthodologie : cinquième chapitre). Comme le souligne Van der Maren (1993), « deux grandes stratégies sont utilisées dans la recherche empiriste : la stratégie statistique (descriptive et inférentielle) et la stratégie monographique. Pour diverses raisons, elles sont souvent opposées alors qu'elles pourraient être complémentaires » (p. 11).

L'étude de cas est une méthode de recherche flexible qui permet au chercheur de se positionner où il le veut sur le continuum qualitatif-quantitatif, en fonction de ses objectifs de recherche. Cette méthode semble très pertinente dans les recherches en éducation puisqu'elle permet, entre autres, le choix de cas particuliers dans lesquels les interactions étudiées sont susceptibles de se manifester. Qui plus est, Eisenhardt (1989) mentionne que la représentativité du cas est secondaire et que c'est la qualité même du cas qui devient le souci principal du chercheur. Celui-ci peut alors tirer plus facilement profit de l'étude de cas dans la construction d'une théorie nouvelle, dans l'observation d'un phénomène ou dans la découverte de nouveaux faits. Le chercheur peut, soit comparer des phénomènes empiriques à des phénomènes prédits (à partir d'hypothèses), soit induire un modèle théorique à partir de l'étude d'un ou de plusieurs cas observés dans leur contexte naturel. Dans le premier cas, il tente de mettre en évidence « des traits généraux, sinon universels, à partir de l'étude détaillée et fouillée d'un seul ou de quelques cas » (*Ibid.*, p. 17). Dans le second cas, il aspire à dégager des processus récurrents pour « graduellement regrouper les données obtenues et évoluer vers la formulation d'une théorie » (Mucchielli, 1996, p. 77). L'étude de cas peut donc être positiviste, interprétative ou critique, selon la position épistémologique et la méthodologie empruntée par le chercheur.

Ce chapitre traite des caractéristiques de l'étude de cas, des différents types d'études de cas que relève la documentation scientifique. Il sera aussi question de la différence entre l'étude d'un cas simple et l'étude de cas multiples ou l'étude multicas, du problème de recherche propre à l'étude de cas, du but ou de l'objectif de l'étude de cas, de la pratique de l'étude de cas, des moyens de validité et de triangulation lors de l'analyse des données. Plusieurs exemples d'études de cas suivent l'exposé; des exemples concrets présentent les différentes possibilités de recherche que permet l'étude de cas. Une série de questions et quelques lectures complémentaires viennent clore le chapitre.

2 ▄▄▄ Caractéristiques de l'étude de cas : perspectives théoriques divergentes

L'étude de cas est une technique particulière de cueillette, de mise en forme et de traitement de l'information qui cherche à rendre compte du caractère évolutif et complexe des phénomènes relatifs à un système social qui comporte ses propres dynamiques (Mucchielli, 1996, p. 77). Longtemps jugée comme n'étant qu'accessoire aux autres devis de recherche, l'étude de cas se révèle être un plan de recherche complet en soi. Aussi utile en recherche quantitative qu'en recherche qualitative, l'étude de cas permet de réaliser, selon l'intention du chercheur et les objectifs de recherche, une analyse approfondie d'un cas particulier ou une généralisation issue de l'observation d'un ou de plusieurs cas.

Les principaux protagonistes de cette méthode de recherche (Merriam, 1988; Stake, 1994, 1995; Yin, 1994), même s'ils ont parfois des positions épistémologiques, des méthodes et des approches différentes, s'entendent pour souligner sa grande souplesse et son étendue peu commune parmi les devis de recherche. Le tableau 1 illustre sommairement les différentes caractéristiques de l'étude de cas selon les trois principales approches relevées dans la documentation scientifique, soit celles de Merriam (1988), de Stake (1995), et de Yin (1984, 1994, 2003). Comme la double flèche située au-dessus du tableau suivant l'indique, l'approche de Merriam se situe davantage dans une perspective interprétative, celle de Yin dans une perspective positiviste, alors que Stake privilégie une perspective plutôt « mixte ».

Merriam (1988) campe surtout sa définition de l'étude de cas dans le contexte de recherche qualitative en éducation. L'étude de cas demeure tout de même un devis de recherche qui peut inclure une variété de perspectives disciplinaires. Elle peut mettre une théorie à l'épreuve ou encore en générer, incorporer des échantillons probabilistes ou prédéterminés, inclure des données quantitatives ou qualitatives. Merriam affirme qu'en mettant l'accent sur la découverte et sur la compréhension du cas à l'étude, cette approche est la plus prometteuse en termes d'avancement de la pratique éducative. De plus, cette auteure avance que ce type d'enquête naturaliste, qui s'attarde au sens des choses dans leur contexte, « requiert aussi un instrument de collecte de données qui est sensible au phénomène humain et à ses complexités » (p. 2-3).

Tableau 1
Caractéristiques de l'étude de cas selon Merriam, Stake et Yin

	Pôle interprétatif ◄———————►		Pôle positiviste
	Merriam (1988)	**Stake (1995)**	**Yin (1994)**
Nature de l'étude de cas	Heuristique, descriptive, particulariste et inductive	Holistique, empirique heuristique, spécifique, descriptive, interprétative, emphatique	Explicative, descriptive, empirique
But de l'étude de cas	Compréhension, description, découverte, élaboration d'hypothèses	Particularisation, compréhension, description, généralisation formelle (théorie), généralisation « naturaliste »	Généraliser, confirmer ou infirmer hypothèse ou théorie, évaluation, exploration, élaboration de théories et de modèles
Contexte de sélection du ou des cas	Phénomènes humains où le chercheur n'a aucun contrôle mais une possibilité d'interaction dans le contexte du cas.	Dilemmes humains, phénomènes sociaux complexes où la possibilité d'apprendre est évidente.	Phénomène contemporain dans un contexte réel lorsque la frontière entre le phénomène et le contexte n'est pas évidente.
Mode d'analyse	Raisonnement inductif afin de créer des catégories et des liens entre les catégories et les propriétés (hypothèses).	Réflexion personnelle, interprétation directe, agrégation de catégories	Selon propositions théoriques ou vers la description du cas, par logique d'appariement (*pattern-matching*), analyse séquentielle, élaboration d'explication, modèle de la logique du programme
Résultats	Holistiques, descriptifs	Holistiques, spécifiques, descriptifs	Holistiques, parfois quantitatifs, descriptifs

Toujours selon Merriam (1988), l'étude de cas se définit en quatre mots : particulariste, descriptive, heuristique et inductive. Elle est particulariste puisque l'objet de l'étude est un système restreint (programme, événement, phénomène). C'est le cas en soi qui est important – pour ce qu'il révèle au sujet du phénomène et pour ce qu'il peut représenter. L'étude de cas est aussi descriptive puisque le résultat final est une description détaillée comportant néanmoins des éléments d'interprétation. Elle comprend un grand nombre de variables et décrit leurs interactions pendant un laps de temps prédéterminé.

L'étude de cas est aussi heuristique, c'est-à-dire qu'elle améliore la compréhension du cas étudié et permet l'émergence de nouvelles interactions, de nouvelles variables, ce qui peut mener à une redéfinition du phénomène. De plus, ce devis est inductif, c'est-à-dire que l'étude de cas dépend en grande partie du raisonnement du chercheur qui est fondé sur l'observation des faits. Contrairement à Yin, Merriam (1988) voit la généralisation, les concepts et les hypothèses comme des produits de l'analyse des données dans leur contexte, et non comme un point de départ de l'étude. L'étude de cas qualitative, en général, se distingue par la découverte d'interactions et de concepts, plutôt que par une vérification d'hypothèses préétablies (p. 13). L'étude de cas à visée de généralisation serait donc, pour l'auteure, du domaine quasi expérimental.

Selon la perspective de Merriam, un(e) chercheur(e) réalisant une étude sur le décrochage scolaire, par exemple, partirait de l'observation des faits et émettrait des observations à partir des données recueillies.

Quant à Stake (1995), il voit l'étude de cas non pas comme un choix méthodologique, mais plutôt comme un choix de l'objet à étudier. Ceux qui retiennent l'étude de cas adoptent alors le ou les cas comme objet de leur recherche. Par exemple, de 1993 à 1995, l'Association canadienne de l'éducation (ACE) a réalisé une étude pancanadienne sur les écoles secondaires exemplaires. Il s'agissait d'une recherche où 21 cas (21 écoles) étaient étudiés. Chacun de ces cas représente donc un objet unique de recherche.

Stake définit l'étude de cas par l'intérêt qu'elle porte aux cas individuels. Pour lui, l'étude de cas est à la fois le processus de l'étude du cas et le produit écrit de ce qui a été observé et étudié. Le cas individuel est un système restreint, qui comprend les composantes (les variables) et leurs interactions. Ce système a des limites naturelles, c'est-à-dire qu'une école peut être le cas, tout comme un élève en particulier peut aussi l'être. Le cas peut également être un programme d'étude ou une innovation pédagogique. L'étude d'un cas individuel se distingue par le poids accordé à l'interprétation et à la particularité de chaque cas. Elle vise d'abord et avant tout une profonde compréhension du système représenté par le cas, le sens des interactions qu'on y trouve, le pourquoi et le comment de ce phénomène. Pour lui, l'étude de cas peut donc être interprétative ou positiviste. Van der Maren (1993) maintient la même position épistémologique lorsqu'il souligne que l'étude de cas «permet avant tout au chercheur de mettre en évidence des traits généraux, sinon universels, à partir de l'étude détaillée et fouillée d'un seul ou de quelques cas» (p. 17).

Mucchielli (1996) prend une position qui se rapproche de celle de Stake. Il soutient que la méthode de l'étude de cas consiste à «rapporter une situation réelle prise dans son contexte et à l'analyser pour voir comment se manifestent et évoluent les phénomènes auxquels le chercheur s'intéresse» (p. 77). Il avance également qu'un des grands avantages de l'étude de cas est de «fournir une situation où l'on peut observer le jeu d'un grand nombre de facteurs interagissant ensemble, permettant ainsi de rendre justice à la complexité et [à] la richesse des situations sociales» (*Ibid.*). L'étude de cas est donc une méthode de recher-

che, essentiellement descriptive, qui permet d'étudier un phénomène en contexte naturel, de façon inductive (exploratoire) ou déductive (confirmatoire),
selon les objectifs de la recherche. Elle permet également de considérer et d'observer le système et les interactions d'un grand nombre de facteurs, ce qui peut,
entre autres, permettre au chercheur de mieux percevoir la complexité et la
richesse de contextes ou de situations en éducation.

Yin (1984, 1994, 2003) considère l'étude de cas comme une enquête empirique
où un phénomène est analysé dans son contexte de vie réelle et dans lequel
les sources d'information multiples sont utilisées. Selon Yin, l'étude de cas se
distingue par la contribution qu'elle apporte à la compréhension de systèmes
complexes, tels les systèmes sociaux, les systèmes humains. Pour lui, l'étude
de cas permet de retenir les caractéristiques holistiques et sémantiques d'événements vécus, dont les cycles de vie individuels, les processus organisationnels,
les changements communautaires, les relations internationales. Contandriopoulos, Champagne, Potvin, Denis et Boyle (1992, p. 37) nomment également
ce type d'investigation «recherche synthétique de cas». Pour ces chercheurs,
«la recherche synthétique de cas ou étude de cas est une stratégie dans laquelle
le chercheur décide de travailler sur une unité d'analyse (ou sur un très petit
nombre d'entre elles)». L'observation se ferait alors «à l'intérieur du cas».

À l'instar de Yin, Contandriopoulos et ses collègues voient en l'étude de cas
un devis de recherche qui permet l'explication et la généralisation d'une théorie.
Ils affirment d'ailleurs que «la puissance explicative de cette approche repose
sur la cohérence de la structure des relations entre les composantes du cas, ainsi
que sur la cohérence des variations de ces relations dans le temps. Partant, la
puissance explicative découle de la profondeur de l'analyse du cas et non du
nombre des unités d'analyse étudiées». L'étude de cas est donc pour Yin explicative et permet éventuellement la généralisation de lois ou de principes à partir
de l'étude d'un ou de plusieurs cas. Il est aussi préférable de recourir à l'étude
de cas lorsqu'il s'agit de répondre à des problèmes de liens opératoires qui doivent
être étudiés pendant un certain temps, plutôt que de faire part de fréquences
ou d'incidences de phénomène (Yin, 1994, p. 10). En soi, l'étude de cas peut
aussi être définie comme une étude empirique qui sert à enquêter sur un phénomène contemporain à l'intérieur de son contexte réel, surtout lorsque les frontières
entre le phénomène et son contexte ne sont pas clairement définies (Yin, 1994).
De plus, un cas comporte beaucoup plus de variables d'intérêt que de données ;
pour cette raison, il dépend de plusieurs sources de preuve. Cependant, contrairement à Stake (1995), Yin (1994, 2003) maintient que l'étude de cas bénéficie
du développement *a priori* de pistes ou de propositions théoriques qui servent

à mieux guider le chercheur dans la collecte de données et dans l'analyse des résultats. Il la considère ainsi surtout parce que c'est une méthode de recherche qui permet d'expliquer des liens qui sont souvent trop complexes pour des stratégies expérimentales. Toutefois, Yin ajoute qu'il n'est pas possible de juxtaposer une validité statistique à l'étude de cas. Selon lui, l'étude de cas peut être généralisable à des propositions théoriques et non à des populations ou à des échantillons. En ce sens, toujours selon Yin (1984), l'étude de cas ne représente pas nécessairement un échantillon, car le chercheur vise principalement à enrichir et à généraliser des théories (généralisation analytique) plutôt qu'à énumérer des fréquences et des statistiques (généralisation statistique).

Dans le même ordre d'idée, une étude du décrochage scolaire serait réalisée, selon l'approche de Yin, en examinant les relations entre chacun des éléments constituant l'ensemble de la problématique pour ensuite en tirer des généralisations théoriques.

Types d'études de cas

Il est possible de distinguer une dizaine de types d'études de cas (tableau 2), sans compter la différence majeure qui subsiste entre l'étude du cas simple et l'étude de cas multiples aussi nommée l'étude multicas. Yin (2003) précise que, par rapport à l'étude du cas simple, une étude multicas a pour but de découvrir des convergences entre plusieurs cas, tout en contribuant à l'analyse des particularités de chacun des cas. Yin ajoute toutefois que, dans la comparaison de différents cas, cette méthode requiert une certaine rigueur et une similarité dans le processus d'investigation des différents milieux. Merriam (1988) ainsi que Miles et Huberman (1984) signalent les avantages incontestables de l'étude multicas par rapport à l'étude d'un seul cas. Si le temps, l'argent et la faisabilité le permettent, un chercheur pourrait vouloir étudier plusieurs cas, ce qui augmente le potentiel de généralisation. De plus, selon Merriam (1988), une interprétation fondée sur plusieurs cas peut être plus intéressante et plus convaincante pour le lecteur que des résultats provenant d'un seul cas (p. 154). Huberman et Miles (1994) indiquent qu'en comparant des lieux ou des cas, il est possible d'établir la portée de la généralisation d'un résultat ou d'une explication et, en même temps, d'identifier les conditions par lesquelles ce résultat prendra place. Le chercheur tente de voir les processus et les conséquences qui ont lieu dans plusieurs cas ou dans plusieurs sites et de comprendre comment de tels processus sont influencés par les variables contextuelles locales.

Tableau 2

Types d'études de cas

Stake (1995)	Yin (2003)	Merriam (1988)

• intrinsèque
• instrumentale
• collective
	• étude holistique du cas particulier
	• étude intégrée ou contextualisée du cas particulier (selon des unités d'analyse multiples)
	• étude multicas holistique
	• étude multicas intégrée ou contextualisée (selon des unités d'analyse multiples)
		• descriptive
		• interprétative
		• évaluative
		  - ethnographique
		  - historique
		  - psychologique
		  - sociologique

Stake (1995) différencie trois types d'études de cas qui définissent le but de la recherche : intrinsèque, instrumentale ou collective. Lorsque le chercheur vise une compréhension approfondie d'un cas particulier, il s'agit d'une étude de cas intrinsèque. Le chercheur ne tente pas de comprendre le cas parce que ce dernier est représentatif d'un ensemble de cas ou parce qu'il illustre bien un problème ou un phénomène, mais plutôt parce que, dans sa particularité, ce cas comporte pour lui un intérêt. Le but n'est pas de produire des généralisations, mais de comprendre cet enfant, cette clinique, cette école en particulier (*Ibid.*, p. 237). Par exemple, un chercheur pourrait décider d'étudier un enseignant particulier (un cas), parce que ce dernier favorise particulièrement la motivation de ses élèves. Il ne s'agit donc pas d'étudier ce cas parce qu'il est représentatif des autres, mais plutôt parce que ce cas représente un intérêt particulier pour la recherche.

Pour sa part, l'étude de cas instrumentale est entreprise lorsque le chercheur souhaite mieux comprendre un problème ou pour raffiner une théorie. Le cas devient alors subordonné à un intérêt externe : l'analyse sert à mieux comprendre quelque chose d'autre. Par exemple, plusieurs chercheurs ont étudié les lecteurs experts (des cas) en vue de raffiner une théorie : celle des stratégies à adopter pour devenir un lecteur expert. Enfin, l'étude de cas collective subordonne le cas à un intérêt intrinsèque (le cas en particulier) et à un intérêt extrinsèque, puisque ce dernier devient un élément d'un ensemble de cas. Il s'agit de traiter plusieurs cas qui représentent un phénomène, une population, une condition générale, et qui servent à identifier une ou plusieurs caractéristiques communes (*Ibid.*). Par exemple, un projet sur les écoles pionnières-TIC a été mis en place dans cinq pays d'Afrique de l'Ouest et du Centre en 2003 par le Centre de recherches en développement international du Canada (voir : http://rocare.scedu.umontreal.ca). En tout, 40 écoles participent à cette étude multicas dont l'objectif est de trouver les caractéristiques communes mais aussi les caractéristiques propres à chacune de ces écoles pionnières-TIC.

De son côté, Yin (1994, 2003) distingue quatre types d'études de cas, à savoir l'étude holistique du cas particulier, l'étude intégrée ou contextualisée du cas particulier (selon des unités d'analyse multiples), l'étude multicas holistique et l'étude multicas intégrée ou contextualisée (selon des unités d'analyse multiples) (p. 38). Selon Yin, l'étude du cas particulier peut se révéler efficace pour mettre une théorie à l'épreuve, pour analyser un cas unique ou extrême et, enfin, pour observer un phénomène jusqu'à présent inconnu ou inaccessible, c'est-à-dire un cas révélateur. Pour Yin, en plus de répondre à ces trois objectifs, l'étude du cas particulier peut servir d'étape préliminaire à une étude multicas (*Ibid.*, p. 41). Par exemple, une équipe de recherche pourrait être intéressée à étudier une opération en télémédecine, appuyée par les TIC. Il s'agit d'un cas unique qui peut servir d'étude préliminaire à une étude multicas.

Yin distingue l'approche holistique de l'approche comportant des unités d'analyse multiples. L'approche holistique offre une description globale du cas ou plusieurs (une école, par exemple) globalement, alors que la sélection d'unités d'analyse distinctes à l'intérieur du système étudié (les élèves, le personnel et les programmes d'une école, par exemple) concerne une approche qui comporte des unités d'analyse multiples. Le chercheur qui entreprend ce genre d'étude doit suivre une logique non pas d'échantillonnage, mais de reproduction, c'est-à-dire que les cas étudiés devraient l'être selon le mode des études expérimentales, avec des résultats convergents (reproduction littérale) ou divergents (reproduction théorique) prédits *a priori* au début de l'enquête (*Ibid.*, p. 51).

Puisque Merriam (1988) limite la portée de l'étude de cas à l'approche qualitative en éducation, sa taxinomie est fort différente de celles de Yin et de Stake. Cette taxinomie est basée avant tout sur la nature du système à analyser. Elle comprend l'étude de cas ethnographique, l'étude de cas historique, l'étude de cas psychologique et l'étude de cas sociologique. Une approche ethnographique sous-entend une interprétation socioculturelle du cas à l'étude. Si nous reprenons l'exemple des lecteurs experts, l'approche de Merriam nécessiterait aussi l'étude du contexte socioculturel de l'élève (par exemple, son milieu social, ses parents, ses amis, etc.). L'approche historique se sert d'archives et de témoignages afin de mieux comprendre l'évolution d'un phénomène, d'un événement, d'une institution, c'est-à-dire qu'elle retrace son développement. Par exemple, Gauthier (2004) a retracé l'histoire de la profession enseignante du Québec, de l'abolition des écoles normales à l'approche par compétence. L'approche psychologique met l'accent sur l'individu pour expliquer un aspect du comportement humain. Par exemple, plusieurs études anglo-saxonnes se sont penchées sur les enseignants efficaces avec l'approche psychologique de Merriam. On étudiait, entre autres, les traits de personnalité des enseignants avec des tests psychométriques tels le *16 personality factors* (16 PF) de Carl Yung, afin de mieux définir ces cas.

L'approche sociologique s'attarde aux construits sociaux et à la socialisation dans les phénomènes éducatifs (*Ibid.*, p. 26-27). Par exemple, les études en technopédagogie réalisées en Belgique et en Suisse se sont penchées sur les représentations sociales face aux TIC qu'avaient les professeurs qui faisaient un usage abondant des TIC dans leur enseignement.

Merriam (1988) ajoute trois sous-catégories qui concernent le résultat final ou le produit de l'étude de cas: descriptif, interprétatif ou évaluatif. L'étude de cas descriptive présente le cas de façon détaillée; la formulation d'hypothèses et la mise à l'épreuve de théories sont subordonnées à cette description. Certains auteurs, dont Litjphart (1971, dans Merriam, 1988), qualifient même l'étude de cas descriptive comme athéorique, c'est-à-dire qu'elle évolue sans être guidée par des hypothèses de recherche et qu'elle n'est pas motivée par la généralisation. On retrouve ainsi plusieurs études sur les directeurs d'école qui se limitent à une description détaillée de leurs méthodes et stratégies de gestion organisationnelle.

L'étude de cas interprétative contient la même description détaillée du cas, mais les données sont utilisées afin de développer des catégories conceptuelles ou pour illustrer, soutenir ou réfuter des postulats théoriques adoptés avant la collecte des données (Merriam, 1988, p. 28). Le chercheur amasse alors le maximum d'informations afin d'interpréter le phénomène ou d'en tirer une théorie. Selon la nomenclature de Stake, il s'agit de l'équivalent d'une étude de cas instrumentale. Shaw (1978), lors d'une importante étude sur le curriculum scolaire, a aussi nommé l'étude de cas interprétative «étude analytique», signifiant par là qu'elle implique une analyse plus approfondie que l'étude descriptive. L'étude de cas analytique se caractérise par sa complexité, son étendue et son orientation théorique. Par exemple, si nous reprenons l'étude sur les directeurs d'écoles, selon la méthode de l'étude de cas analytique ou interprétative, la description détaillée de certains cas (études de cas descriptives) pourrait amener le chercheur à tenter de développer une théorie sur la gestion du changement par les directeurs d'école.

Enfin, l'étude de cas évaluative se distingue par son produit final, c'est-à-dire par le jugement porté sur le phénomène, le système du cas étudié. Particulièrement bien adaptée à l'évaluation éducative, cette approche permet d'expliquer les liens causaux des interventions éducatives, ces dernières étant souvent trop complexes pour être analysées selon une étude expérimentale où peu de variables peuvent être considérées. Par exemple, plusieurs chercheurs ont réalisé des études de cas évaluatives afin de mieux comprendre l'impact de nouveaux programmes ou de nouvelles approches pédagogiques.

◢▬▬ Caractéristiques du problème de recherche propre à l'étude de cas

Différents problèmes de recherche conviennent de façon particulière à l'étude de cas. Il s'agit surtout de problèmes de recherche liés à une meilleure compréhension du comment et du pourquoi d'un phénomène donné. Le tableau 3 illustre les différentes caractéristiques de problèmes de recherche qui siéent spécifiquement à la méthode de l'étude de cas. En général, le chercheur qui fait appel à l'étude de cas désire, soit comparer des phénomènes empiriques à des phénomènes prédits (à partir d'hypothèses), soit induire un modèle théorique à partir de l'étude d'un ou de plusieurs cas observés dans leur contexte naturel.

Tableau 3
Caractéristiques du problème de recherche propre à l'étude de cas

Stake (1995)	Yin (2003)	Merriam (1988)
• doit être guidé par un ou plusieurs thèmes ou dimensions abstraites (*issues*). • provient du chercheur et de son domaine d'étude lorsque le chercheur n'a aucune expérience préalable du cas à l'étude (*etic issues*). • provient parfois des composantes du cas (les acteurs du cas) et se pose à l'intérieur du système (*emic issues*).	• le «pourquoi» ou le «comment» d'un phénomène contemporain sur lequel le chercheur a peu ou n'a pas du tout de contrôle. • bénéficie du développement de théorie pendant la planification. • requiert une proposition de départ qui reflète un thème théorique sauf dans le cas d'une étude exploratoire. • plus les propositions sont nombreuses, mieux le problème de recherche est défini.	• le «pourquoi» et le «comment» d'un phénomène • issue de la pratique, de l'expérience personnelle ou d'une recension des écrits • peuvent être de nature conceptuelle, d'action, de valeur

Pour Stake (1995), l'étude de cas doit être guidée par un ou plusieurs thèmes ou objets de recherche. Ces thèmes servent à organiser et à orienter la recherche, mais ils peuvent évoluer en cours de route. On les choisit parce qu'ils peuvent faciliter la planification et les activités de l'enquête et pour ce qu'ils peuvent révéler au sujet du cas. Comme nous l'avons souligné, le cas étudié est souvent retenu parce qu'il représente un intérêt en soi. Pour Stake, dans la sélection du cas, la possibilité d'apprendre est primordiale ; le besoin de comparer ou de généraliser arrive en second. L'étude de cas intrinsèque dégage ses propres thèmes, alors que dans l'étude de cas instrumentale et collective, les thèmes constituent le problème de recherche qui, dès le départ, guident l'observation, l'interprétation et l'analyse du chercheur. Dans certains cas, Stake voit cependant un danger inhérent dans l'engagement du chercheur à généraliser ou à élaborer des théories. Pour lui, l'attention du chercheur s'éloigne alors des éléments essentiels à la compréhension du cas particulier. Les chercheurs qualitatifs perçoivent la nature unique de chaque cas et chaque contexte comme essentiels à la compréhension. Pour Stake, la particularisation est un objectif important ; elle génère une compréhension expérientielle du cas. Bien qu'il voie le but de l'étude de cas instrumentale et collective comme étant la généralisation (petite ou grande), cette dernière ne devrait pas dominer la compréhension de la nature particulière du cas à l'étude ou des aspects uniques de chaque cas dans une étude à cas multiples. Selon Stake, la divergence est essentielle pour élargir la compréhension d'un phénomène humain.

Pour Stake (*Ibid.*), les hypothèses de recherche restreignent donc la perspective du chercheur et réduisent l'intérêt qu'il a dans la situation. En ce sens, le chercheur ignore parfois des variables essentielles en limitant son étude à la confirmation ou à la réfutation de son hypothèse initiale. Les thèmes offrent au contraire une plus grande souplesse et permettent de réadapter la problématique au cours de l'étude. Même si Stake les nomme *issue questions* ou questions thématiques (p. 18), ces thèmes traduisent bien un problème observé dans un contexte particulier et peuvent être présentés de façon déclarative ou interrogatoire. Ces questions peuvent sous-entendre une relation de cause à effet ou simplement représenter un problème observé.

Les questions thématiques peuvent provenir du chercheur et de son domaine d'étude. Elles doivent être posées lorsque le chercheur n'a pas d'expérience préalable du cas à l'étude. Stake les nomme *etic issues*. Les questions thématiques proviennent parfois des composantes du cas (les acteurs du cas) et elles se posent à l'intérieur du système. Stake (*Ibid.*), qui les nomme alors *emic issues*, souligne qu'elles sont l'outil de préférence des ethnographes (p. 20). Peu importe leur origine, les questions thématiques évoluent au cours de l'étude et mènent à d'autres questions thématiques et à des affirmations. Ces affirmations deviennent progressivement de petites généralisations ; celles-ci portent, soit sur le cas particulier, soit sur un ensemble de cas. Mais quand les petites généralisations deviennent de grandes généralisations, elles concernent toute une collectivité de cas.

Pour Yin (1984), le recours à l'étude de cas simple ou multiples est adéquat si le chercheur s'intéresse au comment et au pourquoi des phénomènes qui se produisent dans un contexte particulier, notamment si le chercheur a peu ou pas de contrôle sur les événements étudiés ou observés. Les questions thématiques de Stake (1995) sont, pour Yin, des propositions. Cependant, contrairement à Stake, Yin (1994, 2003) perçoit les propositions comme des hypothèses au sens traditionnel, c'est-à-dire qu'elles possèdent une base théorique et qu'elles sont souvent directionnelles (p. 21), c'est-à-dire qu'elles vont orienter la cueillette des données. Selon Yin, (1994) seule l'étude de cas exploratoire se prête à une enquête dépourvue d'hypothèses. En général, plus les propositions spécifiques sont nombreuses pour une étude de cas, plus cette dernière a des chances d'être réalisable (p. 25). Yin (*Ibid.*) accorde aussi beaucoup d'importance au développement de théories lors de la planification de l'étude de cas. Selon lui, l'idée qu'ont certains chercheurs d'éviter la formulation de propositions théoriques spécifiques au début de l'étude est erronée. La structure théorique développée *a priori* devient alors pour Yin (*Ibid.*) la source principale des généralisations des résultats de l'étude.

La position de Merriam (1998) diffère considérablement de celle de Yin. Selon la chercheure, la déduction issue d'une théorie est plutôt rare dans une étude de cas (Yin affirme le contraire). Dans l'étude de cas qualitative, les hypothèses sont formulées pendant la collecte et l'analyse des données, et le chercheur doit rester ouvert à l'émergence de nouvelles hypothèses. Merriam présente le problème de recherche propre à l'étude de cas selon trois catégories, soit les problèmes conceptuels, les problèmes d'action et les problèmes de valeur. Les problèmes conceptuels émergent d'une divergence théorique ou conceptuelle entre deux éléments juxtaposés. Par exemple, il pourrait y avoir des experts en motivation qui postulent que les enfants sont motivés par l'autodétermination de leur apprentissage, alors que certains enfants semblent motivés par la présence d'une structure de travail prédéterminée. Sur un plan théorique, ces deux situations s'opposent. Les problèmes d'action proviennent d'un besoin de solutions de rechange pour résoudre un problème concret. Finalement, les problèmes de valeur sont issus d'une conséquence indésirable d'une intervention ou d'un phénomène.

Pour Merriam (1988), l'étude de cas qualitative naît le plus souvent d'un problème identifié dans la pratique. Quelques questions générales sont ensuite formulées, des questions de processus (le «comment» et le «pourquoi» d'un événement ou d'un phénomène). De plus, selon elle, puisque l'étude de cas qualitative a pour but de construire des théories, elle bénéficie d'un paradigme naturaliste, c'est-à-dire que le chercheur ne doit pas être restreint par un ensemble de variables spécifiques prédéterminées, ce qui pourrait diminuer ses chances de trouver d'autres variables critiques et des liens imprévus (Eckstein, 1975, dans Merriam, 1988, p. 59).

5 Sources d'évidence de l'étude de cas : validité et triangulation

La validité d'une étude de cas, c'est un peu le «contrôle de qualité» de l'étude de cas. Pour Merriam (1988), la validité répond à la question «le chercheur peut-il faire confiance aux résultats de son étude de cas?» (p. 166). Selon Bogdan et Biklen (1992), la validité d'une recherche consiste principalement à savoir si les données recueillies par le chercheur correspondent réellement au phénomène étudié. Une méthode courante, pratique et pertinente pour contrer les biais de validité consiste à faire de la triangulation. La triangulation, c'est l'utilisation de diverses méthodes pour vérifier les hypothèses formulées par le chercheur à partir de ses observations, dans le but de les valider. Pour Merriam (1988), la triangulation méthodologique peut jumeler des méthodes différentes comme des entrevues, des observations et des artefacts dans l'étude d'un même phénomène. Puisque la validité de l'étude dépend de sources multiples, Yin (2003), tout comme Stake (1995) et Merriam (1988), recommande aussi l'usage de la triangulation. Il la définit comme le développement d'un fil d'enquête convergent ou encore comme la convergence des sources ou données. Ainsi, le lecteur sait que le chercheur a vérifié l'intégrité du fait observé. La figure 1 illustre l'utilisation de sources multiples lors du processus de triangulation de l'étude de cas. Plusieurs considèrent la triangulation comme la méthode de validation la plus efficace pour l'étude de cas.

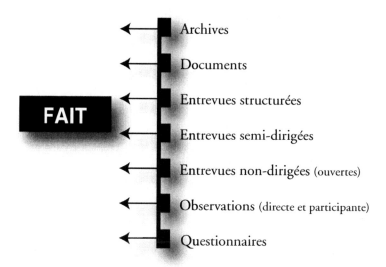

Figure I
Schématisation de l'utilisation de sources multiples
(adaptée de Yin, 2003)

Selon Denzin (1970), le succès de cette procédure de validation repose sur l'articulation complémentaire et compensatoire des différentes méthodes de collecte de données; «les faiblesses d'une méthode sont souvent les forces d'une autre» (p. 308). Huberman et Miles (1991) suggèrent même de remettre la description des cas à des acteurs du cas afin qu'ils puissent corriger les erreurs ou identifier les aspects qui auraient été négligés par le chercheur. Enfin, Stake (1995) indique aussi l'utilisation de différentes méthodes, dont le fait de retourner au sujet étudié avec les résultats recueillis pour s'assurer que cela correspond bien à sa perception du phénomène étudié est une excellente façon de trianguler les résultats d'une recherche. Le tableau 4 résume les différents moyens de s'assurer de la validité d'une étude de cas selon le modèle de Stake (1994), Yin (1994, 2003) et Merriam (1988).

Tableau 4

Sources de validité de l'étude de cas

	Merriam (1988)	Stake (1995)	Yin (2003)
Validité interne	• triangulation • révision des données par les acteurs du cas étudié • observation à long terme du même lieu • observation répétée du même phénomène • révision des données par les pairs • implication des participants de l'étude à la recherche sous tous ses aspects • déclaration de la subjectivité et des préconceptions du chercheur	• triangulation • révision des données par les sujets de l'étude • révision des résultats par les pairs • échantillonnage adéquat pour assurer la variété	• appariement logique (*pattern-matching*) • élaboration d'explications • analyse séquentielle
Validité de construit			• usage de sources multiples (triangulation) • élaboration d'une suite logique d'évidences • révision du rapport de cas par les informateurs
Validité externe	• échantillonnage • questions prédéterminées • processus spécifiques d'encodage et d'analyse (multicas) • description très détaillée, quasi positiviste du cas • établir à quel degré le cas est typique d'un phénomène • mener une analyse transversale du site et du cas (étude de cas particulier)		• logique de reproduction dans l'étude multicas

Il existe de nombreuses sources de validité pour l'étude de cas. Par exemple, pour Yin (2003), l'étude de cas est une forme de recherche empirique et requiert trois types de validité, soit la validité de construit, la validité interne et la validité externe. La validité assure au chercheur que les données et les interprétations sont crédibles, fidèles à la réalité observée, et qu'elles peuvent être confirmées. Par exemple, pour mieux comprendre le style d'enseignement d'un formateur, on peut à la fois interroger les apprenants, le formateur et les pairs. La validité de construit établit l'adéquation des mesures opérationnelles aux concepts à l'étude. Pour l'étude de cas, elle dépend de l'usage de sources multiples, de l'élaboration d'une série d'évidences, et de la révision du rapport de cas par les informateurs.

La validité interne, pour sa part, établit un lien de cause à effet entre certaines conditions. En premier lieu, la validité interne assure que les résultats de l'étude sont représentatifs de la réalité observée. Par exemple, certains chercheurs retournent voir les sujets de leur étude de cas afin de mieux comprendre comment la description faite du cas correspond à la perception du cas par les sujets étudiés. La validité interne dépend de l'appariement logique (*pattern-matching*), de l'élaboration d'explications et d'analyse séquentielle. Merriam présente six stratégies de vérification de la validité interne d'une étude de cas, soit la triangulation, la révision des données par les acteurs du cas étudié, l'observation à long terme du même lieu ou l'observation répétée du même phénomène, la révision des données par les pairs, l'implication des participants de l'étude à la recherche sous tous ses aspects et la déclaration de la subjectivité et des préconceptions du chercheur.

Enfin, la validité externe établit le domaine à l'intérieur duquel les résultats de l'étude peuvent être généralisés. Elle dépend d'une logique de reproduction dans l'étude multicas (Yin, 1994, p. 33). Pour Merriam (1988), la validité externe traite du potentiel de généralisation des résultats de l'étude. Cependant, Merriam considère que la généralisation n'est pas nécessairement évidente lorsque l'étude traite d'un seul cas ou lorsque le sujet de l'étude est un individu. Pour elle, la généralisation ne devrait donc pas être prise en compte dans la validation. La validité externe de l'étude multicas est plus facile à atteindre puisqu'il y a possibilité de se servir d'échantillonnage, de questions prédéterminées et de processus spécifiques d'encodage et d'analyse (Merriam, 1988, p. 174). Pour la chercheure, la validité externe peut être accrue si le chercheur offre une description très détaillée, quasi positiviste du cas, s'il établit à quel degré le cas est typique d'un phénomène et en menant une analyse transversale du site et du cas.

⑥ Méthodologie ou pratique de l'étude de cas

Les principaux spécialistes de l'étude de cas distinguent trois éléments dans la production d'une étude de cas : la planification de l'étude de cas, la collecte des données et l'analyse des données recueillies.

Lors de la planification de l'étude de cas, plusieurs éléments semblent importants, tels l'identification d'un problème de recherche, qu'il soit tiré d'une expérience vécue, de la pratique, du domaine de recherche ou d'une recension des écrits, et la sélection du cas, selon la problématique établie. Il est à noter que seul Yin (1994, 2003) considère essentiel de développer une théorie *a priori* ou d'émettre des propositions avant d'entreprendre l'étude de cas. Mucchielli (1996) met l'accent sur l'importance d'une position épistémologique de recherche. Selon lui, il faut « dès ce stade être vigilant pour se donner un cadre qui s'appuie sur l'expérience vécue par les acteurs en situation et sur la perception qu'ils ont de cette expérience » (p. 79). Il est essentiel de définir un processus de sélection des informations à retenir, soit en fonction du thème de recherche (Stake, 1995), soit en fonction du problème de recherche (Yin, 1994), de façon à ne retenir que les informations pertinentes ou afin de procéder avec une matrice d'analyse flexible et conçue en fonction du cas, des objectifs ou des thèmes de recherche (Huberman et Miles, 1991). Cette matrice, qui ne limite pas nécessairement les observations du chercheur, mais qui lui permet plutôt d'organiser plus facilement certaines données recueillies, se doit d'être évolutive afin de pouvoir s'adapter au cas étudié. La préparation de cette matrice demeure subjective ; lors de l'analyse des données, le chercheur devrait prendre en considération cette subjectivité relative et en faire état, comme l'a fait Karsenti (1998, p. 319-320) dans son étude multicas portant sur les pratiques pédagogiques « motivantes » de quatre enseignants du primaire.

À l'étape de la collecte des données, l'organisation des informations recueillies doit viser à en faciliter une analyse éventuelle. Afin de limiter l'aspect subjectif de la recherche, il devient important d'avoir bien rapporté « la situation telle qu'elle a été vécue par les acteurs concernés, car l'essence même d'une étude de cas est de rendre explicite ce que les acteurs ont vécu » (Mucchielli, 1988, p. 79). Pour s'assurer de bien représenter la réalité telle que le ou les acteurs du cas étudié l'ont vécue, Yin (1994, 2003) suggère, comme nous l'avons souligné, d'utiliser plusieurs sources d'information : documents, archives, entrevues, observation directe, observation participante et objets physiques.

Lors de l'analyse des données, plusieurs mettent en évidence l'importance de valider les données recueillies, notamment par la triangulation (Huberman et Miles, 1994 ; Stake, 1995 ; Yin, 1994). Yin (2003) précise qu'il est difficile de tracer un plan d'analyse des données, et que chaque plan dépend des objectifs ou des hypothèses de recherche, du chercheur et du cas étudié. Il propose toutefois deux stratégies d'analyse, qui varient selon le type d'étude de cas réalisé (inductive ou déductive). Si le chercheur s'appuie sur des propositions théoriques, il lui faut les vérifier par appariement logique (*pattern-matching*), c'est-à-dire qu'il propose de comparer des phénomènes empiriques (observés) à des phénomènes prédits (issus de la théorie). L'autre méthode d'analyse des données qu'il propose consiste à construire un modèle théorique à partir des données recueillies à l'intérieur du cas (méthode inductive).

Huberman et Miles (1994) suggèrent d'utiliser une matrice pour organiser l'analyse des données recueillies. Cette façon de procéder est susceptible d'accroître la rigueur de l'analyse effectuée. La rédaction d'un rapport narratif (pour les études descriptives) ou l'élaboration de théories, de généralisations, complète la phase de l'analyse des données.

Afin de mieux comprendre les différences méthodologiques de la pratique de l'étude de cas, les trois principaux modèles seront présentés, soit ceux de Stake (1995), de Yin (2003) et de Merriam (1988). Yin (2003) propose trois étapes principales au déroulement de l'étude de cas: la planification de l'étude de cas, la collecte des données puis l'analyse des données. La figure 2 illustre les différentes étapes de l'étude à cas multiples (Yin, 1994).

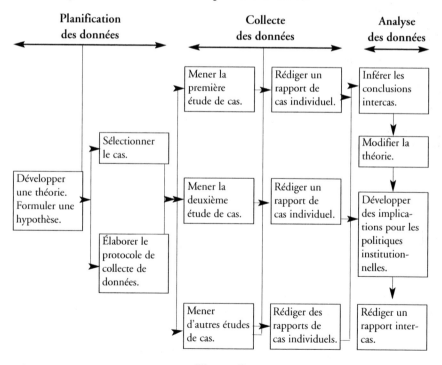

Figure 2
Schématisation de la pratique de l'étude cas selon Yin
(adaptée de Yin, 1994)

À l'instar de Yin (2003), Stake (1995) indique aussi qu'il existe trois étapes principales à l'étude de cas : la préparation, l'exécution et l'analyse-validation des données. Son approche se distingue surtout par l'importance capitale qu'il accorde à la validation des données (par triangulation). L'hypothèse de départ prend également une importance relative, selon le type d'étude de cas réalisée. La figure 3 illustre les différentes étapes de réalisation d'une étude de cas selon Stake (1995).

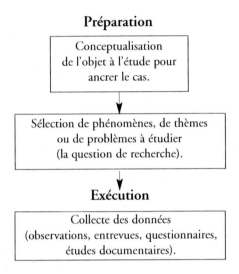

Préparation

Conceptualisation
de l'objet à l'étude pour
ancrer le cas.

Sélection de phénomènes, de thèmes
ou de problèmes à étudier
(la question de recherche).

Exécution

Collecte des données
(observations, entrevues, questionnaires,
études documentaires).

Analyse et validation des données

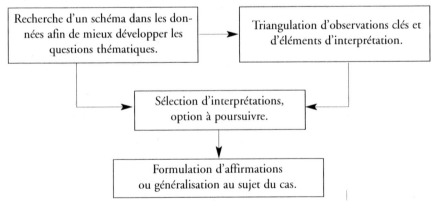

Recherche d'un schéma dans les données afin de mieux développer les questions thématiques.

Triangulation d'observations clés et d'éléments d'interprétation.

Sélection d'interprétations,
option à poursuivre.

Formulation d'affirmations
ou généralisation au sujet du cas.

Figure 3
Schématisation de la pratique de l'étude cas selon Stake
(adaptée de Stake, 1995)

Même si Merriam (1988) considère qu'il y a trois principales étapes à l'étude de cas : préparation, actualisation et interprétation de l'étude de cas, son approche se distingue de celles de Stake (1995) et de Yin (2003) par l'importance qu'elle accorde à la théorie ancrée pour l'élaboration de nouvelles théories (figure 4).

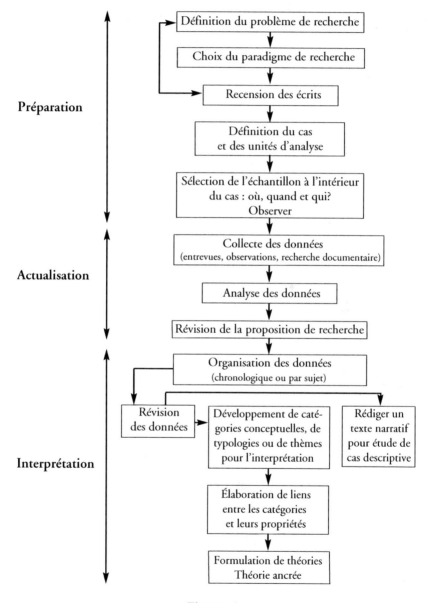

Figure 4
Schématisation de la pratique de l'étude cas selon Merriam
(adaptée de Merriam, 1988)

7 Conclusion

L'étude de cas est une méthode de recherche très souvent retrouvée en éducation. C'est celle qui a été utilisée par Piaget lorsqu'il a développé sa théorie sur les «stades du développement intellectuel de l'enfant», théorie toujours actuelle en éducation, mais qui est issue principalement de l'étude de deux cas : les deux enfants de Piaget.

Comme nous avons pu le voir, les principales positions épistémologiques traitant de l'étude de cas – et retrouvées dans la littérature sur la question – sont considérablement différentes. L'objectif même de l'étude de cas est d'ailleurs différent pour Yin (1994, 2003), Merriam (1988) et Stake (1995). Pour Yin, le but ultime de l'étude de cas est d'élargir et de généraliser des théories (généralisation analytique) et non d'en faire une analyse particularisante (Yin, 1994, p. 30). Pour lui, l'étude de cas peut servir à quantifier des éléments descriptifs, à confirmer ou à infirmer une théorie ou une proposition, à évaluer l'efficacité d'un programme ou d'une institution, à concevoir des théories et des modèles. Elle peut expliquer, explorer et évaluer, mais toujours à partir de propositions préétablies.

Cette position reflète une vision positiviste des sciences sociales où le cas étudié serait un indice d'un comportement général à l'espèce humaine. Les positivistes supposent, en général, que la réalité est donnée objectivement et peut être décrite par des caractéristiques mesurables indépendantes de l'observateur. Des positions comme celle de Yin tentent de tester une théorie, dans le but d'augmenter la prédictibilité d'un phénomène. Gravitz (1996) note à ce sujet que les sciences sociales ont souvent été considérées comme des sciences nomothétiques, c'est-à-dire des sciences ayant pour but de trouver des régularités et des généralités aux individus, «pouvant à défaut d'énoncer les lois, du moins généraliser et parfois prévoir» (p. 388). Pourtant, mentionne Gravitz, toute science revêt à la fois un aspect nomothétique (lié à l'étude de cas ou d'événements comme étant universels, avec l'idée de formuler des théories ou lois généralisables à tous les cas ou événements) et un aspect idéographique (lié à l'étude de cas ou d'événements comme étant uniques, dans l'idée de comprendre chacun séparément et individuellement puisque tous uniques et différents). Par conséquent, et comme le souligne Stake (1995), le but de l'étude de cas peut être à la fois de mettre en évidence les ressemblances et les particularités des cas étudiés. En outre, selon Erickson (1986) et Merriam (1988), la recherche qualitative, et notamment l'étude de cas particuliers, peut permettre au chercheur d'observer et d'analyser un phénomène distinct en cours de processus, de naissance, de progression et de dépérissement.

Comme cela a été souligné dans le sixième chapitre (sur la méthodologie), les nouvelles avenues en méthodologie de la recherche favorisent des approches mixtes, des approches qui empruntent à la fois au domaine positiviste et au domaine interprétatif en vue de répondre adéquatement à un problème, une question ou un objectif de recherche. Il semble que l'étude de cas soit une approche en recherche tout à fait indiquée pour l'éducation puisque plusieurs études, en particulier celles qui traitent des interactions en salle de classe ou à l'intérieur d'une école, impliquent un nombre important de variables qu'il est souvent difficile d'isoler. En plus de faciliter l'étude d'un grand nombre de variables et des liens qui existent entre elles, l'étude de cas facilite l'inclusion de diverses méthodes qualitatives et quantitatives, dans le but d'étudier un phénomène dans son contexte naturel.

Pour mieux comprendre l'application concrète de l'étude de cas, quelques exemples d'études de cas réalisées et publiées sont présentés à la section suivante.

Extraits et résumés d'études de cas publiées

Bouchard, P. et St-Amant, J.-C. (1996). Le retour aux études : les facteurs de réussite dans quatre écoles spécialisées au Québec. *Revue canadienne de l'éducation, 21*(1), 1-17.

> S'inspirant d'une approche constructiviste et interactionniste et se servant d'une méthode de type qualitatif, cette recherche présente les résultats d'entrevues avec des membres de la communauté étudiante de quatre écoles spécialisées en « raccrochage scolaire » au Québec. Il s'agit donc d'une étude multicas, où chacun des cas serait une des écoles spécialisées. Dans leurs conclusions, les auteurs font ressortir comment de jeunes adultes, issus de milieux socioéconomiques modestes, voient bloquée toute possibilité de réussite sociale et reviennent tenter leur chance à l'école. Il s'agit donc d'une étude de cas de nature essentiellement descriptive et interprétative.

Karsenti, T. (1998). *Étude de l'interaction entre les pratiques pédagogiques d'enseignants du primaire et la motivation de leurs élèves.* Thèse de doctorat en sciences de l'éducation, Université du Québec à Montréal.

> Cette recherche porte sur l'interaction entre les pratiques pédagogiques et le changement de motivation des élèves du primaire. En particulier, il s'agit d'une étude multicas impliquant quatre enseignants et leurs élèves. L'analyse des pratiques pédagogiques des enseignants reconnus comme des motivateurs bons et

efficaces fait état de plusieurs points saillants. Les résultats de l'étude illustrent qu'il existe des pratiques pédagogiques motivantes semblables chez les quatre enseignants observés. Les résultats mettent également en relief les pratiques pédagogiques particulières pour chacun des enseignants observés. Cette étude de cas est donc de nature interprétative et essentiellement descriptive. Aucune généralisation n'est tentée et les limites de la recherche sont clairement exposées. Des précisions particulières aux cas étudiés aussi sont mises en évidence.

Lherme-Piganiol, E. (1998). Les « pseudo-délinquants ». À propos des troubles du caractère et du comportement chez les adolescents n'accédant pas à la pensée formelle. *Psychologie et éducation, 42,* 89-98.

Concernant deux cas cliniques, l'auteur pose la question des liens entre les difficultés intellectuelles et les troubles de comportement ; il souligne les aléas du parcours de certains adolescents dont le déficit n'est pas toujours pris en compte. L'hypothèse est que l'inadéquation entre leurs compétences et les performances attendues par l'entourage générait une boucle d'agressivité à plusieurs niveaux.

Cette étude de cas, qui part d'une hypothèse, emprunte plus à l'approche de Yin (1994, 2003) puisque l'auteur tente de confirmer (ou d'infirmer) son hypothèse de recherche.

Questions, consignes et pistes de discussion

1) À l'aide des bases de données Repère et ERIC, trouvez au moins deux études de cas.

2) Écrivez, selon les normes de publication, une bibliographie et un résumé critique pour chacune de ces études de cas (10-15 lignes par étude de cas).

3) Quel est le problème de recherche de chacune de ces études de cas ? Selon les connaissances que vous avez acquises en lisant ce chapitre, est-ce que les problèmes de recherche sont propices à l'utilisation de l'étude de cas ? Justifiez votre réponse à l'aide des connaissances théoriques proposées dans ce chapitre.

4) Quel est le but de chacune des études de cas ? Est-ce un but de généralisation ? Est-ce un but de particularisation ? Est-ce un but de comparaison ? Justifiez votre réponse.

5) Faites une représentation schématique de la méthodologie qu'utilise chacun des auteurs.

6) Avec les connaissances théoriques présentées dans ce chapitre, expliquez sommairement (10-15 lignes) si la méthodologie utilisée par chacun des auteurs se rapproche plus de celle de Yin (2003), de celle Stake (1995) ou de celle Merriam (1988).

7) Proposez une modeste étude de cas que vous aimeriez réaliser. Prenez soin de préciser le problème de recherche, le but, le type d'étude de cas envisagée, et la méthodologie empruntée (Yin, Stake ou Merriam). Justifiez votre choix.

■10■ Lectures complémentaires

Merriam, S. (1988). *Case study in education : A qualitative approach.* San Francisco (CA) : Jossey-Bass.

Le guide de Merriam est simple et facile à consulter. L'auteure confronte les préjugés qu'ont certains chercheurs à l'égard de la recherche qualitative en éducation et en présente les avantages. En se basant sur les travaux de Miles et Huberman et de Yin, Merriam présente une taxinomie unique et un devis de recherche particulièrement bien adapté à la recherche qualitative en éducation. Elle offre plusieurs stratégies pour chaque étape du processus de recherche et traite particulièrement des questions de validité et d'éthique.

Stake, R.E. (1995). *The art of case study research.* Thousand Oaks (CA) : Sage Publications.

L'approche de Stake est très personnalisée et l'ouvrage, agréable à parcourir. On y offre à la fois des conseils pratiques et des anecdotes tirées des expériences concrètes vécues par l'auteur lors d'observations dans diverses écoles et salles de classe. Ces exemples font la force de l'œuvre, car ils représentent concrètement la méthodologie de l'étude de cas. De plus, à la fin de chaque chapitre, Stake offre des ateliers qui permettent au lecteur de mettre les conseils en application. Les critères et les caractéristiques de chaque étape sont bien développés et synthétisés dans des tableaux.

Yin, R.K. (2003). *Case study research : Design and methods* (3ᵉ édition). Thousand Oaks (CA) : Sage Publications.

L'ouvrage fait une analyse comparative des approches quantitative et qualitative, discute du rôle de la théorie dans l'élaboration de l'étude de cas et de la triangulation pour la validation par sources multiples. De plus, Yin inclut plusieurs modèles du plan d'étude de cas, fournit des exemples concrets quant à leur application et présente les critères d'un bon rapport d'étude de cas. L'approche de Yin est rigoureusement scientifique et traite intégralement de toutes les étapes d'une étude de cas valide et fidèle.

Dixième chapitre

La *diffusion des résultats de recherche*

Gérard-Raymond Roy et François Larose
Université de Sherbrooke

▰▰▰ Plan du chapitre

▰▰▰ Résumé

Ce chapitre porte sur les principaux éléments qu'il faut considérer au regard de la diffusion de résultats de recherche. L'introduction traite des points généraux à prendre en compte lors de la préparation d'un texte. Cela conduit à cerner les caractéristiques des divers types de publications afin de suivre le chemin le plus pertinent pour atteindre le public que cible chaque type de texte. Mais quel que soit le document, son organisation doit détenir des qualités susceptibles de capter l'attention du lecteur. Ces qualités concernent habituellement la valeur heuristique (de recherche) du texte, son organisation proprement dite (plan discursif) et la manière de dire (plan formel). Ces traits positifs seront par la suite mis en parallèle avec certains défauts qui, trop souvent, nuisent au bon cheminement d'un texte et à son approbation par les arbitres chargés d'en apprécier le contenu, la rigueur et l'originalité.

*À chaque instant, à chaque mort, s'emportent
dans les tombes, avec les parcelles de liberté
de chacun, les acquis non quantifiés
et sans histoire, des générations.*
(Jacky Beillerot, 1989)

■▬▬Introduction

En éducation, la diffusion des résultats de recherche permet à un ou à plusieurs individus de rendre accessible à un public relativement vaste chacune des contributions particulières qu'ils apportent à un domaine d'étude. En ce sens, la diffusion des résultats de recherche met en relation un chercheur rédacteur (praticien, étudiant, professeur ou autre) et un organe de diffusion (ou un diffuseur) qui conviennent de collaborer pour faire connaître à des publics éventuels des résultats de recherche portant sur un ou des objets d'étude relatifs à l'éducation. Ce processus de collaboration implique que les protagonistes s'entendent sur ce qui sera publié, sur la forme que prendra la publication et sur la catégorie des personnes susceptibles d'être intéressées par le produit de recherche.

Plusieurs idées géniales, étalées sur une feuille ou cryptées sur un disque rigide, finissent souvent par se perdre au fond d'un tiroir, dans un classeur ou sur un disque de sauvegarde, faute d'avoir reçu ce petit supplément de travail qui les auraient rendues diffusables. Car bien peu d'écrits et de travaux de recherche sont publiables tels qu'ils se présentent à la sortie de l'esprit. Même les travaux des étudiants qui ont mérité les meilleures notes, qu'il s'agisse d'essais, de mémoires ou de thèses, doivent, avant publication, être apprêtés au goût du public cible et adaptés en tenant compte du genre de publication envisagé.

Conçu dans cet esprit, ce chapitre présente diverses balises qui peuvent soutenir la préparation et la révision des textes de recherche destinés à la publication. Il traite principalement des notions de « public cible » et de « type de publication », des caractéristiques de publication d'un texte. En somme, le lecteur est invité à s'approprier les principes fondamentaux dont doivent tenir compte les étudiants et les chercheurs qui désirent voir diffusé leur travail. Ces principes visent à donner une valeur ajoutée au texte ; ils concernent, il va sans dire, tous les types de textes à rédiger dont il a été question du troisième au neuvième chapitres du présent ouvrage consacré à la recherche en éducation. Le contenu qui sera illustré d'un certain nombre d'exemples s'en tiendra toutefois aux points les plus essentiels.

⒉ Les publics cibles

Pendant des années, tant à l'école primaire qu'au secondaire, chacun a appris à rédiger différents textes. Chaque fois, comme émetteur, il a été invité à prendre en considération le destinataire ou le récepteur du message. Cela avait pour but de permettre au texte d'obtenir l'effet désiré. Même à un niveau plus élevé, cette prise en compte du destinataire et de la situation de communication reste indispensable. Mais ici, le destinataire se nomme le public cible.

Chacun écrit pour être lu et compris. Le public cible comprend toutes les personnes que devrait atteindre un texte. Ce peut être des élèves, des étudiants, des enseignants du primaire ou du secondaire, des professeurs de collège et d'université, des chercheurs ou des spécialistes de divers domaines et, peut-être même, tout le monde, c'est-à-dire le grand public.

Selon le public cible, le ton, le vocabulaire, la phraséologie même du texte peuvent varier. À l'oral, on ne s'exprime pas de la même manière avec des amis que lorsqu'on donne une conférence ; dans le premier cas, le discours peut comporter bien des sous-entendus que vient combler la situation de communication, alors que le contenu d'une conférence doit être structuré et prendre forme selon un ordre annoncé dès le début du discours. À la télé, il est des films destinés à un public de tous âges, d'autres, à un public de treize ans et plus, et d'autres encore, à un public de dix-huit ans et plus.

Il en est de même à l'écrit ; les lecteurs de textes de vulgarisation que publient les revues professionnelles ne recherchent pas nécessairement des informations aussi précises ni le même type d'information que les lecteurs qui s'alimentent l'esprit de textes ou d'articles qui paraissent dans des revues scientifiques. D'une certaine manière, qui veut être lu et compris doit principalement considérer ce que désire connaître son lectorat. Si, en recherche, le praticien, l'étudiant-chercheur ou le chercheur créent leur message, c'est le public cible qui oriente en partie leur manière de dire. Mais attention, cette manière de dire varie selon les formes de publication et les caractérise.

⒊ Les formes de publication

Il existe plusieurs manières de rendre publique une information, de diffuser un message. À l'oral, qu'on pense à la criée pour l'échange d'actions dans certaines places boursières ou pour la vente de diverses marchandises dans quelques marchés [1]. À l'écrit, l'information, qui est devenue plus facilement disponible depuis l'invention de l'imprimerie par Gutenberg, est apprêtée, surtout en ce qui a trait à la recherche, selon diverses formes de publication et peut être présentée sur support papier, sur support informatique ou sur support vidéo. Voici une liste de revues qui concernent l'éducation.

Tableau I
Liste de revues qui traitent de sujets relatifs à l'éducation

Bulletin de psychologie	Orientation scolaire et professionnelle
Bulletin de l'ACLA	Parents
Bulletin de l'Association des mathématiques	Perspectives documentaires en éducation
du Québec	Psychologie et éducation
Cahiers de la recherche en éducation	Pratiques
Curriculum Inquiry	Psychologie préventive
<http://www.ebsco.com/online/Reader.asp>	Québec français
École des parents	Réadaptation
Educational Studies	Recherche en didactique des mathématiques
<http://www.carchword.com/>	Recherche et formation
Educational Studies in Mathematics	Recherches qualitatives
Éducation canadienne et internationale	Repères : essais en éducation
Éducation et francophonie	Res academica
<http://www.acelf.ca/revue>	Revue canadienne d'enseignement supérieur
Evaluation and Research in Education	Revue canadienne de l'éducation/
<http://www.carchword.com/>	Canadian Journal of Education
Éducation permanente	Revue canadienne de psychoéducation
Enfance	Revue de l'Association québécoise de l'ensei-
Enjeux	gnement du français langue seconde
Études de linguistique appliquée	Revue des sciences de l'éducation
Formation emploi	Revue française de pédagogie
For the Learning of Mathematics	Revue française de psychologie
Instantanés mathématiques	Revue française de la déficience intellectuelle
Journal of Teacher Education	Revue québécoise de psychologie
Journal of Moral Education	Revue suisse des sciences de l'éducation
Le français dans le monde	Sociologie et sociétés
Les sciences de l'éducation pour l'ère nouvelle	Spirale
McGill Journal of Education/	Teaching and Teacher Education
Revue des sciences de l'éducation de McGill	Theory into Practice
Mesure et évaluation en éducation	Vie pédagogique

---

1   Jadis, sur le perron des églises, après la messe, on procédait à la vente de produits de la ferme. La criée commençait par de retentissants « Oyez ! Oyez ! » (du verbe « ouïr »).

3.1 Publications disposées sur support papier

Par formes de publication, disposée sur support papier, relatives à la diffusion de la recherche en éducation, on fait référence aux textes à diffusion restreinte, tels que les rapports de recherche et les monographies ainsi que les essais, les mémoires et les thèses qui concernent directement la formation de chercheurs; on renvoie également aux textes à diffusion plus étendue, dont les actes de colloques ou de congrès, les ouvrages collectifs et les livres auxquels s'ajoutent les articles qui paraissent dans divers périodiques dont les revues scientifiques et les revues professionnelles. Les principaux termes qui servent à désigner ces moyens de diffusion ainsi que ceux relatifs à la transmission de l'information par voie électronique sont définis brièvement dans le glossaire[2].

Si toutes ces publications contribuent à faire connaître les résultats de la recherche, il n'en demeure pas moins qu'une recherche, même diffusée, n'atteint qu'un petit nombre de ses destinataires. Plusieurs raisons l'expliquent, dont les barrières linguistiques, le sectarisme et le grand nombre de publications. La plupart des textes ne sont publiés qu'en une seule langue, et comme bien des chercheurs ne sont pas réellement bilingues et encore moins multilingues, ils n'ont de ce fait accès qu'à une partie des résultats de recherche. Combien de chercheurs québécois peuvent prendre connaissance des recherches menées en Chine, en Russie, en République tchèque? Parfois, ce premier obstacle n'est rien à côté du sectarisme qui, fort souvent, guette la recherche. Des domaines entiers de recherche se subdivisent en chapelles dont les tenants ne se parlent plus. Certains sont béhavioristes, d'autres constructivistes; cela rend difficile l'intégration de leurs apports réciproques. Et il y a aussi l'énorme quantité d'informations disponibles: il est présentement impossible, faute de temps pour le faire, de prendre connaissance de tout ce qui se publie dans son propre domaine de recherche. Cette quantité de publications déjà disponibles conduit par ailleurs au rehaussement des exigences de qualité des nouveaux textes qui se destinent à la diffusion. En recherche universitaire, combien d'essais débouchent sur une publication? Combien de mémoires? Et combien de thèses? Certes, plus de thèses que d'essais, mais dans chaque cas, fort peu.

---

2   Il s'agit des termes suivants: cédérom, collectif ou ouvrage collectif, didacticiel, essai, livre, logiciel, mémoire, monographie, rapport de recherche, revue professionnelle, revue scientifique, thèse.

3.2   *Publications disposées sur support informatique*

Certains de ces écrits qui ont été traditionnellement distribués sur support papier se voient maintenant placés sur support informatique. En effet, aujourd'hui, certaines revues, voire certains livres, sont directement diffusées par voie électronique. Les revues électroniques, sous comités d'arbitrage ou non, telle la revue *Éducation et francophonie*[3], répondent aux mêmes critères d'évaluation et de publication que leurs équivalents diffusés sous forme imprimée. Un élément, à savoir la longueur des textes acceptés, les distingue toutefois de leurs concurrentes « moins virtuelles ». En général, bien que cette caractéristique ne soit pas universelle, une revue électronique, qu'elle recoure ou non à l'arbitrage, accepte assez facilement un écrit dont la longueur est de 15 % à 25 % supérieure à celle que peut tolérer une revue imprimée. Enfin, plusieurs banques de données, dictionnaires, encyclopédies ou autres sont dorénavant téléaccessibles sur Internet ou sur cédérom. Le tout, sans compter les logiciels éducatifs, qui servent de soutien à l'apprentissage.

Comme nous l'avons mentionné antérieurement, plusieurs types de publications peuvent donner lieu de nos jours à une diffusion électronique. Ainsi, dans certaines universités du monde anglo-saxon, les thèses et les mémoires peuvent faire l'objet d'un dépôt, d'une publication restreinte (intranet) ou large (Internet) sous format électronique (Barker, 1998 ; Fineman, 2003 ; Guedon, 1998). Certes, cette pratique est encore peu fréquente dans les facultés d'éducation, mais le dépôt puis la diffusion des travaux de recherche à caractère « académique », en tout ou en partie, se développe en particulier en Australie, aux États-Unis, en Grande-Bretagne et en Irlande. Cette forme de publication puis de diffusion fait aussi l'objet de projets expérimentaux qui se déroulent dans un cadre collaboratif, dont ceux que réalisent ensemble le Québec et la France[4].

De même, les revues scientifiques ou professionnelles publiées sous format électronique[5] sont encore peu nombreuses dans l'univers francophone, mais elles sont en pleine expansion dans les mondes anglo-saxon et hispanique. Plusieurs de ces revues adoptent un caractère multidisciplinaire ; elles diffusent des productions scientifiques ou de vulgarisation reliées au champ de l'éducation, même si, par son titre, telle revue est identifiée à la sociologie ou à la psychologie.

---

3   <http://www.acelf.ca/revue>.

4   Par exemple, le projet cyberthèses accessibles à l'adresse <http://www.cybertheses.org/>.

5   Pour avoir une idée de la diversité des champs couverts par l'édition électronique et accessibles aux chercheurs en éducation, voir les sites <http://www.sociology.org/> et <http://www.uv.es/aidipe/>.

Il existe également un autre champ d'édition et de publication d'œuvres originales en plein développement ; ce champ concerne tous les ordres d'enseignement,
du primaire à l'universitaire. C'est le domaine de la création, de la publication
et de la diffusion d'instruments didactiques de type multimédia. Il comprend
des logiciels éducatifs, des cédéroms et des sites de dépôt d'information éducative, telles que les banques de données électroniques en éducation ou encore des
outils virtuels d'animation et d'aide à l'apprentissage. Selon la volonté de diffusion ou d'accessibilité du ou des auteurs, ces supports à l'édition sont d'accès plus
ou moins limité.

Tableau 2

Exemples de publications disponibles sur support électronique

Type de support électronique	Exemples[6]
Logiciel éducatif (support : disquette, cédérom ou format comprimé, téléchargeable).	Le Grammaticiel, Cabri-géomètre.
Site Internet d'accès à une information à caractère didactique ou à caractère pédagogique.	Cyberscol, Village prologue, Rescol.

Quel que soit le support, une revue scientifique reste une revue scientifique ;
un dictionnaire, un dictionnaire. Seules changent alors l'accessibilité de l'information et, parfois, son organisation.

L'organisation de l'information

La plupart des consommateurs d'information de recherche disposent de temps
limité pour prendre connaissance de la kyrielle d'articles et de livres scientifiques
ou non qui se publient annuellement dans leur domaine d'activité ; d'où la
nécessité que chaque texte présente l'information d'une manière organisée et
facilement repérable par l'utilisateur.

Cette accessibilité au contenu d'un texte scientifique se manifeste particulièrement par le soin apporté aux aspects heuristique, discursif et formel lors de la
rédaction d'un tel écrit. Par ricochet, cela signifie que l'auteur d'un texte scientifique doit éviter plusieurs pièges ou défauts d'ordre heuristique et formel qui
ne manquent pas de capter l'attention des évaluateurs.

---

6   Ce ne sont que quelques exemples de sites destinés au soutien à l'enseignement et acces-
    sibles dans Internet : Le Grammaticiel (< www.dgrm.qc.ca >), Cabri-géomètre (< http://
    www-cabri.imag.fr/ >), Cyberscol (< http://cyberscol.qc.ca/accueil.shtml >), Village pro-
    logue (< http://www.prologue.qc.ca/ >), Rescol (< http://www.schoolnet.ca/accueil/f/ >).

4.1   *Quelques caractéristiques d'un texte scientifique de qualité*

4.1.1   Sur le plan heuristique

La valeur d'un texte scientifique tient, entre autres, au choix du sujet, au traitement qu'on en fait, à la qualité de l'argumentation, à la sélection et à l'utilisation des sources qui servent d'appui au développement des idées, à la contribution à l'avancement du domaine de recherche ainsi qu'à sa présentation selon les règles de l'art (Roy, 2002, 2004). Mais de quoi s'agit-il au juste ?

Le mot « recherche » s'apparente grandement au terme « innovation ». Cela veut dire qu'il est peu utile d'entreprendre une recherche que d'autres ont réalisée avant nous, car une telle recherche contribuerait bien peu au renouvellement du domaine. Par exemple, peu après 1985, les universités ont mis en place des mesures pour améliorer la qualité du français écrit des étudiants de collèges et d'universités ; cela a donné lieu à plusieurs études (Asselin et McLaughlin, 1992 ; Roy et Lafontaine, 1992) portant sur la quantité des erreurs et sur les types d'erreurs présentes dans les textes rédigés par les étudiants de ces établissements. Ainsi, au lieu de compter les erreurs commises, on peut s'intéresser aux carences de formation qui pourraient être à la source de ces erreurs (à ce sujet Roy, Lafontaine et Legros, 1995 ; Legros, 1999). Bref, la première qualité d'un texte scientifique tient à la nature même de la recherche qu'il présente : cela réside dans la pertinence du sujet de recherche, c'est-à-dire dans l'identification de l'objet de recherche, et dans sa contribution éventuelle à l'avancement des connaissances dans le domaine cible.

Certes, cette affirmation n'implique pas l'innovation perpétuelle. Dans plusieurs domaines de la recherche scientifique, seule la répétition de modèles de recherche antérieurs ou la réalisation de recherches duplicatives (*replication*) permet de confirmer la validité tant de la méthode que des résultats obtenus par des chercheurs faisant œuvre d'innovation. Néanmoins, ce type de recherche demeure secondaire et poursuit un but précis. Depuis une position critique étayée et articulée, elle met en cause, soit la démarche, soit le cadre théorique, soit la rigueur des résultats obtenus et publiés antérieurement par d'autres chercheurs. La réalisation de recherches duplicatives en sciences humaines concourt souvent à relativiser l'universalité de certains modèles théoriques ou encore le sérieux des fondements de théories ou de modèles qui sont adoptés comme s'il s'agissait d'évidences ou de vérités dans la documentation scientifique. La recherche duplicative répond, elle aussi, à certains critères de rigueur, ce dont traitent Jackson (1999), Leukefeld et Bukoski (1997) et Reese (1999).

La pertinence du sujet ne suffit pas toutefois. Encore faut-il traiter l'objet de recherche non seulement de manière adéquate, mais aussi originale. Ainsi, pour savoir comment quelqu'un résout divers problèmes d'accord, on peut lui faire subir un test dans lequel il aura à expliquer à haute voix la solution qu'il donne à chaque cas, mais on peut aussi chercher une situation dans laquelle il va exprimer ses connaissances sans se sentir en situation de test. C'est ce qu'on peut faire, par exemple, en laboratoire informatique lorsqu'on demande à des gens de réagir par écrit aux informations grammaticales que donne le correcteur-grammaire du logiciel *Word* (voir cinquième chapitre, La méthodologie).

Une recherche pertinente et originale doit en outre être développée de façon rigoureuse, c'est-à-dire de manière exacte et progressive. Ce sont là des caractéristiques fondamentales de la démarche et de l'argumentation scientifiques. La rigueur de la démarche scientifique se vérifie dans la présentation de la méthodologie (voir cinquième chapitre) ; mais la rigueur de l'argumentation scientifique ressort de l'exactitude de l'interprétation des textes cités ainsi que de la logique et de la progression de la démonstration. Le chercheur a-t-il ou non compris le sens contextuel de l'extrait qu'il utilise ?[7] Les étapes sont-elles toutes clairement identifiées et définies ? Sait-on d'où part et où aboutit la recherche ? Sinon, il y a problème.

En ce sens, il revient au chercheur et au texte qu'il produit de mettre en valeur et en évidence l'originalité de sa recherche. Il lui incombe aussi, en particulier dans les chapitres consacrés à la problématique et au cadre théorique, de formuler une argumentation qui va cheminer de « considérations » générales vers un objet précis de recherche. Dans ces chapitres ou sections, s'il s'agit d'un article, l'auteur appuie généralement sa réflexion sur des recherches qui ont déjà eu cours dans le même domaine ou dans des domaines connexes, ce qui lui permet d'exposer ce qui a déjà été accompli et de se dégager un objet propre de recherche. S'il n'y arrive pas, il y a problème.

Intervient alors un usage judicieux des sources ou documents de référence ; il prend la forme, soit de rappels, soit de citations[8]. Le recours judicieux aux sources nombreuses, pertinentes et variées montre bien l'étendue de la connaissance que

---

7   Ainsi, la phrase « La mort engendre la vie. » n'a pas le même sens si elle est prononcée par un botaniste ou par un dictateur.

8   Un rappel consiste à reformuler en ses propres termes la pensée d'un auteur tandis qu'une citation correspond à la reprise même d'un extrait du texte d'un auteur. Ce passage cité doit être placé entre guillemets – les guillemets français sont en forme de chevrons (« ») – et suivi de la référence précise.

l'étudiant ou le chercheur a de son domaine de recherche ; il montre aussi sa capacité de faire appel à des apports de diverses provenances dans l'exposé puis dans la résolution du problème de recherche qu'il étudie. L'utilisation des sources doit être réelle et servir à faire progresser l'exposé sur les plans historique et argumentatif par exemple.

> Plusieurs s'insurgent parce qu'au nom du progrès, de plus en plus de cours virtuels sont proposés aux étudiants universitaires. [...] L'opinion des experts paraît partagée. Plusieurs (Schutte, 1999 ; Haughey et Anderson, 1999 ; Thurston, Cauble et Dinkel, 1998) ont montré qu'un étudiant apprenait plus grâce aux TIC et aux cours en ligne qu'en face à face dans une salle de classe « normale ». Pour d'autres (Russell, 1999 ; Wisher et Priest, 1998 ; Clark, 1994), il n'existe pas de différence significative au niveau de l'apprentissage (Karsenti, 1999b).

Autrement dit, les sources sont des instruments qui viennent alimenter et faire cheminer la réflexion ; l'étudiant ou le chercheur doit y recourir pour soutenir le point de vue qu'il entend développer. Un vrai problème, s'il n'y parvient pas.

Voici un cas récent. Il concerne la lecture critique d'un rapport de recherche dont les études mentionnées dans l'exposé de la problématique faisaient référence au domaine de l'intervention précoce auprès des populations enfantines dites « à risque » provenant de communautés culturelles, défavorisées sur le plan socioéconomique. Outre que la problématique ne traitait pas particulièrement du concept de facteurs de risque ou de protection en relation avec la défavorisation, les trois articles majeurs sur lesquels s'appuyaient les auteurs remontaient à 1995-1996. Dans les trois cas, les chercheurs dont les résultats étaient rapportés en référence avaient en 1998-1999 publié des articles qui relativisaient leurs conclusions précédentes ou les infirmaient en partie. Ce choix d'articles qui « arrange les chercheurs » ainsi que la sélection arbitraire de textes sans tenir compte de l'état réel d'avancement de la connaissance dans un domaine amenuisent dangereusement la crédibilité des résultats présentés dans un rapport de recherche ou dans toute autre forme de publication.

Quant au contenu proprement dit du texte à diffuser, il doit être porteur, en chacune de ses sections, des éléments qui caractérisent le type de recherche qui a été menée. Nous ne revenons pas ici sur ces points qui ont été traités sous divers aspects du sixième au neuvième chapitres du présent ouvrage et qui influencent directement l'exposé de la problématique, du cadre conceptuel et de la méthodologie ainsi que la présentation et la discussion des résultats.

Il faut aussi, dirions-nous en terminant cette section, s'efforcer de juger de la vraisemblance ou de l'exactitude du texte qui expose les résultats d'une recherche scientifique ou en vulgarise le contenu. L'exemple suivant, relié à l'enseignement du français (Roy, 2001), illustre ce propos.

> Ces dernières années, dans une revue de vulgarisation destinée aux enseignants de français, sont parus quelques textes portant sur l'obligation d'avoir un complément placé après le verbe *aller*, comme dans la phrase « Lise va à Québec chaque semaine » ; on arguait pour déterminer si le complément « à Québec » est CdeP (complément de phrase) ou CdeV (complément du verbe). Une telle mise en propos ne résiste pas longtemps à l'analyse scientifique car, d'une part, le verbe *aller* peut être utilisé sans CdeP ni CdeV comme l'a fait Corneille dans *Horace* par son « Va, cours, vole et nous venge ! » et que l'ont marqué Goscinny et Uderzo dans *Astérix et Cléopâtre* en reprenant l'adage « Quand l'appétit va, tout va ! » ; le verbe *aller* peut aussi être suivi d'un CD (complément direct) comme dans la phrase « Ce jeune va sa vie comme il l'entend » (adapté de Roy, 2001, p. 408) [9].

Voilà un exemple qui incite à la prudence et qui rappelle que l'argumentation scientifique doit examiner le pour et le contre. En effet, une argumentation solide doit savoir prendre en compte l'ensemble des points de vue alors qu'une argumentation faible ignore le point de vue adverse.

4.1.2　Sur le plan discursif

Le plan discursif a trait à l'organisation proprement dite du texte et à la compréhensibilité qui en découle. D'entrée de jeu, disons que bien des écrits scientifiques se caractérisent par le tandem concision et cohérence. Ces qualités – économie oblige – doivent se manifester tout au long d'un texte qui est destiné à la publication, en particulier s'il s'agit d'un article scientifique ou d'un texte de vulgarisation.

Dès la première page, l'évaluateur, qui est un lecteur averti, peut déterminer si ce qu'il lit est une communication cohérente. C'est par l'introduction qu'il perçoit si l'auteur sait aborder un sujet et s'il saura le traiter. En effet, en quelques paragraphes, une introduction pertinente réussit à définir clairement le sujet et à présenter les objectifs de la recherche dont traite l'article ou l'ouvrage. Pour plus de clarté encore, elle se termine par l'annonce sommaire mais ordonnée du plan du texte. Cette amorce permet immédiatement au lecteur d'expérience de s'assurer, par le repérage des titres et sous-titres, que le texte suit le processus prévu. En un mot, le plan suivi correspond-il au plan indiqué ? ou inversement, le plan indiqué est-il suivi ? Si non, il y a problème.

9　Autre exemple de manque de rigueur, celui qu'analyse Roy (2001, p. 410-416) lorsqu'il relève une suite d'erreurs contenues dans un exemple de traitement « didactique » présenté dans une revue professionnelle à l'intention des enseignants.

Le texte d'une problématique et d'un cadre théorique, par exemple, diffère de celui qui convient à l'analyse des résultats. En effet, la formulation d'une problématique se produit davantage sur toile d'hypothèse que sur fond d'affirmation ; les idées et les opinions qui tracent les avenues éventuelles de la recherche y gagnent à être exprimées au conditionnel (pourrait, conduirait, etc.) et en termes de possibilité ; la comparaison des idées fait appel à des marqueurs de relation tels que *toutefois, cependant, en revanche, par ailleurs,* etc. Le texte doit ouvrir la voie à la recherche et non, comme il arrive trop souvent chez les chercheurs débutants, fermer la recherche par un cumul prématuré de «donc» empilés dès le départ.

L'exposé de la méthodologie, en revanche, adopte un ton neutre, descriptif. À titre illustratif, pour la recherche quantitative, les diverses sections s'agencent en une séquence presque classique qui inclut la délimitation de l'échantillon, la description des instruments de mesure, la présentation du protocole de recueil de données, les modes de compilation des résultats et l'identification des tests statistiques qui serviront à leur interprétation. Mais attention ! Tous les éléments méthodologiques nécessaires doivent être explicités et leur utilisation mérite d'être justifiée, sinon le texte risque de ne pas être accepté pour publication. Car comment un évaluateur pourrait-il croire qu'une méthodologie ou une méthode déficiente puisse engendrer des résultats crédibles ?

Quant à la présentation des résultats, elle suit également un ton neutre, mais cette neutralité va tout de même au delà de la simple description. Le texte doit faire état des résultats soit, pour les recherches quantitatives, par leur présentation en tableaux de données chiffrées et, pour les recherches qualitatives, par le rappel de verbalisations ou de propos émis par les sujets qui ont pris part à la recherche. Mais ici, il faut essayer de déborder l'étalage des données et des propos pour atteindre un certain niveau de conceptualisation ; autrement dit, il faut extraire le sot-l'y-laisse – qu'on nous permette cette métaphore empruntée au domaine culinaire –, c'est-à-dire le sens ou les idées maîtresses qui se cachent derrière les données que présentent les tableaux. À défaut d'y arriver, les données demeurent de simples nombres et les verbalisations, du pur verbiage.

C'est par la conceptualisation que la recherche, et partant le texte de recherche, atteint en quelque sorte sa dernière phase, celle de la discussion des résultats. Ici, le ton argumentatif revient. Les résultats obtenus sont comparés à ceux d'autres recherches. C'est l'aboutissement de la recherche ; c'est l'étape des conclusions que manifeste, entre autres, l'emploi de marqueurs de relation tels que *donc, en conséquence, en définitive,* etc. Ce moment de conclure permet de faire valoir les résultats obtenus et de montrer en quoi ils se distinguent de ceux d'autres études ; il doit aussi servir à rappeler les limites mêmes de la recherche et à laisser entrevoir de nouvelles perspectives.

4.1.3   Sur le plan formel

Le plan formel concerne la manière de dire. Celle-ci doit être nuancée et adaptée à chaque partie du texte. Nuancée, parce qu'en recherche en éducation, tout est loin d'être noir sur blanc. Adaptée, parce que le langage utilisé diffère d'une partie à une autre ainsi que nous venons de l'illustrer dans la section précédente. Le langage varie aussi selon le type de recherche (voir du sixième au neuvième chapitres) et selon le public cible, car un texte de vulgarisation fait souvent appel à un vocabulaire plus accessible, laisse de côté un certain nombre d'éléments pointus et se consacre davantage à l'essentiel.

Cela se traduit en particulier dans une longueur moindre du texte : les revues professionnelles, dont *Québec français* et *Vie pédagogique*, s'en tiennent habituellement à des textes d'environ trois pages alors que, dans les revues scientifiques, telles que la *Revue des sciences de l'éducation* et la revue *Recherche et formation*, la longueur des textes excède généralement vingt pages. Même si cela peut paraître un pléonasme que de le mentionner, il faut noter, en passant, que le texte de vulgarisation se nourrit du texte ou de la recherche scientifique.

Le plan formel rejoint aussi les aspects proprement techniques de l'expression, ceux qui, d'une certaine manière, étaient l'argumentation et contribuent à la clarté de l'écriture. Il s'agit, par exemple, de l'utilisation correcte et variée des connecteurs logiques : les mots parce que, car, étant donné que, comme, etc. peuvent servir à exprimer une cause comparativement aux mots *bien que, quoique, même si*, etc. qui permettent d'indiquer une concession. Il faut également surveiller l'usage qu'on fait de certains marqueurs chronologiques (d'abord, puis, ensuite, enfin) ou des marqueurs d'étapes (premièrement, deuxièmement, troisièmement, etc.) ; il faut éviter de mêler les deux en plaçant, par exemple, les termes « d'abord » et « deuxièmement » sur la même trajectoire de présentation.

La clarté d'un texte ressortit également à la mise en pages même du texte, du respect des normes de publication et à leur prise en compte selon le support de diffusion utilisé et selon le public cible. La composition du texte comporte habituellement autant de sous-titres qu'il y a eu de sections annoncées à la fin de l'introduction (voir *supra*). Il peut y avoir des sous-sections (jamais moins de deux par section : 1., 1.1, 1.2 ; 2., 2.1, 2.2, etc.) et, partant, des sous-sous-titres.

En revanche, trop de subdivisions embrouillent davantage que cela n'éclaire. Par ailleurs, il est préférable, à des fins de régularité et d'économie d'espace, d'indiquer les subdivisions par des chiffres.

Dans la mise en pages d'un texte ou d'un document, qu'il soit destiné à une publication papier ou à une diffusion par voie électronique, symétrie et simplicité font toujours bonne figure. Lorsque le texte est diffusé sur support papier, ces qualités facilitent au lecteur l'appropriation du contenu. Quand il s'agit d'un logiciel, ces qualités s'appellent ergonomie et convivialité. Par exemple, un logiciel ergonomique offre une présentation écran qui facilite le travail et l'organisation du travail. Un tutoriel convivial se distingue par sa facilité d'emploi et d'accès ; sa structure est aisée à comprendre, quel que soit l'usager, ou presque. Car, en définitive, la diffusion cible des lecteurs, des consommateurs de logiciels, etc. Si la mise en pages ou la mise en toile ne convient pas aux utilisateurs ou ne les atteint pas, le travail de l'auteur reste lettre morte.

De là l'importance de vérifier soi-même et de faire vérifier par un évaluateur externe tout texte ou tout document qu'on destine à la publication. Cela permet habituellement d'améliorer le produit à diffuser, d'obtenir une meilleure appréciation lors de l'arbitrage officiel et, en fin de compte, de gagner du temps.

4.2   Quelques pièges à éviter

Quand on vient de mettre le point final à la rédaction d'un texte, qu'il s'agisse d'un essai, d'un mémoire ou d'une thèse, bien des pièges sont à éviter pour le rendre publiable. Le plus grand de ces pièges est de croire que le travail est terminé. Au contraire, après la rédaction vient la préparation à la diffusion. Celle-ci inclut souvent un travail de synthèse et d'adaptation du texte aux exigences de la revue à laquelle il sera acheminé.

À cette fin, la consultation de spécialistes, un du domaine et un de la langue, s'avère une précaution indispensable à l'amélioration du document. Mais ici, attention ! Il faut se méfier des béni-oui-oui, de ces gens qui ne tarissent pas d'éloges à l'endroit du texte car, à cette étape, à moins que quelqu'un ne soit lui-même LE spécialiste, ce qui est recherché, ce sont des critiques et des commentaires susceptibles de permettre l'amélioration du texte. Les félicitations viendront en temps et lieu, après la publication. Le spécialiste du domaine analyse le texte sur le plan heuristique alors que le spécialiste de la langue critique le style, la syntaxe, le vocabulaire, etc.

4.2.1 Sur le plan heuristique

L'essentiel d'un texte destiné à la diffusion, qu'il soit scientifique ou de vulgarisation, c'est son contenu. Ce contenu doit faire preuve d'une certaine profondeur ; mais étant donné qu'il faut tenir compte du public cible, l'auteur doit éviter de traiter le sujet de manière trop superficielle ou de façon trop chargée. Il est par ailleurs important de faire une utilisation judicieuse des références (voir *supra*), ce qui comporte plusieurs difficultés. Revenons brièvement sur ces deux points.

Le traitement du contenu – Aujourd'hui, la course à la publication amène trop souvent des auteurs, jeunes et moins jeunes, à surgénéraliser de maigres résultats de recherche ou à traiter de façon rapide et superficielle, en les sous-exploitant, des bases de données qualitatives ou quantitatives. Trop fréquemment, la pression à la publication à tout prix incite à répartir dans plusieurs articles le raisonnement et les résultats d'une même recherche (Stoker, 1996). Cette pratique à laquelle s'adonnent maintenant les jeunes auteurs sous la contrainte de se monter un curriculum vitæ respectable semble vouloir se généraliser dans nos contrées même si la presse scientifique anglo-saxonne, elle, la dénonce depuis quelques années. Cette pratique débouche sur un traitement superficiel ou sur une quasi-absence du contenu, qu'il soit d'ordre théorique ou empirique ; elle est une des causes principales du refus de manuscrits par les arbitres que retiennent les revues scientifiques ou les maisons d'édition savante.

Dans le même ordre d'idée, l'aménagement du discours théorique, des résultats ou encore du traitement de l'information présentée en fonction de ce qui semble généralement admis ou en vogue sur le plan méthodologique représente également une source importante de faiblesse ou d'incohérence dans les textes. L'adaptation de la production scientifique aux normes ou aux priorités des décideurs politiques ou «académiques» provoque l'intégration d'amateurs dans divers domaines de recherche ou d'expertise (Boylan, 1993). Cette adaptation se manifeste par une surenchère de termes à la mode et par un appauvrissement des nuances et des relations ; elle masque souvent une faiblesse d'ordre théorique et méthodologique. Cet attrait pour la rectitude politique n'affecte pas seulement le discours scientifique à l'écrit, il rejoint aussi le discours de sens commun (Golder, 1998).

L'utilisation des références – L'utilisation abusive de références dépassées est souvent considérée comme un indicateur de méconnaissance ou «d'amateurisme» de l'auteur au regard du sujet traité. En revanche, il faut conserver, et non bannir, la référence éclairée aux auteurs qui ont construit les fondements d'un univers théorique. Pour l'exprimer d'une autre manière, l'utilisation de références relativement anciennes, autrement que dans le but de tracer le parcours de l'auteur cité sur le plan de l'avancement de la réflexion scientifique dans un domaine est souvent indicateur de méconnaissance du domaine de recherche dont traite l'auteur d'un manuscrit, voire d'incompétence dans ce domaine.

Un dernier mot, maintenant, concernant la pertinence des références. Il importe que le texte à publier témoigne des derniers développements survenus dans le domaine et que l'auteur s'appuie sur les dernières parutions relatives à son objet de recherche. Cela ne signifie pas que les écrits récents ont nécessairement plus de poids que les textes anciens. Non, chaque fois, il est nécessaire de juger de la valeur de la source. Qu'on nous permette de faire part du cas d'un étudiant de deuxième cycle qui était tout fier d'avoir déniché une référence récente traitant du peu de maîtrise des accords grammaticaux chez les étudiants de collège. Dans le travail de cet étudiant, la même source revenait constamment ; et les extraits cités avaient à ce point un petit air de déjà lu qu'on a fini par demander des précisions sur cette nouvelle source. Et cet étudiant de répondre qu'il s'agissait d'un travail de maîtrise fait par un autre étudiant. L'examen de plusieurs extraits a montré que cette source était peu fiable, car l'apprenti chercheur se limitait généralement à paraphraser des textes produits par des chercheurs chevronnés : il ne dominait pas son sujet. En un mot, il y a source et source : certaines sont plus crédibles que d'autres et, en ce domaine, la pertinence prévaut sur la nouveauté.

L'utilisation indue d'une quantité impressionnante de références dans un document scientifique correspond à une pratique que les Anglo-Saxons nomment le *name-dropping*[10]. L'abus de références citées, surtout lorsqu'il est évident que les documents mentionnés n'ont pas été lus ou compris par l'auteur, se révèle contre-productif ; cela fait perdre toute crédibilité au texte et à son auteur. Cet abus de références se double souvent d'une utilisation inadéquate du contenu des textes cités, ce que confirme, presque chaque fois, une mention inadéquate de la référence. Les comités scientifiques, les arbitres et, plus généralement, les pairs ou les experts considèrent qu'il s'agit là d'une preuve d'une faible maîtrise, par l'auteur, de l'état de la connaissance scientifique dans le domaine exploré

---

10 Aux États-Unis, cette pratique s'est développée en tant que résultat des systèmes de pondération quantitative (*cote*) des auteurs, pratique qui est elle-même associée aux critères et indicateurs d'accès à la permanence d'emploi (*tenure*) en milieu universitaire. Ainsi, plus un auteur est cité, meilleure s'en porte la cote de son institution et plus il accroît ses chances d'obtenir la permanence ou l'autonomie d'action (Gelman et Gibelman, 1999).

(Butchart, 1997 ; Kotiaho, Tomkins et Simmons, 1999). Enfin, ajoutons que l'énumération ou l'étalage d'un grand nombre d'auteurs en relation avec une idée témoigne fréquemment d'une absence de nuance dans la pensée et nuit habituellement à la progression de l'argumentation, car l'argumentation tient de la nuance qu'apporte précisément chaque auteur.

4.2.2 Sur le plan formel

La forme d'un texte destiné à la diffusion doit être impeccable non seulement en ce qui a trait à la manière de dire dans laquelle prend forme le cheminement de la pensée, mais aussi en ce qui concerne la présentation, c'est-à-dire les aspects externes et matériels.

L'expression de la pensée, l'argumentation, doit faire preuve de clarté conceptuelle et éviter les cheminements sinueux ou à tâtons. Il faut se méfier des phrases longues (cinq à dix lignes) dans lesquelles le raisonnement s'embourbe, car cela nuit d'autant à la compréhension. Il faut prendre garde aussi aux interminables paragraphes : leur présence dénote bien souvent certaines déficiences dans l'organisation des idées, elle montre que l'auteur n'a pas su dégager convenablement la structure de son texte.

Sur le plan de la mise en pages maintenant, tant dans les textes scientifiques que dans les textes de vulgarisation, une présentation aérée et parsemée de sous-titres permet de guider judicieusement les consommateurs de recherche pressés.

Rappelons aussi que trop de textes soumis pour publication n'ont pas fait l'objet d'une révision linguistique suffisante. Dans certains textes, même de niveau universitaire, pullulent les erreurs orthographiques, les fautes de syntaxe, les formulations nébuleuses, etc.

En voici quelques exemples.

- fautes de syntaxe sur le régime verbal :

  → l'étudiant ~~débute~~ commence sa recherche…

  → le problème ~~que~~ dont les gens se plaignent, c'est l'hypermétropie.

- erreur de vocabulaire :

  → pour *dix ans*, utiliser *décennie* au lieu de ~~décade~~ ;

  → pour *faire référence*, employer *se référer* ou *renvoyer* au lieu de ~~référer~~ ;

• syntaxe déficiente (ordre des mots dans la phrase) :

> Phrase originale → « Plusieurs étudiants ont la conception erronée du chercheur qui observe une expérience de chimie, vêtu d'un tablier blanc, avec de petites lunettes, les cheveux grisonnants, le dos recourbé. »
>
> Phrase modifiée → « Plusieurs étudiants ont du chercheur une conception erronée, celle de quelqu'un aux cheveux grisonnants et au dos recourbé qui, vêtu d'un tablier blanc et muni de petites lunettes, observe une expérience de chimie. »

Pour remédier à ces problèmes d'écriture, deux voies à privilégier. La première consiste à se former personnellement par la consultation d'ouvrages qui traitent des principales difficultés concernant la qualité de la langue écrite, dont l'utilisation du vocabulaire (anglicismes, québécismes, etc.), les principaux problèmes d'ordre grammatical (accords, homophonie, syntaxe, etc.), les abréviations, etc. Nous pensons ici à celui de Clas et Horguelin (1991, 3e édition), *Le français langue des affaires*, à celui de Guilloton et Cajolet-Laganière (2001, 5e édition), *Le français au bureau,* ou encore au *Multidictionnaire* de Marie-Éva de Villers (2003, 4e édition).

Ce travail personnel d'amélioration du texte doit être suivi de la consultation d'un ou de plus d'un spécialiste du français écrit. Chaque lecteur averti jette, en effet, un regard particulier sur un texte qui lui est soumis ; il y décèle des points d'amélioration. Ainsi, trois réviseurs valent mieux qu'un, car leurs observations se complètent habituellement. Tous ces aménagements y gagnent à être faits avant que le texte soit acheminé pour diffusion à une revue ou à un éditeur ; sans l'apport des réviseurs, le texte soumis pour diffusion pourrait encourir le rejet ; dans un tel cas, il est toujours bien difficile de remonter la pente.

Conclusion

Voilà esquissés à grands traits quelques-uns des attributs dont la présence assure distinction à un écrit (livre, article, logiciel, etc.) et qui concourent à le rendre acceptable pour diffusion. Le terme « distinction » revêt ici une importance majeure, car plus de la moitié des documents qui sont soumis à des fins de publication sont rejetés, et ce taux de rejet avoisine même les 80 % dans le cas de certaines revues scientifiques. Seuls percent et accèdent à la publication les dossiers qui se distinguent ; les autres se perdent dans la foule des anonymes ou meurent oubliés dans le fond d'un tiroir.

Cette distinction d'un document, nous l'avons vu, tient de plusieurs caractéristiques. Parmi celles-ci, on relève l'adaptation au public cible qui se manifeste par l'adaptation du ton, du vocabulaire, de la manière de dire, de la longueur. En ce sens, il arrive souvent qu'un texte scientifique soit refusé par une revue professionnelle et qu'un texte de vulgarisation soit jugé faible par les arbitres et par le comité de rédaction d'une revue scientifique; d'où l'importance pour chaque auteur d'analyser, avant même de commencer le travail de rédaction, le type d'écrits ou de documents que diffusent telle revue et telle maison d'édition qui prendra la décision de le publier ou celle de le retourner à l'expéditeur.

En revanche, quels que soient le diffuseur et la forme de publication, la convenance de l'exposé est toujours de mise. En ce qui a trait à la production de documents préparés pour l'obtention d'un grade universitaire, dont les essais, les mémoires et les thèses, cette qualité prend des visages différents selon la section du texte; l'utilisation judicieuse des sources, le ton, les marqueurs de relations, etc. varient également selon la section. Dans chaque cas, ces moyens sont au service de l'argumentation; ils en soutiennent la rigueur et la progression, car ils permettent de faire ressortir les aspects différents, qu'ils soient complémentaires ou opposés, qui assurent le traitement entier du sujet ou un traitement à tout le moins suffisant.

Cette convenance qui concerne tous les types d'écrits sied également sur le plan formel. Ici, aucun prétexte ne tient. Un texte, qu'il soit scientifique ou de vulgarisation, doit répondre à certaines exigences relatives à sa structure interne. Tout étudiant chercheur ou tout chercheur devrait savoir qu'un texte commence par une introduction et se termine par une conclusion, et qu'entre ces extrêmes se situe l'essentiel du texte. En recherche scientifique, ce cœur du texte compte quatre phases: il va de l'exposé d'un problème à la discussion des résultats de la recherche en passant par l'articulation des concepts, l'exposé méthodologique et la présentation des résultats. Entre chaque section ou vers la fin de chaque section prend place un petit paragraphe, ou une phrase ou un terme qui assure la transition. Sans cela et s'il manque ne serait-ce qu'une partie, le document est habituellement jugé boiteux et déséquilibré: il sera alors plus difficile de le faire accepter pour publication.

La conformité aux attentes du public cible et des diffuseurs se manifeste enfin dans la qualité de la langue. Peut-on blâmer les gens de vouloir comprendre ce qu'ils lisent? Certes non! Pour les satisfaire et sans entacher la valeur scientifique, l'expression ou la manière de dire doit être à la fois simple (phrases plutôt courtes) et variée sur le plan syntaxique. Les paragraphes démesurément étendus et les phrases trop longues, surtout si elles sont enchevêtrées, créent de la confusion et donnent du texte une vision négative. À l'inverse, un texte dont il est facile de suivre le déroulement, dont les parties s'emboîtent harmonieusement les unes dans les autres, dont l'expression soignée concourt à l'articulation rigoureuse d'un contenu novateur, etc., un tel texte s'attire l'approbation et est accepté pour publication.

Activités d'appropriation

1. Dans un tableau à double entrée comme celui qui suit, récapitulez les principales caractéristiques d'un texte scientifique, tel qu'un mémoire et un rapport de recherche, en plaçant en ordonnée les parties d'un tel texte et en abscisse (3 colonnes) les particularités concernant le type de discours, les qualités linguistiques et les pièges à éviter.

2. Choisissez un texte d'une revue professionnelle et analysez-le en vous référant aux caractéristiques d'un bon article présentées dans le présent chapitre.

Parties	Types de discours	Qualités linguistiques	Pièges à éviter
Introduction			
Problématique			
Méthodologie			
Résultats			
Discussion			
Conclusion			

3. Comparez les résumés de chacun des chapitres du présent ouvrage. À cette fin, placez en ordonnée les chapitres et en abscisse les éléments de contenu. Discutez ensuite de leur convenance et de leur pertinence et classez-les en ordre décroissant de qualité.

4. À la page 238, vous trouverez le titre de plus de cinquante revues relatives au champ de l'éducation.

    a) Parmi ces revues, choisissez-en quatre, deux scientifiques et deux professionnelles qui se rapportent à votre champ d'études.

    b) Comparez d'abord les deux revues scientifiques de votre choix, puis faites de même pour les deux revues professionnelles.

    c) Comparez ensuite une revue scientifique à une revue professionnelle.

5. Les directives de publication de la *Revue des sciences de l'éducation* indiquent ceci : «Le résumé d'un article doit définir l'objet et préciser les objectifs de

l'article, la méthode utilisée et les résultats obtenus ou les conclusions dégagées.» En suivant ces directives, résumez deux articles de votre choix tirés de revues scientifiques.

⬛ Concepts importants

Vous trouverez une définition des mots clés suivants dans la section «Glossaire»: actes de colloques ou de congrès, cédérom, collectif ou ouvrage collectif, courrier électronique, didacticiel, disquette, essai, Internet, livre, logiciel, mémoire, modem, monographie, rapport de recherche, revue professionnelle, revue scientifique, thèse.

⬛ Lectures complémentaires

American Psychological Association (2001). *Publication manual of the American Psychological Association* (5e édition). Washington (DC): APA.

> Cette publication américaine expose les règles et critères de présentation des manuscrits qui représentent une norme quasi incontournable pour la majeure partie des revues et maisons d'édition de textes scientifiques ou d'ouvrages savants et ce, peu importe que la langue officielle de publication soit l'anglais, l'espagnol ou le français. L'édition de 2001, disponible en anglais ainsi qu'en espagnol, inclut toute une série de conseils et de critères qui s'appliquent à l'art de la citation ou au mode de référence des sources électroniques. Un ouvrage dont la consultation se révèle indispensable.

Ministère du Multiculturalisme et de la Citoyenneté, Canada (1991). *Pour un style clair et simple*. Ottawa: Approvisionnements et services.

> Cet opuscule (62 pages), fort bien présenté et rédigé, offre au lecteur une série de conseils pratiques, notamment sur le plan de l'organisation des concepts ainsi que sur celui du style, clair et concis, que doit adopter un document présentant des résultats de recherche scientifique.

Pinard, A., Lavoie, G. et Delorme, A. (1977). *La présentation des thèses et des rapports scientifiques*. Montréal: Institut de recherches psychologiques.

> Bien qu'il soit un peu ancien, cet ouvrage peut se révéler d'une utilité certaine aux auteurs pour qui les subtilités de la langue de Shakespeare demeurent inaccessibles. Cet ouvrage, initialement destiné au public étudiant québécois, est en fait une version adaptée de la première édition du manuel de publication scientifique de l'APA.

*Ce n'est pas tant la fertilité de l'esprit
qui nous fait trouver plusieurs expédients sur une même affaire,
que c'est le défaut de lumière
qui nous fait arrêter à tout ce qui se présente à notre imagination,
et qui nous empêche de discerner d'abord ce qui est le meilleur.*
(La Rochefoucauld, [1613-1680], *Réflexions, sentences et maximes*)

Conclusion

Pour une formation continue à la recherche

Lorraine Savoie-Zajc et Thierry Karsenti
Université du Québec en Outaouais et Université de Montréal

Au terme de cet ouvrage *La recherche en éducation : étapes et approches*, il est opportun de s'interroger sur le sens de l'activité de recherche, tant pour le praticien actuel, le futur enseignant que pour l'étudiant-chercheur. Car si les auteurs se sont employés à formuler diverses notions propres à la recherche, de la position épistémologique du chercheur à la diffusion des résultats, la réflexion sur l'apport de la recherche en éducation est demeurée plutôt discrète.

Le discours sur la professionnalisation des enseignants se fait entendre haut et fort depuis quelques années. Toutefois, ainsi que l'indiquent Gauthier et ses collaborateurs (1997), la création d'un corps professionnel va de pair avec la disponibilité d'une base de connaissances (*knowledge base*) liée à la profession. Cela permettrait d'identifier des savoirs spécifiques des professionnels de l'éducation et elle contribuerait éventuellement à guider non seulement les pratiques, mais aussi les orientations éducatives. Trois questions se posent alors. De quelle nature doit être cette base de connaissances si l'on désire mieux éclairer les pratiques et les politiques en éducation ? Quelles formes de recherche contribueront le mieux à une réflexion critique au sujet des processus d'enseignement, de formation et d'apprentissage au cœur de l'éducation ? Quelles sont les responsabilités particulières des chercheurs et des enseignants quant à l'apport de la recherche en éducation ?

■■■Nature de la base de connaissances

1.1   *Outil pour guider les pratiques et les politiques en éducation*

Gauthier et ses collaborateurs (1997) ont rassemblé, comparé et classé les différents savoirs rendus disponibles grâce à la recherche en éducation. Quiconque prend connaissance de leur travail de synthèse est amené à conclure que le problème ne se pose pas tant par rapport à la constitution d'une base de connaissances, mais plutôt par rapport à sa faible diffusion auprès des intéressés que sont les acteurs de l'éducation. On peut alors se demander pourquoi ces résultats ne sont ni mieux connus ni mieux intégrés, tant dans les programmes que dans les pratiques. Quels facteurs freinent l'utilisation de ces savoirs ? Loin d'être nouvelle, cette question se pose depuis les années 1970 alors que E.G. Guba et R. Clark avaient soutenu la création de centres de démonstration qui devaient servir de vitrines permettant aux chercheurs et aux praticiens de s'informer mutuellement des développements nouveaux en éducation et de créer des liens entre la recherche et la pratique.

L'échec de ces centres semble avoir conforté chacun des groupes, chercheurs et praticiens, dans la poursuite séparée de leurs activités professionnelles. Mais comment tisser ces liens ? Comment créer des ponts entre deux activités parallèles que constituent la pratique du praticien et la recherche du chercheur ? S'agit-il de revoir la façon dont la recherche a été traditionnellement poursuivie et d'encourager les chercheurs et les enseignants à travailler ensemble, à collaborer dans le cadre de recherches qui réunissent les intérêts des uns et des autres ? Peut-être. Mais pour optimiser l'intégration de la recherche en éducation, n'est-il pas alors nécessaire que toute recherche comporte une certaine proportion « d'actions concrètes » ?

1.2   *Réflexion critique sur des processus d'enseignement, de formation et d'apprentissage*

La collaboration réciproque des chercheurs et des praticiens semble une avenue prometteuse dans la mise en place d'une plus grande synergie entre les résultats de recherche et les effets « directs » sur la pratique. Cette collaboration varie et certaines formes de recherche, dont la recherche-action, sont plus susceptibles que d'autres de la favoriser. Nous pourrions alors parler d'un continuum de collaboration qui aurait, à une extrémité, la recherche-action et, à l'autre, la recherche dite «traditionnelle» qui devrait néanmoins, elle aussi, comporter une partie, si infime soit-elle, de partenariat, de collaboration. C'est cette nouvelle conception d'un partenariat variable, mais indispensable à tous les types de recherche en éducation, que représente le continuum de la figure 1.

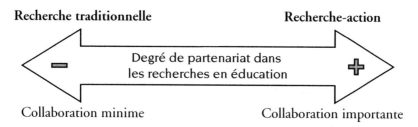

Recherche traditionnelle   **Recherche-action**

Degré de partenariat dans
les recherches en éducation

Collaboration minime   Collaboration importante

Figure 1
Continuum illustrant le degré de partenariat
dans les recherches en éducation

Ainsi, des recherches de type quantitatif ou interprétatif ou encore des études de cas peuvent contribuer de façon importante aux savoirs et aux pratiques des enseignants si elles sont planifiées de concert, c'est-à-dire avec et pour les acteurs de l'éducation. Il sera alors question de partenariats de recherche dans lesquels chercheurs et enseignants collaboreront à la planification et à la réalisation de la recherche, chacun jouant un rôle et ayant des responsabilités spécifiques, eu égard aux compétences, aux intérêts et à la disponibilité des uns et des autres. Dès lors, il est plus approprié d'encourager des attitudes de collaboration entre chercheurs et enseignants que de cibler des formes de recherche spécifiques pour que celle-ci soit une source d'influence et de changement du processus d'enseignement, de formation et d'apprentissage au cœur de l'éducation.

1.3   Responsabilités spécifiques des chercheurs et des enseignants

La position de Gauthier et de ses collaborateurs (1997) contribue à répondre à la question des responsabilités spécifiques des chercheurs et des praticiens quant à l'apport de la recherche en éducation. Selon eux, il s'agit là d'une responsabilité éthique, partagée à la fois par les chercheurs et les enseignants. Les chercheurs ont la responsabilité de s'engager dans des recherches socialement pertinentes qui explorent, entre autres, des problèmes liés à la pratique.

Ils doivent aussi diffuser leurs résultats, non seulement auprès de communautés scientifiques, mais également auprès de communautés de praticiens, sous une forme appropriée et permettant d'engager un dialogue véritable entre ces deux communautés qui seront ainsi en mesure d'exprimer leurs préoccupations et la nature de leurs besoins. En outre, les chercheurs devraient systématiquement soumettre leurs « résultats de recherche » à une forme quelconque de triangulation auprès des praticiens. Cette validation par le praticien ou « validation écologique » serait, par le fait même, susceptible de créer des passerelles de partenariats éventuels ; elle aiderait le chercheur à mieux comprendre l'applicabilité de ses résultats de recherche en contexte éducatif.

Cependant, les enseignants ont eux aussi la responsabilité de chercher à s'améliorer sur le plan professionnel et de prêter attention aux enseignements que des résultats de recherche pourraient leur procurer. Si l'on veut créer une certaine synergie entre chercheurs, praticiens et résultats de recherche s'imposent ici une reculturation de la formation à la recherche et l'utilisation de la recherche par les praticiens.

Il paraît indispensable de promouvoir cette synergie, tant chez les chercheurs que chez les praticiens. En ce sens, la formation à la recherche des futurs maîtres est certainement un pas dans la bonne voie, car elle constitue une expérience susceptible de susciter une familiarité avec le processus de recherche. De plus, elle sert à stimuler un intérêt et un savoir-faire dans l'utilisation des résultats de recherche et, éventuellement, dans la production de résultats de recherche.

La formation à la recherche ne devrait pas non plus s'arrêter à la formation initiale. Dans une démarche de formation continue, l'engagement dans la recherche pourrait procurer aux praticiens actuels une expérience stimulante qui permettrait de rapprocher l'activité de recherche de la pratique enseignante et de montrer comment celle-ci peut apporter des éclairages intéressants dans la résolution des problèmes de pratiques. L'important courant américain, nommé réseau des « enseignants chercheurs » (*teacher researchers*), constitue un bel exemple du recours à la recherche par les praticiens eux-mêmes. Ils s'en servent non seulement comme mode systématique de résolution de problèmes, mais ils en diffusent également les résultats à l'intérieur du réseau dûment constitué, ce qui fournit par le fait même un précieux support à la réflexion critique à propos de leurs actes professionnels et à la transformation des pratiques.

Tout comme Bourdoncle et Mathey-Pierre (1994), nous croyons que la pratique de la recherche par, pour et avec le praticien a un rôle important à jouer dans la dynamique de développement professionnel de l'enseignant et du chercheur. Elle permet la distanciation, elle aide à la compréhension et à la prise en compte de la complexité des situations pédagogiques, elle rend les personnes critiques face à leurs gestes professionnels et elle oriente la formation continue.

La pratique de la recherche en éducation devrait donc être en synchronie avec la pratique éducative et poursuivre comme but l'amélioration des gestes professionnels, afin de promouvoir la qualité de la formation dispensée et des apprentissages.

Glossaire des termes importants

Acte professionnel – Action effectuée en raison du caractère particulier et essentiel du service rendu, des compétences qu'il faut pour l'exercer, de l'étendue de la responsabilité que cette action implique et des exigences éthiques qui s'y rattachent.

Actes de colloques ou de congrès – Publication qui regroupe, en un ou plus d'un volume, tous les textes ou une partie des textes qui ont été présentés lors de rencontres de spécialistes, appelées colloques ou congrès.

Analogie – Ressemblance établie entre deux objets différents.

Analyse conceptuelle – Mise au jour et analyse du réseau conceptuel d'une théorie, en tenant compte de l'ensemble des énoncés de la théorie et de l'articulation entre les concepts ; analyse générique et/ou différencielle (extension) d'un concept.

Analyse de contenu – Méthode de classification ou de codification dans diverses catégories des éléments du document analysé pour en faire ressortir les différentes caractéristiques en vue d'en mieux comprendre le sens exact et précis (L'Écuyer, 1988).

Analyse des données – Ensemble de processus mentaux et d'opérations logiques mises en œuvre afin de donner un sens aux données recueillies.

Analyse des données recueillies – Une stratégie analytique pour l'étude de cas comprend habituellement six étapes, sept si le chercheur entend formuler des propositions théoriques *a priori*. L'analyse commence par la présentation des données et est suivie de l'élaboration de matrices conceptuelles et de la ou des preuves. Le chercheur crée ensuite des diagrammes contextuels afin d'examiner les données de façon holistique. Il indique aussi la fréquence des phénomènes et en explore la complexité en déterminant la variance et la médiane. Enfin, le chercheur organise l'information en ordre chronologique ou selon un autre schème temporel afin de pouvoir construire la narration.

Apprentissage coopératif – Coopérer pour apprendre et apprendre à coopérer en fonction de six principes de base : le regroupement des intervenants, l'interdépendance positive, la responsabilité individuelle, les habiletés interpersonnelles et cognitives, l'évaluation et l'objectivation ainsi que le rôle de l'enseignant.

Approche systémique – Méthode d'analyse et de synthèse prenant en considération l'appartenance à un ensemble et l'interdépendance d'un système avec les autres systèmes de cet ensemble. Elle englobe la totalité des éléments du système étudié, ainsi que leurs interactions et leurs interdépendances (Legendre, 1993).

Approches disciplinaires – Représentation d'une situation faite selon les présupposés d'une discipline. Il s'agit donc d'une lecture partielle du monde. Par exemple, l'approche des psychologues ou des sociologues à propos de l'échec scolaire.

Approches interdisciplinaires – Construction d'une connaissance structurée et organisée en fonction d'un problème à résoudre, dans un contexte particulier, en faisant appel à diverses disciplines en vue d'arriver à une résultat original, différent, qui ne dépend plus des disciplines.

Argumentation – Exposé d'idées ou de motifs qui visent à montrer le bienfondé ou la validité d'une position.

Aspect heuristique – L'étude de cas est heuristique, c'est-à-dire qu'elle améliore la compréhension du cas étudié et permet l'émergence de nouvelles interactions, de nouvelles variables, ce qui peut mener à une redéfinition du phénomène (Merriam, 1988).

Aspect holistique – L'aspect holistique de l'étude de cas est lié à sa contribution à la compréhension de systèmes complexes, tels les systèmes sociaux, les systèmes humains. L'étude de cas est holistique en ce qu'elle vise d'abord et avant tout une profonde compréhension du système représenté par le cas, le sens des interactions qu'on y trouve, le pourquoi et le comment de ce phénomène. L'approche holistique offre une description globale du cas.

Aspect idiographique – Aspect lié à l'étude de cas ou d'événements comme étant uniques, dans le but de comprendre chacun séparément et individuellement puisqu'ils sont tous uniques et différents.

Aspect nomothétique – Ayant pour but de trouver des régularités et des généralités aux individus, « pouvant à défaut d'énoncer les lois, du moins généraliser et parfois prévoir» (Gravitz, 1996), aspect lié à l'étude de cas ou d'événements comme étant universels, avec l'idée de formuler des théories (ou lois) généralisables à tous les cas ou événements.

Auteur-date (méthode) – Méthode de présentation des références bibliographiques de plus en plus répandue dans tous les milieux de recherche. Il s'agit d'une variante simplifiée de la méthode classique, qui présente, au lieu des renvois infrapaginaux ou en fin de document, une référence intratextuelle – auteur et date, d'où le nom auteur-date. Par rapport à la manière classique, cette méthode comporte aussi d'autres simplifications, qui ont pour effet de raccourcir les notices.

Base de données – Source électronique qui signale ou donne accès à différentes sources de documentation : monographies, articles de périodiques (parfois en texte intégral), données numériques, etc. Grâce à la puissance de l'ordinateur, la consultation d'une base de données peut permettre de constituer rapidement une bibliographie sur un thème. ERIC est une base de données.

Bioéthique – Discipline philosophique qui interroge les valeurs mises de l'avant à la suite des développements en recherche biomédicale qui transforment profondément nos rapports à la vie et à l'intégrité des personnes.

Cadre conceptuel – Plan théorique d'une théorie déjà existante ; s'applique particulièrement aux recherches de vérification. Il organise et définit les concepts de la théorie qu'on veut mettre à essai (Ouellet, 1994).

Cadre de référence – Identification des types d'observations à faire et de la nature des données à recueillir, concernant les variables à l'étude ; s'applique surtout aux études d'exploration et aux études descriptives (Ouellet, 1994).

Cadre théorique – Ensemble de références dans lequel et à l'aide duquel on tente de résoudre un problème ou d'enrichir un domaine de connaissances. Dans une approche globale et interdisciplinaire, contexte de la résolution d'un problème ou de l'enrichissement d'un savoir qui, tenant compte des données d'une problématique, délimite et précise la recherche par un réseau notionnel, enrichit le raisonnement par l'apport intégré d'une pluralité de disciplines devant conduire à l'énoncé d'hypothèses ou à de nouvelles connaissances (Legendre, 1993).

Catalogue – Outil qui permet de connaître le contenu de la collection d'une bibliothèque ou d'un centre de documentation et qui donne l'endroit précis où trouver les documents qui la compose. Manitou est un catalogue.

Cédérom – Support physique permettant la sauvegarde d'informations encryptées selon un code particulier, lisible et compréhensible par l'unité de lecture laser d'un ordinateur. Les cédéroms sont généralement constitués d'un support de base (disque de plastique) dans lequel est pressée une pellicule de métal photosensible dont certaines sections ont été « brûlées » et d'autres demeurent vierges. C'est sur la base du procédé d'encryptage de l'information par effet de brûlure au laser que les informaticiens ont inventé l'expression « toaster » un disque pour signifier qu'on y fixe une information et, par extension, qu'ils ont nommé « toaster » le périphérique identifié en français en tant que « graveur ».

Certificat de conformité aux normes déontologiques – Document que reçoit le chercheur après que son projet de recherche a été évalué par le CÉR de son établissement et jugé conforme aux normes éthiques élémentaires, telles que la confidentialité, l'anonymat, le consentement éclairé, l'évaluation du risque et les moyens entrepris pour les contrer si le risque est plus que minimal.

Chercheur-acteur – Personne qui mène une recherche-action. Il peut s'agir d'un enseignant qui implique ses élèves dans une intervention qui vise améliorer le processus d'enseignement-apprentissage, d'un groupe d'intervenants qui collaborent à la solution d'un problème commun ou d'un universitaire qui s'associe à des acteurs du milieu afin de mener avec eux une recherche-action.

Collecte des données – Pour l'étude de cas, il existe quatre instruments de collecte de données, soit l'observation, l'entrevue, le questionnaire et les études documentaires.

Collectif ou ouvrage collectif – Publication qui comporte une orientation ou une visée commune et dont chaque chapitre (partie) est produit par un ou des spécialistes du domaine. Par exemple, *Formation des maîtres et contextes sociaux* de Maurice Tardif, Claude Lessard et Clermont Gauthier est un ouvrage collectif paru en 1998 aux Presses universitaires de France.

Comité d'éthique de la recherche (CÉR) – Comité qui évalue l'éthique des projets de recherche, il est composé d'au moins un éthicien, un juriste, un membre de la communauté socioéconomique et de professeurs de l'établissement. Il peut y avoir plus d'un comité par établissement. Le comité se prononce exclusivement sur l'éthique des projets approuvés préalablement pour leur valeur sur les plans théorique, méthodologique et socioéconomique.

Concept – Idée, notion, structure mentale réunissant les attributs d'une réalité.

Consentement éclairé – Décision que prend un sujet humain quant à sa participation à un projet de recherche après qu'il a été informé des objectifs du projet, du rôle attendu et des risques potentiels que sa participation peut générer. Le consentement se fait par écrit ; exceptionnellement, il peut être verbal.

Corrélation – Lien statistique entre les données de deux variables quantitatives. Il existe plusieurs types de corrélations pour illustrer des relations entre deux ou même plusieurs variables. Ainsi, un coefficient de corrélation positif tend à démontrer qu'il existe une certaine relation ; plus ce coefficient se rapproche de 1, plus la relation entre les variables est élevée.

Cote – Série de lettres et ou de chiffres qu'on appose sur un document et qui permet de le localiser. Chacune d'elles s'intègre dans un ensemble (classification) qui permet de regrouper sur un même rayon la documentation qui correspond à un même thème. La classification de la Library of Congress (divisée en 26 grandes classes) est la plus utilisée dans le monde universitaire. LB1028.35B72 est une cote.

Courrier électronique – Catégorie de logiciels dont la fonction est d'encrypter de l'information, textuelle ou graphique, de façon à la rendre transmissible, d'un ordinateur à un autre. La plupart des logiciels de courrier électronique incluent un éditeur texte et un programme d'encryptage et de décryptage de signaux codés. Au Québec, on utilise l'acronyme « courriel » pour désigner le courrier électronique alors que les francophones d'Europe recourent au terme « mel », acronyme de messagerie électronique, plus près du diminutif anglo-saxon « Mail » ou « E-Mail ».

Définition opérationnelle – Définition d'un mot ou d'une expression en des termes qui permettent de reconnaître explicitement le concept par l'énoncé de ses caractéristiques observables, soit directement par les sens, soit d'une façon plus objective par l'observation instrumentale. Définition d'un concept par l'énoncé des opérations de mesure ou de repérage qui conduisent à son identification (Legendre, 1993).

Déontologie – Ensemble des règles qui régissent les pratiques et les conduites professionnelles des chercheurs à l'égard de leurs pairs, des étudiants, des sujets humains, des administrateurs de la recherche et des commanditaires de la recherche. La déontologie est un domaine distinct de l'éthique de la recherche. La déontologie est fortement codifiée, notamment en regard des fautes professionnelles, telles que la fraude scientifique, la mauvaise utilisation des fonds de recherche, la reconnaissance de la contribution des collègues et des étudiants à l'avancement des connaissances, la propriété intellectuelle, etc.

Diagramme – Représentation graphique des informations reliées à des variables. Cette représentation peut prendre diverses formes : par exemple, des histogrammes, des nuages de points, des secteurs, des lignes superposées.

Didacticiel – Logiciel dont l'objet est de reproduire un environnement et un contexte favorable à l'apprentissage des contenus propres à une matière scolaire ou à une discipline scientifique. Le didacticiel est un instrument (didactique) de soutien à l'enseignement-apprentissage au même titre que le manuel scolaire. Les didacticiels présentent le plus souvent de façon séquentielle l'exposé de règles et de contenus, puis de situations de performance destinées à l'exercisation ou à la sanction d'un cycle ou d'une boucle d'apprentissage. Les didacticiels peuvent être diffusés sous divers supports, dont la disquette et le cédérom selon le volume d'informations traitées.

Dignité humaine – Principe qui institue le respect des personnes comme étant des êtres humains qui méritent d'être traités avec justice, égalité et intégrité.

Disquette – Unité de sauvegarde d'une information codée, généralement de façon binaire, destinée à la lecture ou à la récupération par le truchement d'un lecteur intégré (interne) ou non (externe) d'un ordinateur. Les disquettes sont constituées d'un emballage en matière plastique rigide protégeant un disque sensible aux champs magnétiques. La disquette peut présenter une gamme importante de capacité de stockage d'informations encryptées, allant généralement d'un peu plus d'un million quatre cent mille unités d'information (1.4 MO) jusqu'à plus de deux cents millions d'unités d'information (disques de type « Iomega Zip » d'une capacité de 250 MO).

Domaine de recherche – Domaine de savoirs où se situe le problème à résoudre ou la question à étudier ; sphère où s'exercent des activités d'investigation ; ensemble des interrogations, des problématiques, des axes de développement et des tendances lourdes dans un secteur de savoirs et d'activités (Legendre, 1993).

Échantillon – Groupe représentatif d'éléments d'une population plus vaste. Par exemple, un échantillon d'individus est seulement une partie d'une population plus grande d'individus. Dans une recherche quantitative, un échantillon bien choisi permet de réduire les coûts de réalisation du projet tout en favorisant la généralisation des résultats à toute la population concernée.

Échantillonnage – Processus de détermination et de constitution d'un échantillon (Legendre, 1993).

Échantillonnage intentionnel – Procédure par laquelle le chercheur choisit des participants à la recherche à partir d'un ensemble de critères, provenant du cadre théorique, afin d'avoir accès, pour le temps de l'étude, à des personnes qui partagent certaines caractéristiques.

Échantillonnage théorique – Stratégie de développement et de consolidation de théories ; le chercheur se donne la possibilité de réviser son choix de participants pendant l'étude selon les besoins de comparaison et d'objectivation qui se révèlent (Paillé, 1996b).

Empirique – Expérimental ; qui repose uniquement sur l'expérience (Petit Robert, 1999).

Entrevue – Mode de collecte de données qui repose sur l'interaction verbale entre des personnes qui s'engagent volontairement dans pareille relation afin de partager un savoir d'expertise et ce, pour mieux comprendre un phénomène d'intérêt pour les personnes concernées.

Entrevue semi-dirigée – Méthode de collecte de données dans laquelle l'enquêteur accorde moins d'importance à l'uniformisation qu'à l'information elle-même. Toutefois, une série d'objectifs précis sont poursuivis et doivent être atteints à la fin de l'entretien ; un schéma définit les thèmes à explorer et prévoit certaines questions ; la manière dont les thèmes sont amenés au cours de l'entretien, la façon dont les questions sont formulées et l'ordre dans lequel les thèmes apparaissent ne sont pas fixés d'avance (de Landsheere, 1979).

Entrevue structurée – Méthode de collecte de données qui vise à recueillir des informations de manière uniforme : les personnes interrogées répondent à des questions identiques, reçoivent les mêmes explications et les entrevues se déroulent dans des conditions aussi semblables que possible (de Landsheere, 1979).

Épistémologie (sens contemporain) – Étude critique du discours scientifique, de ses fondements, de ses méthodes, des conditions d'admissibilité de ses propositions.

Essai – Publication, présentée pour l'obtention d'une maîtrise en éducation, dans laquelle un débutant chercheur fait l'exposé d'un problème et des éléments constitutifs d'un cadre théorique, ou l'exposé d'une méthodologie et l'analyse des résultats.

Éthique – Discipline philosophique qui s'intéresse aux valeurs qui régissent les conduites humaines et se prononce sur la hiérarchisation de ces valeurs.

Éthique normative – Partie de l'éthique qui érige un certain nombre de certitudes dans les conduites humaines et qui les codifie sous forme d'obligations auxquelles se soumettent les participants à une activité régie par le code. Par exemple, le consentement écrit fait partie de l'éthique normative.

Éthique réflexive – Partie de l'éthique qui n'a pas encore les réponses aux problèmes nouveaux qui se posent dans la société. C'est la réflexion approfondie des citoyens.

Étude de cas – À l'instar de Stake (1994), Yin voit en l'étude de cas une réponse possible au « pourquoi » et au « comment » d'un phénomène humain (p. 8-9). L'étude de cas est donc pour lui explicative et préférable pour répondre à des problèmes de liens opératoires qui doivent être étudiés pendant un certain temps, plutôt que de faire part de fréquences ou d'incidences de phénomène (p. 10). Elle peut aussi être définie comme une étude empirique qui analyse un phénomène contemporain à l'intérieur de son contexte réel, surtout lorsque les frontières entre le phénomène et son contexte ne sont pas clairement évidentes (p. 13). L'étude de cas permet à l'enquête menée de retenir les caractéristiques holistiques et sémantiques d'événements vécus, tels les cycles de vie individuels, les processus organisationnels, les changements communautaires, les relations internationales, etc.

Étude de cas analytique – Shaw (1978) nomme aussi l'étude de cas interprétative « étude analytique », puisqu'elle implique une analyse plus profonde que dans l'étude descriptive. L'étude analytique se distingue par sa complexité, son étendue et son orientation théorique (Merriam, 1988, p. 28).

Étude de cas collective – L'étude de cas collective subordonne le cas à l'étude, puisque ce dernier devient un élément d'un ensemble de cas. Le but est d'étudier plusieurs cas qui représentent un phénomène, une population, une condition générale, car ils auront tous une caractéristique commune (Stake, 1994, p. 237).

Étude de cas descriptive – L'étude de cas est aussi descriptive puisque le résultat final est une description détaillée, quasi positiviste mais comportant des éléments d'interprétation. Elle comprend le plus de variables possible et décrit leurs interactions pendant un laps de temps prédéterminé (Merriam, 1988). L'étude de cas descriptive présente le cas de façon détaillée ; la formulation d'hypothèses et la mise à l'épreuve de théorie sont subordonnées à cette description. Certains auteurs, donc Litjphart (1971), qualifient même l'étude de cas descriptive comme athéorique, c'est-à-dire qu'elle évolue sans être guidée par des hypothèses de recherche et qu'elle n'est pas motivée par la généralisation (Merriam, 1988, p. 27) (analogue à l'étude de cas instrumentale de Stake).

Étude de cas ethnographique – Une approche ethnographique sous-entend une interprétation socioculturelle du cas à l'étude (Merriam, 1988).

Étude de cas évaluative – L'étude de cas évaluative se distingue par son produit final, c'est-à-dire par le jugement qu'elle porte sur le phénomène, le système du cas étudié. Il s'agit d'une approche particulièrement bien adaptée à l'évaluation éducative puisqu'elle peut expliquer les liens causaux des interventions éducatives, ces dernières étant souvent trop complexes pour être étudiées à l'aide d'un questionnaire ou d'une expérimentation (Merriam, 1988).

Étude de cas historique – L'approche historique se sert d'archives et de témoignages afin de mieux comprendre l'évolution d'un phénomène, d'un événement, d'une institution, c'est-à-dire qu'elle trace son développement (Merriam, 1988).

Étude de cas instrumentale – L'étude de cas instrumentale est entreprise lorsque le chercheur souhaite mieux comprendre un problème ou raffiner une théorie. Le cas devient alors subordonné à un intérêt externe, c'est-à-dire qu'on l'étudie afin de mieux comprendre quelque chose d'autre (Stake, 1994).

Étude de cas interprétative – L'étude de cas interprétative contient la description détaillée du cas, mais les données sont utilisées afin de développer des catégories conceptuelles ou pour illustrer, soutenir ou réfuter des postulats théoriques adoptés avant la collecte des données. Le chercheur amasse alors le maximum d'information afin d'interpréter le phénomène ou d'en tirer une théorie (Merriam, 1988, p. 28).

Étude de cas intrinsèque – L'étude de cas intrinsèque vise une compréhension approfondie d'un cas particulier. On ne cherche pas à comprendre le cas parce que ce dernier est représentatif d'un ensemble de cas ou parce qu'il illustre bien un problème ou un phénomène, mais plutôt parce que, dans sa particularité, ce cas comporte un intérêt pour le chercheur. Le but n'est pas de produire de généralisations, mais de comprendre ce système en particulier (Stake, 1994, p. 237).

Étude de cas psychologique – L'approche psychologique met l'accent sur l'individu afin de mieux comprendre un aspect du comportement humain (Merriam, 1988).

Étude de cas sociologique – L'approche sociologique s'attarde aux construits sociaux et à la socialisation dans les phénomènes éducatifs (Merriam, 1988).

Étude descriptive – Décrit un phénomène ; comprend la collecte de données quantitative ou qualitative pour prédire et d'identifier la relation entre les variables à l'étude. Ce genre d'étude inclut l'observation directe des comportements, les enquêtes, les études développementales et les études corrélationnelles (Dawoud, 1996).

Étude du cas simple – Selon Yin, l'étude du cas particulier peut être efficace pour mettre une théorie à l'épreuve, pour étudier un cas unique ou extrême et enfin, pour étudier un phénomène jusqu'à présent inconnu ou inaccessible, c'est-à-dire un cas révélateur. Pour Yin, outre ces trois objectifs, l'étude du cas particulier peut servir d'étape préliminaire à une étude multicas (Yin, 1994, p. 41). L'objectif de l'étude est une compréhension approfondie d'un cas particulier, parce que, dans sa particularité, ce cas comporte un intérêt pour le chercheur. Le but n'est pas de produire de généralisations, mais de comprendre cet enfant, cette clinique, cette école en particulier (Stake, 1994, p. 237).

Étude holistique du cas particulier – Cette approche sous-entend que seule la nature globale du cas (une école, un programme, un organisme) est à l'étude. Le chercheur ne s'attarde pas aux unités de processus à l'intérieur du système (Yin, 1994).

Étude intégrée ou contextualisée du cas particulier – Cette approche sous-entend que le chercheur étudie non seulement le cas dans son ensemble, mais aussi les sous-unités du cas (pour un programme, il peut s'agir des objectifs ; pour une école, il peut s'agir du personnel enseignant) ou les unités de processus et du contexte du cas (Yin, 1994).

Étude multicas – Une étude multicas, par rapport à l'étude du cas simple, a pour but de découvrir des convergences entre plusieurs cas, tout en visant l'analyse des particularités de chacun des cas (Yin, 1994). L'étude multicas permet d'augmenter le potentiel de généralisation au-delà du cas particulier. Une interprétation fondée sur plusieurs cas peut être plus intéressante que des résultats provenant d'un seul cas (Merriam, 1988, p. 154).

Étude multicas holistique – Dans l'étude multicas intégrée, chaque unité (cas) à l'étude est analysée selon une approche holistique, tenant compte de l'aspect global du système et des interactions entre ses composantes.

Étude multicas intégrée ou contextualisée – L'étude multicas intégrée sous-entend que chaque cas comporte des sous-unités d'intérêt au chercheur ; celles-ci seront examinées individuellement avant de retourner à l'examen des interactions entre les composantes du système, c'est-à-dire au cas global.

Expérimentation artificielle – Se dit d'une situation de recherche dans laquelle le chercheur peut contrôler toutes les variables et manipuler l'objet ou le sujet de la recherche (Ouellet, 1994).

Expérimentation naturelle – Se dit d'une situation de recherche dans laquelle on ne trouve pas le contrôle au sens traditionnel. L'expérimentation naturelle a surtout comme sujets d'observation les êtres humains, dans une situation naturelle non influencée par le chercheur (Ouellet, 1994).

Falsifiabilité – Selon la formulation de Popper, il s'agit de déduire d'une théorie certains énoncés qu'on peut appeler des « prédictions » qu'on peut facilement contrôler. Ces énoncés sont ensuite testés. S'ils sont vérifiés, la théorie est provisoirement acceptée ou « corroborée ».

Fidélité – Capacité d'un instrument de mesure de toujours mesurer la même chose si les mêmes conditions d'administration sont appliquées. On parle alors de la consistance des résultats ou de la stabilité d'un outil, malgré les périodes de temps.

Formulation d'un problème de recherche – Étape (d'une recherche) qui vise essentiellement à faire ressortir par une logique argumentative l'existence d'un manque au niveau de la connaissance qui est issu de la problématique soulevée.

Groupe expérimental – Ensemble des sujets d'une recherche sur lesquels le chercheur applique un traitement ou réalise une intervention.

Groupe contrôle ou groupe témoin – Ensemble des sujets qui ne participent pas directement à l'expérimentation, mais qui servent de cadre de référence pour permettre au chercheur d'attribuer les effets de l'intervention vérifiés auprès du groupe expérimental, uniquement à la variable indépendante.

Heuristique ou fécondité heuristique – Qui est relatif à la découverte, à la capacité de faire apparaître du sens.

Hypothèse – Énoncé formulant une relation potentielle entre deux variables, relation que le chercheur souhaite vérifier. Une hypothèse provient soit des résultats des recherches antérieures ou soit de l'intuition du chercheur.

Induction – Opération par laquelle on va du particulier au général en s'appuyant sur l'observation de phénomènes (Dagenais, 1991).

Instrument de mesure – Ensemble d'items regroupés pour recueillir des données pertinentes quant au jugement à poser et à la décision à prendre ; par exemple, test, épreuve, grille d'observation, échelle d'appréciation, etc. (Legendre, 1993).

Intégrité humaine – Principe qui identifie l'être humain comme une personne entière et autonome. L'activité de recherche ne devrait pas diminuer l'intégrité des personnes sur les plans physique, psychologique et moral.

Internet – Initialement, Internet représentait l'acronyme d'un réseau de communication entre ordinateurs spécialisés de grande puissance. De nos jours, ce terme renvoie généralement au réseau unifié connu sous l'appellation anglaise de World Wide Web ou réseau W3. Il s'agit simplement d'une série d'ordinateurs de puissance variable (serveurs) interconnectés. Ceux-ci ont pour fonction principale de recevoir ou de rediriger des signaux transmis à partir du réseau téléphonique traditionnel ou d'un réseau de transmission d'information à l'aide d'un support optique.

Livre – Au sens restreint, publication relative à un sujet donné produite habituellement par un seul auteur qui ne vise pas l'obtention d'un grade universitaire. Par exemple. le roman *Agaguk* est un livre d'Yves Thériault dont la première édition est parue en 1958 chez Bernard Grasset à Paris.

Logiciel – Au sens restreint, agencement d'instructions encryptées selon un code lisible et interprétable par un ordinateur. La séquence d'instructions logique elle-même représente un programme. Un logiciel peut intégrer en séquence hiérarchique plusieurs programmes dont les finalités d'exécution sont limitées, mais dont l'interaction permet une plus ou moins grande flexibilité au niveau de la réalisation de tâches de la part de l'utilisateur. Par exemple, un logiciel de traitement de texte intègre généralement un programme d'édition (éditeur texte), un programme d'édition graphique et, dans la majorité des cas, des programmes de tabulation et de calcul plus ou moins rudimentaires.

Logistique – Ensemble de moyens et de méthodes concernant l'organisation d'un projet ; relatif aux activités de gestion ayant pour objet d'optimiser les flux matériels traités par une production (Petit Robert, 1993).

Mémoire – Publication qui résulte d'une recherche, ou d'une réflexion d'ordre argumentatif, soumise pour l'obtention d'une maîtrise ès arts. Un mémoire comprend souvent l'exposé suffisant d'une problématique et d'un cadre théorique, la présentation d'une méthodologie de recherche et des résultats de cette recherche ainsi qu'une discussion sommaire, mais suffisante, de ces résultats.

Métaphore – Comparaison par analogie condensée entre deux termes (sans le «comme»; exemple: la vieillesse est le soir de la vie).

Méthode – Techniques de collecte de données (entrevues, questionnaires) et techniques d'analyse (analyse de contenu, test statistique) mises en œuvre pendant la recherche.

Méthode APA – Méthode de présentation des références bibliographiques proposée par l'American Psychological Association. Cette méthode venue des États-Unis a largement cours dans le milieu des sciences de l'éducation et des sciences sociales au Québec, et elle est employée notamment par la *Revue des sciences de l'éducation*.

Méthode classique – Manière traditionnelle et normalisée sur le plan international de présenter les renseignements bibliographiques. Cette méthode, bien qu'elle soit fort valable, tend à céder le pas à d'autres formules plus concises venues des États-Unis.

Méthode déductive – Méthode qui va d'un raisonnement général au particulier, du principe à la conséquence; infère une conclusion à partir d'une prémisse, d'un principe ou d'une loi (Petit Robert, 1993). Mode de raisonnement logique qui suit un réseau de propositions interreliées allant du général au particulier (Legendre, 1993).

Méthode inductive – Méthode qui tire des conclusions à partir de données qui la rendent vraisemblable; raisonnement qui va de la cause à la conséquence, du particulier au général (Petit Robert, 1993). Mode de raisonnement logique qui consiste à généraliser à un ensemble les données particulières obtenues à partir d'un nombre limité d'éléments (Legendre, 1993).

Méthode MLA – Schéma de présentation des renseignements bibliographiques proposé par la Modern Languages Association, association américaine qui regroupe des membres de nombreux pays. Cette méthode est employée notamment dans les secteurs des langues et de la littérature. Ne pas confondre cette méthode avec sa version plus ancienne, communément appelée Old MLA.

Méthode scientifique – Démarche inspirée du discours cartésien qui met en relation fonctionnelle et logique les processus de l'induction, l'hypothèse et la déduction (Petit Robert, 1993). Méthode de résolution de problème caractérisée par trois éléments fondamentaux: induction-hypothèse-déduction (IHD).

Méthodologie – Ensemble de points de vue et de perspectives sur une recherche. Dans la planification de la méthodologie un chercheur lie ces points de vue et ces perspectives aux techniques de travail employées. Cet ensemble doit former un tout cohérent et ordonné : les décisions méthodologiques découlent des postures épistémologiques et théoriques.

Méthodologie mixte – Approche pragmatique à la recherche dans laquelle des données qualitatives sont jumelées à des données quantitatives afin d'enrichir la méthodologie et, éventuellement, les résultats de la recherche.

Modèle – Schéma, image, discours organisé qui représente la complexité des situations abordées. Un modèle simplifie toujours la situation étudiée.

Modem – Périphérique ou pièce d'équipement électronique qui ne fait pas partie comme telle de l'entité fonctionnelle que représente un ordinateur. La fonction du modem est de moduler (rendre transmissible un signal, à l'origine sonore) et de démoduler (rendre acceptable puis traitable un signal transmis à l'origine par le truchement du téléphone) de l'information binaire, reçue ou émise par un ordinateur.

Monographie – Publication qui résulte de l'étude exhaustive et détaillée d'un sujet précis et relativement restreint. C'est un document unique dans le temps et dans l'espace, il vise à faire le tour d'une question particulière en quelques chapitres. Il est l'œuvre d'une ou plusieurs personnes et paraît à un moment précis, mais peut faire l'objet par la suite d'une nouvelle édition pour sa mise à jour. La monographie est aussi communément appelée livre. *Stratégies pour apprendre à enseigner autrement* est une monographie.

Objectifs de recherche – Intentions du chercheur à propos de son objet de recherche.

Observation – Mode de collecte de données par lequel le chercheur s'intéresse aux comportements de personnes, organise sa perception et tente d'y donner sens en regard des objectifs de la recherche.

Ouvrages de référence – Outils qui contiennent une information variée réunie dans un ou plusieurs documents. Les encyclopédies, les dictionnaires, les recueils de données statistiques ou factuelles sont des ouvrages de référence. Ils réunissent une quantité importante de données qu'il est très facile de consulter à l'aide d'un index souvent présenté à la fin de l'ouvrage. Le *Dictionnaire actuel de l'éducation* de Legendre est un ouvrage de référence.

Paradigme – Ensemble de présupposés, de croyances et de valeurs qui déterminent le point de vue d'une discipline ou d'un champ de connaissance. Les paradigmes sont des cadres de référence qui standardisent la construction des savoirs. Ils sont partagés par les chercheurs qui travaillent au sein d'une même communauté scientifique (Kuhn, 1970).

Paradigme compréhensif, interprétatif – Conception de la connaissance scientifique qui affirme la complexité de la réalité, met en question la causalité et la recherche des lois en donnant une place importante à l'interaction sujet-objet de la connaissance et en prenant en compte les intentions, les valeurs, les motivations, les stratégies des acteurs. Il s'oppose au paradigme positiviste ; il réfute l'existence d'un monde réel, extérieur au sujet.

Paradigme positiviste-empiriste – Conception de la connaissance scientifique fondée sur plusieurs croyances : a) la croyance en une science descriptive qui ne construit pas ses objets, mais les trouve tout faits ; b) la croyance en une science privée d'un appareil critique conçu pour l'évaluation du savoir qu'elle produit ; c) la croyance en une démarche expérimentale limitée aux seules opérations d'observation passive et de quête empirique des connexions entre phénomènes ; d) la croyance en une objectivité qui correspond à la réalité et non pas aux paradigmes dominants ; e) la croyance en une science à portée universelle, indépendante des contextes et idéologiques ; f) la croyance en une progression de la connaissance vers la réalité. Ce courant est important dans l'histoire de l'épistémologie ; il est apparu en réaction au dogmatisme religieux et à certains de ses *a priori*. Il a donné naissance au positivisme « vulgaire » qui est devenu la philosophie spontanée de beaucoup de scientifiques.

Périodique – Document qui paraît régulièrement soit annuellement, mensuellement, aux trois mois. L'information qu'il contient se renouvelle constamment ainsi que les auteurs qui en font la rédaction. Certains périodiques s'adressent à un public de spécialistes tandis que d'autres visent le grand public. Le périodique est communément appelé revue. La *Revue des sciences de l'éducation* est un périodique.

Personnes vulnérables – Sujets humains qui sont particulièrement fragiles devant les tentatives de manipulation, tromperie et autres types d'exploitation des personnes. Ce sont surtout les enfants, les personnes âgées, les personnes handicapées ou malades qui ne connaissent pas toujours leurs droits ou qui ne sont pas en mesure de les faire valoir.

Plan expérimental – Façon d'organiser les groupes en vue des observations et du traitement (Ouellet, 1994).

Planification de l'étude de cas – Selon Yin (2003), la planification comporte cinq composantes, soit les questions de recherche, les propositions, les unités d'analyse, la logique liant les données aux propositions et les critères d'interprétation.

Population cible – Ensemble de tous les individus possédant en commun un ou plusieurs traits particuliers et faisant l'objet d'une étude ou d'une expérience (Legendre, 1993).

Post-test – Mesures prises après qu'un traitement expérimental a été administré ; le post-test sert à vérifier si l'intervention a entraîné une modification des résultats depuis les mesures du prétest.

Pragmatisme – Doctrine qui donne la valeur pratique comme critère de la vérité (d'une idée) (Petit Robert, 1993).

Prêt entre bibliothèques – Service qui permet à un utilisateur, qui fait une demande par voie électronique ou par écrit, d'avoir accès à des ouvrages d'un autre établissement et ce, dans des délais variables. Ces documents sont acheminés par courrier régulier ou par courriel.

Prétest – Dans la perspective d'une recherche quantitative, mesures effectuées avant toute intervention expérimentale. Le prétest se situe ainsi au début de la recherche alors que le post-test se situe à la fin.

Problématique – Sélection et mise en ordre par le chercheur et selon ses perspectives propres des éléments qui composeront le territoire de questionnement auquel s'adressera la recherche.

Procédé statistique – Outil mathématique qui permet de rassembler les résultats d'un processus de mesure sous des formes utiles à l'expression de jugements et à la prise de décision (Legendre, 1993).

Processus – Dynamique entre les variables ou leurs interactions qui font l'objet de questionnement par la voie holistique (Ouellet, 1994). Séquence de phénomènes évolutifs dans une chaîne causale de progression (Legendre, 1993).

Profession – Occupation caractérisée par une compétence acquise par de longues études, une pratique spécialisée, une haute responsabilité et un service centré sur les besoins de la société.

Professionnalisation – Processus et cheminement d'un groupe de professionnels visant une certaine légitimité et un certain statut dans la société. Ce processus se caractérise par un ensemble de démarches et par des contenus orientés vers le développement des compétences requises pour l'exercice du métier.

Question de recherche – Interrogation formulée à la connaissance afin de l'investiguer.

Rapport de recherche – Publication de recherche qui s'apparente à un mémoire ou à une thèse, mais qui n'a pas comme objectif l'obtention d'un grade universitaire. Les rapports de recherche représentent souvent la forme privilégiée de présentation des résultats d'une recherche subventionnée. Même s'ils sont d'ampleur variable, les rapports de recherche peuvent faire l'objet d'une diffusion relativement importante; cela se produit, et ce de façon presque incontournable, lors de la clôture des activités d'une recherche subventionnée, comme le demande, par exemple, le Conseil québécois de la recherche sociale (CQRS).

Recherche expérimentale – Étude objective et systématique des rapports possibles de cause à effet entre un ou plusieurs groupes expérimentaux soumis à un ou plusieurs traitements dont les résultats sont comparés avec un ou plusieurs groupes de contrôle (Legendre, 1993).

Recherche qualitative/interprétative – Approche de recherche qui épouse le paradigme interprétatif et privilégie l'approche naturaliste. Elle tente de comprendre de façon riche les phénomènes à l'étude à partir du sens que communiquent les participants à la recherche. Elle se déroule dans le milieu naturel des participants. Elle est éclectique dans ses choix d'outils de travail.

Recherche quantitative – Recherche fondée sur des statistiques, sur la mesure de quantités (Petit Robert, 1993). Recherche qui préconise l'utilisation d'instruments de mesure pour préciser les observations ainsi que l'utilisation de méthodes statistiques pour objectiver l'analyse et l'interprétation des résultats (Legendre, 1993).

Recherche-action – Type de recherche qui se déroule dans l'action en suivant un processus cyclique rigoureux de planification-action-observation et réflexion et qui vise le changement pendant qu'elle se déroule tout en générant des connaissances. Puisqu'elle s'inscrit dans un processus dynamique, elle se donne une méthodologie flexible qui lui permet de s'adapter aux imprévus rencontrés sur le terrain. Elle est menée par un chercheur qui est en même temps acteur et qui la planifie et la mène en collaboration avec ceux qui sont concernés par le problème examiné.

Régulation – Fonctionnement d'un sous-système constitué de boucles d'information sur le fonctionnement et qui ont pour fonction, les unes de maintenir l'action dans le sens du projet initial (boucles conservatrices de sens), les autres d'ouvrir l'action sur une modification du projet initial (boucles créatrices de sens). Elle permet au système de s'ajuster tout au long du processus de transformation.

Revue professionnelle – Périodique qui publie des textes destinés aux personnes qui exercent une même profession ; elles diffusent de l'information aux personnes qui accomplissent un même genre de travail. Par exemple, les revues *Québec français*, *Vie pédagogique*, *L'Orientation* et *Orientation nouvelle* sont des revues professionnelles publiées au Québec.

Revue scientifique – Périodique qui publie des articles scientifiques, c'est-à-dire produits par des chercheurs et habituellement évalués par les pairs, des comptes rendus d'ouvrages scientifiques, etc. La *Revue des sciences de l'éducation*, la *Revue canadienne de l'éducation* et les *Cahiers de la recherche en éducation* sont trois revues scientifiques.

Rhétorique – Art de persuader par le discours ; procédés mis en œuvre à cette fin.

Risque minimal – Risque auquel s'expose un sujet dans ses activités quotidiennes. Dans un projet de recherche, un sujet ne devrait pas être exposé à plus de risques que dans ses activités normales. Si c'est le cas, le chercheur devrait en aviser les sujets avant le consentement et prévoir des moyens pour en atténuer les effets. Le risque minimal est la pierre angulaire de l'énoncé de politique des trois conseils, mais c'est aussi le principe le plus mal défini et le plus discutable.

Sujets de recherche – En recherche quantitative, personnes ou animaux ou même les choses qui participent à l'expérimentation, ou constituent l'objet des mesures de la recherche.

Système d'activités humaines – Type de système, composé de mots et de phrases, qui permet de représenter une série d'activités nécessaires pour atteindre un but. Un tel système peut être utilisé pour planifier une recherche. Le chercheur détermine alors qui sera le propriétaire du système, les agents qui y interviendront, ses clients et bénéficiaires, la transformation (processus) qui sera effectuée par le système et la mission cible qu'il cherche à atteindre pour se diriger vers la finalité de la recherche, l'environnement ou le contexte dans lequel elle se déroulera ainsi que la vision du monde qui permet de comprendre les choix du chercheur. Le système sera composé des actions (sous-systèmes) que le chercheur juge nécessaires pour atteindre ses objectifs.

Technique de codage – Ensemble des procédés et des méthodes qui transforment, sous une forme standardisée, des données brutes obtenues par la mesure, afin d'en faire une analyse (Ouellet, 1994).

Technique de collecte de données – Moyen utilisé pour recueillir les données et les informations nécessaires à la vérification des hypohèses de recherche ou de travail. Comprend l'entrevue, l'observation participante et la communication non verbale (Dagenais, 1991).

Techniques – Ensemble des instruments de mesure et procédés statistiques utilisés en recherche dans le but de vérifier l'hypothèse.

Théorie – Ensemble systématique d'énoncés, ou de propositions logiquement liées, portant sur un objet déterminé et répondant à certains critères de validité.

Théorie ancrée – La théorie ancrée, privilégiée par l'approche naturaliste en recherche, sous-entend que toute théorie construite à partir de l'étude de cas est enracinée dans le contexte, dans le système naturel étudié. Par induction, elle dérive du phénomène qu'elle représente. La théorie ancrée est découverte, développée et vérifiée provisoirement lors de la collecte des données et de l'analyse systématique de ces dernières. On ne commence pas avec la théorie pour la prouver, on commence par un domaine d'étude et ce qui s'y rapporte ; la théorie en émerge (Strauss et Corbin, 1990). La théorie ancrée est composée de trois éléments essentiels au chercheur qui choisit le paradigme qualitatif, soit les concepts, les catégories et les propositions. Selon Strauss et Corbin (1990), les théories ne peuvent être construites directement à partir des données, des activités ou des incidents observés. Ces derniers sont analysés en tant qu'indicateurs potentiels d'un phénomène qui fera ensuite partie d'une catégorie conceptuelle. Ces catégories sont le fondement de la théorie. La troisième étape de l'analyse produit des propositions. Ces dernières indiquent quelle est la relation entre la catégorie et ses concepts.

Thèse – Publication qui résulte d'un travail substantiel de recherche, ou d'une réflexion argumentative d'envergure, présentée pour l'obtention d'un doctorat. Une thèse comprend souvent l'analyse fouillée d'une problématique et d'un cadre théorique, la présentation d'une méthodologie de recherche et des résultats de cette recherche ainsi qu'une discussion en profondeur de ces résultats.

Triangulation – Stratégie de recherche au cours de laquelle le chercheur superpose et jumelle plusieurs perspectives, qu'elles soient théoriques, des méthodes et des personnes.

Triangulation des méthodes – Stratégie de recherche qui conduit à recourir à plusieurs modes de collecte des données combinés pour faire ressortir différents aspects d'un phénomène étudié.

Triangulation des sources – Stratégie de recherche qui conduit à recourir aux divers points de vue abordés pendant la recherche afin de dégager une vision plus globale du phénomène étudié.

Triangulation du chercheur – Stratégie par laquelle le chercheur prend une distance par rapport à sa démarche en discutant, par exemple, de sa recherche avec quelqu'un qui n'est pas impliqué dans la recherche.

Triangulation indéfinie – Objectivation de la démarche de coconstruction des savoirs par le retour aux participants à la recherche et les discussions autour des constructions de sens émergentes.

Triangulation par l'analyse – Étude d'un même corpus de données faite au moyen de l'application de différentes approches d'analyse.

Triangulation théorique – Stratégie par laquelle le chercheur recourt à plusieurs perspectives théoriques pour donner sens à un phénomène.

Validité – Capacité d'un instrument de mesure de bien mesurer ce qu'il doit mesurer ou ce qu'il prétend mesurer. Il existe plusieurs types de validité selon qu'il s'agit de la construction même de l'instrument de mesure ou de la rigueur liée à la recherche proprement dite.

Validité externe – Degré de précision avec lequel on peut transposer les conclusions d'une expérimentation, obtenues avec un échantillon de sujets, à d'autres sous-groupes de sujets, dans d'autres situations et à d'autres moments (Legendre, 1993).

Validité interne – Qualité d'une recherche expérimentale dont les conclusions découlent directement de l'influence des variables indépendantes (Legendre, 1993).

Variable – Trait ou attribut, caractéristique ou facteur observables et évaluables auxquels on peut attribuer diverses propriétés ou valeurs numériques différentes (Legendre, 1993). Tout facteur qui peut prendre au moins deux valeurs distinctes, soit tout ce qui peut changer de valeur en grandeur et en intensité (Ouellet, 1994).

Variable dépendante – Variable qui, lors d'une expérimentation en recherche quantitative, devrait être affectée par l'intervention expérimentale ou par les effets de la variable indépendante. Ainsi, la variable dépendante est celle « sur laquelle on n'intervient pas directement, mais dont on observe les variations résultant des changements provoqués chez d'autres variables, en vue de mieux connaître un phénomène ou de vérifier une prédiction » (Legendre, 1993).

Variable indépendante – Variable que manipule le chercheur en vue de provoquer un changement sur la variable dépendante. Cette variable qui implique une intervention du chercheur qui veut en vérifier les effets est souvent associée à la cause d'un phénomène ; c'est pourquoi elle est souvent appelée variable explicative.

Variable intermédiaire – Variable qu'il faut parfois introduire dans le cadre opératoire, car elle conditionne la relation entre la variable indépendante et la variable dépendante (Mace, 1988).

Variable parasite – Variable qui peut altérer la précision d'une mesure (Legendre, 1993).

Voie holistique – Démarche globale qui décrit non seulement les éléments qui composent l'ensemble d'un système, mais aussi les relations entre ces éléments, relations qui n'ont de signification qu'en fonction de l'organisation générale à laquelle elles appartiennent (Ouellet, 1994).

Voie réductionniste – Type de recherche qui vise à décomposer la structure d'un phénomène dans le plus grand nombre possible d'éléments, de déterminer leurs différentes propriétés afin d'isoler celles qui définissent en propre le système organisé dont ce phénomène fait partie. (Ouellet, 1994).

Index alphabétique
des sujets traités

E

Références

American Psychological Association (2001). *Publication manual of the American Psychological Association* (5ᵉ édition). Washington (DC) : APA.

Anadón, M. (1989). *L'école québécoise : jeux et enjeux des forces sociales, 1970-1980.* Québec : Université Laval, Laboratoire de recherches sociologiques.

Anadón, M. (1990). Quelques réflexions sur la formation du chercheur en sciences de l'éducation. *Recherches qualitatives, 3,* 155-158.

Anadón, M. (1999). L'enseignement en voie de professionnalisation. *In* C. Gohier, N. Bednarz, L. Gaudreau, R. Pallascio et G. Parent (dir.), *L'enseignant, un professionnel* (p. 1-20). Québec : Presses de l'Université du Québec.

Anadón, M, Sauvé, L., Torres, M. et Boutet, A. (2000). L'évaluation de programmes en éducation relative à l'environnement – Le cas du projet EDAMAZ – Educacion ambiental en Amazonia. *Éducation relative à l'environnement : regards – recherches – réflexions, 2,* 31-47.

Anadón, M. et Savoie-Zajc, L. (2004). Dynamiques de recherche et accompagnement du changement des pratiques professionnelles. *In L'année de la recherche en sciences de l'éducation* (p. 115-139). Paris : AFIRSE/Matrice.

Angenot, P. (1989). La recherche qualitative : enjeux discursifs. *In* P. Angenot (dir.), *La pratique de la recherche qualitative : un plaisir ?* (p. 39-48). Rouyn-Noranda : Société de recherche en éducation de l'Abitibi-Témiscamingue.

Angenot, P. (1994). Apprendre à argumenter : l'acquisition de stratégies. *Revue pour la recherche qualitative, 10,* 54-67.

Angenot, P. (1996). Des stratégies argumentatives pour l'innovation pédagogique en milieu scolaire. *In* R. Pallascio, L. Julien et G. Gosselin (dir.), *L'école alternative, un projet d'avenir* (p. 109-116). Montréal : Beauchemin.

Angenot, P. (1998). Le *discours pédagogique argumentatif. Recueil de textes. Questions approfondies de pédagogie. Recueil thématique 3 – Les opérations.* Trois-Rivières : Université du Québec à Trois-Rivières, Département des sciences de l'éducation, Épistémologie des discours pédagogiques au Québec (ÉDIPEQ).

Angers, M. (1996). *Initiation pratique à la méthodologie des sciences humaines.* Montréal : Commission des écoles catholiques.

Asselin, C. et McLaughlin, A. (1992). Les erreurs linguistiques rencontrées dans les écrits des étudiants universitaires : analyse et conséquences. *Revue de l'association canadienne de linguistique appliquée, 14*(1),13-30.

Association canadienne-française pour l'avancement des sciences (1995). *L'éthique en recherche sociale. Actes du Colloque du Conseil québécois de la recherche sociale.* Montréal : Conseil québécois de la recherche sociale.

Ayotte, R. (1984). L'évolution de l'organisation de la recherche québécoise. *Prospectives, 20,* février-avril, 7-16.

Barbier, J-M. et Demailly, L. (1994). Analyse des fonctions sociales et professionnelles des dispositifs utilisant la recherche comme outil de formation. *Recherche et formation, 17,* 65-76.

Bardin, L. (1977). *L'analyse de contenu.* Paris : Presses universitaires de France.

Baribeau, C. (dir.) (1992). La recherche-action : de Kurt Lewin aux pratiques québécoises contemporaines. *Revue de l'Association pour la recherche-qualitative, 7.*

Barker, P. (1998). The future of books in an electronic era. *Electronic Library, 16*(3), 191-198.

Barnes, J.A. (1979). *Who should know what? Social science, privacy and ethics.* Cambridge (MA) : University Press.

Bawden, R. (1991). Towards action research systems. *In* O. Zuber-Skerritt (dir.), *Action research for change and development* (p. 10-35). Aldershot : Avebury.

Becker, H.S. (2002). *Les ficelles du métier : comment conduire sa recherche en sciences sociales.* Paris : Éditions La Découverte.

Behrens, J.T. et Smith, M.L. (1996). Data and data analysis. *In* D.C. Berliner et R.C. Calfee (dir.), *Handbook of educational psychology* (p. 945-989). New York (NY) : Simon and Schuster Macmillan.

Beillerot, J. (1989). Le rapport au savoir : une notion de formation. *In* J. Beillerot, C. Blanchard-Laville, A. Bouillet, N. Mosconi et P. Obertelli (dir.), *Savoir et rapport au savoir – Élaborations théoriques et cliniques* (p. 165-202). Paris : Éditions Universitaires.

Bellenger, L. (1980). *L'argumentation.* Paris : ESF.

Berger, P.L. et Luckman, T. (1987). *La construction sociale de la réalité.* Paris : Méridiens Klincksieck.

Bertrand, Y. (1990). *Théories contemporaines de l'éducation.* Ottawa : Agence d'Arc.

Bertrand, Y. et Valois, P. (1982). *Les options en éducation.* Québec : Éditeur officiel.

Bianquis-Gasser, I. (1996). Observation participante. *In* A. Mucchielli (dir.), *Dictionnaire des méthodes qualitatives en sciences humaines et sociales* (p. 146-152). Paris : Armand Colin.

Bisaillon, R. (1992). *Entre la recherche, la formation et la pratique en éducation : des liens organiques et systémiques.* Conférence présentée au Colloque du Réseau international de recherche en éducation et formation, Sherbrooke, 8 octobre.

Blumer, H. (1969). *Symbolic interactionisme, perspective and method.* Englewood Cliffs (NJ) : Prentice-Hall.

Bogdan, R.C. et Biklen, S.K. (1992). *Qualitative research for education.* Boston (MA) : Allyn and Bacon.

Boisvert, D. (1992). La recherche documentaire. *In* B. Gauthier (dir.), *Recherche sociale – De la problématique à la collecte de données* (p. 79-111). Québec : Presses de l'Université du Québec.

Boisvert, J. (1999). *La formation de la pensée critique : théorie et pratique.* Montréal : ERPI.

Bolster, A.S. (1983). Toward a more effective model of research on teaching. *Harvard Educational Review, 53*(3), 294-308.

Bouchard, P. et St-Amant, J.-C. (1996). Le retour aux études : les facteurs de réussite dans quatre écoles spécialisée au Québec. *Revue canadienne de l'éducation, 21*(1), 1-17.

Bouchard, S. (1998). *Recherche psychosociale, pour harmoniser recherche et pratique.* Québec : Presses de l'Université du Québec.

Bouchard, Y et Gélinas, A. (1990). Un modèle alternatif de formation des futurs chercheurs. *Revue de l'Association pour la recherche qualitative, 3,* 119-141.

Boucher, L.P. et L'Hostie, M. (dir.) (1997). *Le développement professionnel continu en éducation.* Québec : Presses de l'Université du Québec.

Bourdoncle, R. et Mathey-Pierre, C. (1994). Autour des mots. *Recherche et Formation, 17*, 141-154.

Bourgeault, G., Bélanger, R. et Desrosiers, R. (1997). *Vingt années de recherches en éthique et de débats au Québec 1976-1996.* Montréal : Fides.

Boylan, E.S. (1993). Politically correct, but not accurate. *Academe : Bulletin of the AAUP, 79*(3), 6-7.

Brewer, J. et Hunter, A. (1989). *Multimethod research : A synthesis of styles.* Newbury Park (CA) : Sage Publications.

Brooks, I.G. et Brooks, M.G. (1993). *In search of unserstanding : The case for the constructivist classroom.* Alexandria (VI) : Association for Supervision and Curriculum Development.

Butchart, A. (1997). Objects without origins. Foucault in South-african socio-medical science. *South African Journal of Psychology, 27*(2), 101-110.

Campbell, D.T. et Fiske, D.W. (1959). Convergent and discriminant validation by the multitrait-multimethod matrix. *Psychological Bulletin, 56*, 81-105.

Caracelli, V.J. et Greene J.C. (1993). Data analysis strategies for mixed-method evaluation designs. *Educational Evaluation Policy Analysis, 15*, 195-207.

Carr, W. et Kemmis, W. (1986). *Becoming critical.* Londres : The Falmer Press.

Caverni, J.-P. (1998). *L'éthique dans les sciences du comportement.* Paris : Presses universitaires de France.

Chalmers, A.F. (1987). *Qu'est-ce que la science ?* Paris : Éditions La Découverte.

Checkland, P.B. (1981). *Systems thinking, systems practice.* Chichester (GB) : John Wiley.

Chevrier, J. (1997). La spécification de la problématique. *In* B. Gauthier (dir.), *Recherche sociale : de la problématique à la collecte des données* (p. 51-81). Québec : Presses de l'Université du Québec.

Clas, A. et Horguelin, P.A. (1991). *Le français langue des affaires* (3ᵉ édition). Montréal : McGraw-Hill.

Clément, J. (1996). *La régulation, système de références pour les groupes d'analyse des pratiques professionnelles.* Paris : Édition du Septenturion.

Cochran-Smith, M. et Lytle, S.L. (1993). *Inside/ouside: Teacher research and knowledge*. New York (NY): Columbia University Press.

Colin, M., Lavoie, P., Delisle, M., Montreuil, C. et Payette, G. (1995). *Initiation aux méthodes quantitatives en sciences humaines* (2ᵉ édition). Boucherville: Gaëtan Morin.

Commission d'étude des universités (1979). *Rapport du comité d'étude sur la formation et le perfectionnement des enseignants* (Rapport Angers). Québec: Gouvernement du Québec.

Commissions des États généraux sur l'éducation (1996). *Les États généraux sur l'éducation 1995-1996 – Exposé de la situation et faits saillants*. Québec: Gouvernement du Québec.

Conseil de recherches médicales du Canada, Conseil de recherches en sciences naturelles et en génie du Canada, Conseil de recherches en sciences humaines du Canada (1998). *Énoncé de politique des trois Conseils – Éthique de la recherche avec des êtres humains*. Ottawa: Ministère des Approvisionnements et Services Canada.

Conseil des universités (1986). *Bilan du secteur de l'éducation*. Québec: Gouvernement du Québec.

Conseil supérieur de l'éducation (1991). *Rapport annuel 1990-1991 sur l'état et les besoins de l'éducation. La profession enseignante: vers le renouvellement du contrat social*. Québec: Gouvernement du Québec.

Contandriopoulos, A.-P., Champagne, F., Potvin, L., Denis, J.-L. et Boyle, P. (1990). *Savoir préparer une recherche: la définir, la structurer, la financer*. Montréal: Les Presses de l'Université de Montréal.

Corey, S. (1953). *Action research to improve schools practices*. New York (NY): Teachers College Press.

Côté-Thibault, D. (1992). Recherche-action des praticiens. La recherche-action de Kurt Lewin aux pratiques contemporaines. *Association pour la recherche qualitative, 7*, 93-107.

Creswell, J.H. (1998). *Qualitative inquiry and research design: Choosing among five traditions*. Thousand Oaks (CA): Sage Publications.

Cronbach, L.J. (1975). Beyond the two disciplines of scientific psychology. *American Psychologist, 30*, 116-127.

Crotty, M. (1998). *The foundations of social research*. Thousand Oaks (CA) : Sage Publications.

Crozier, M. et Friedberg, E. (1977). *L'acteur et le système. Les contraintes de l'action collective*. Paris : Éditions du Seuil.

Dansereau, S., Gaudreau, L., Goyette, G., Séguin, S. et Thibert, G. (1997). *Itinéraire vers la production du mémoire*. Montréal : Université du Québec à Montréal, Département des sciences de l'éducation.

Denzin, N.K. (1970). *The research act : A theoretical introduction to sociological methods*. Chicago (IL) : Aldine.

Denzin, N.K. (1978). *The research act : A theoretical introduction to sociological methods* (2e édition). New York (NY) : McGraw-Hill.

Denzin, N.K. et Lincoln, Y.S. (dir.) (1994). *Handbook of qualitative research*. Thousand Oaks (CA) : Sage Publications.

Deschamps, C. (dir.) (1995). La recherche qualitative : 10 ans de développement. *Recherche qualitative, 13*, numéro souvenir.

Desgagné, S. (1997). Le concept de recherche collaborative : l'idée d'un rapprochement entre chercheurs universitaires et praticiens enseignants. *Revue des sciences de l'éducation, XXIII*(2), 371-393.

Desgagné, S. (1998). La position du chercheur en recherche collaborative : illustration d'une démarche de médiation entre culture universitaire et culture scolaire. *Recherches qualitatives, 18*, 77-105.

Desgagné, S., Bednarz, N., Couture, C., Poirier, L. et Lebuis, P. (2001). L'approche collaborative de recherche en éducation : un nouveau rapport à établir entre recherche et formation. *Revue des sciences de l'éducation, XXVII*(1), 33-64.

Deslauriers, J.P. (1991). *Recherche qualitative : guide pratique*. Montréal : McGraw-Hill.

Dewey, J. (1929). *Sources of science education*. New York (NY) : Liverisht.

Dewey, J. (1993). *How we think*. Boston (MA) : DC Heath (1re édition, 1910).

Dick, B. (1998). *Action research and evaluation on line*. Document téléaccessible à l'adresse <http://www.scu.edu.av/schools/gcm/ar/arhome.html>

Doctorat réseau en éducation de l'Université du Québec (1993). *Cheminement et caractéristiques de la recherche et de la thèse au doctorat en éducation*. Montréal: Université du Québec à Montréal, Doctorat en éducation.

Dolbec, A. (1989). *Towards a systemic methodology of planned intervention in the organised education/learning process*. Thèse de doctorat, Lancaster University, Angleterre.

Dolbec, A. (1997). La recherche-action. *In* B. Gauthier (dir.), *Recherche sociale: de la problématique à la collecte des données* (p. 467-496). Québec: Presses de l'Université du Québec.

Dolbec, A. (2003). Recherche-action. *In* B. Gauthier (dir.), *Recherche sociale* (p. 505-540). Québec: Presses de l'Université du Québec.

Doyon, J. (1995). *L'apport de l'art dramatique comme mode d'intervention permettant le développement affectif de la personne handicapée intellectuelle*. Maîtrise en éducation, Université du Québec à Hull.

Eisenhardt, R.M. (1989). Building theories from case study research. *Academy of Management Review, 14*(4), 532-550.

Elliott, J. (1977). Developing hypotheses about classrooms from teachers' practical constructs: An account of the work of the Ford teaching project. *Interchange, 7*(2), 2-21.

Elliott, J. (1991). *Action research for educational change*. Milton Keynes (GB): Open University Press.

Erickson, F. (1986). Qualitative methods in research on teaching. *In* M.C. Wittrock (dir.), *Handbook of research on teaching* (3ᵉ édition, p. 119-161). New York (NY): Macmillan.

Escande, C. (1973). *Les classes sociales au cégep. Sociologie de l'orientation des étudiants*. Montréal: Parti pris.

Feyerabend, P. (1979). *Contre la méthode*. Paris: Éditions du Seuil.

Fineman, Y. (2003). Electronic theses and dissertations. *Portal-Libraries and the Academy, 3*(2), 219-227.

Fontaine, S. (1994). Recherche en éducation et changement. *In* J. Chevrier (dir.), *La recherche en éducation comme source de changement* (p. 43-58). Montréal: Les Éditions Logiques.

Fourez, G. (1988). *La construction des sciences* (1ʳᵉ édition). Bruxelles : De Boeck-Wesmaël.

Fourez, G. (1996). *La construction des sciences. Les logiques des inventions scientifiques* (3ᵉ édition). Bruxelles : De Boeck.

Gagnon, L. (1996). *Évaluation de l'application d'un modèle pédagogique innovateur auprès d'élèves ayant des difficultés graves d'apprentissage intégrés dans une classe de sixième année régulière.* Maîtrise en éducation, Université du Québec à Hull.

Gall, M.D., Borg, W., Gall, R. et Joyce, P. (1996). *Educational research : An introduction.* New York (NY) : Longman.

Gardner, H. (1997). *Les formes de l'intelligence* (2ᵉ édition). Paris : Odile Jacob (1ʳᵉ édition, 1983).

Gauthier, B. (1986). *Recherche sociale – De la problématique à la collecte des données.* Québec : Presses de l'Université du Québec.

Gauthier, B. (1992). *Recherche sociale – De la problématique à la collecte de données* (2ᵉ édition). Québec : Presses de l'Université du Québec.

Gauthier, B. (dir.) (2003). *Recherche en sciences sociales : de la problématique à la collecte des données* (4ᵉ édition). Québec : Presses de l'Université du Québec.

Gauthier, C., Martineau, S., Malo, A., Desbiens, J.-F. et Simard, D. (1997). *Pour une théorie de la pédagogie. Recherches contemporaines sur le savoir des enseignants.* Québec/Bruxelles : Les Presses de l'Université Laval/De Boeck.

Gauthier, Y. (1995). *La philosophie des sciences, une introduction critique.* Montréal : Les Presses de l'Université de Montréal.

Gauthier, C. (2004). De la pédagogie traditionnelle à la pédagogie nouvelle. *In* C. Gauthier et M. Tardif (dir.), *La pédagogie, théories et pratiques de l'Antiquité à nos jours* (2ᵉ édition, p. 131-156). Montréal : Gaëtan Morin.

Gay, L.R. (1996). *Educational research* (5ᵉ édition). Merrill (NJ) : Prentice-Hall.

Gelman, S.R. et Gibelman, M. (1999). A quest for citations? An analysis of and commentary on the trend toward multiple authorship. *Journal of Social Work Education, 35*(2), 203-213.

Gingras, F.P. (1992). La théorie et le sens de la recherche. *In* B. Gauthier (dir.), *Recherche sociale – De la problématique à la collecte de données* (p. 113-138). Québec: Presses de l'Université du Québec.

Glaser, B.G. et Strauss, A.L. (1967). *Discovery of grounded theory*. Chicago (IL): Aldine.

Gohier, C. (1989). Biologie et éducation: évolution? *Nouvelles études psychologiques, 3*(1), 149-187.

Gohier, C. (1990). Biologie et éducation, le paradigme latent. *In Les modèles en éducation, Actes du colloque AIPELF 1989* (p. 72-83). Montréal: Éditions Noir sur Blanc.

Gohier, C. (1997a). Du glissement de la macro à la microanalyse ou du comment en éducation le sujet est redevenu le centre du monde. *In* C. Baudoux et M. Anadón (dir.), *La recherche en éducation, la personne et le changement. Les cahiers du LABRAPS, 23* (p. 41-54). Montréal: LABRAPS.

Gohier, C. (1997b). Identité professionnelle et formation des maîtres: le pourquoi, le quoi et le comment. *In* R. Féger (dir.), *L'éducation face aux nouveaux défis. Actes du 4e Congrès des sciences de l'éducation en langue française du Canada* (p. 241-249). Montréal: Éditions Nouvelles.

Gohier, C. (1998). La recherche théorique en sciences humaines: réflexions sur la validité d'énoncés théoriques en éducation. *Revue des sciences de l'éducation, XXIV*(2), 267-284.

Gohier, C., Anadón, M., Bouchard, Y., Charbonneau, B. et Chevrier, J. (1997). Vers l'élaboration d'un modèle de l'identité professionnelle et de sa construction pour les maîtres en formation. *In* M. Tardif et H. Ziarko (dir.), *Continuités et ruptures dans la formation des maîtres au Québec* (p. 280-299). Québec: Les Presses de l'Université Laval.

Gohier, C., Anadón, M., Bouchard, Y., Charbonneau, B. et Chevrier, J. (1998). *La construction de l'identité professionnelle de l'enseignant par un modèle favorisant l'interaction plurielle.* Communication présentée au séminaire «La question identitaire dans les métiers de l'enseignement et de la formation», IUFM des Antilles et de la Guyane, Pointe-à-Pître, Guadeloupe, mai.

Gohier, C., Anadón, M., Bouchard, Y., Charbonneau, B. et Chevrier, J. (1999). Vers une vision renouvelée de la professionnalisation de l'enseignement et de la construction de l'identité professionnelle de l'enseignant. *In* C. Gohier, N. Bednarz, L. Gaudreau, R. Pallascio et G. Parent (dir.), *L'enseignant, un professionnel* (p. 21-56). Québec : Presses de l'Université du Québec.

Golder, C. (1998). Debatable topic or not. Do we have the right to argue ? *European Journal of Psychology of Education, 13*(2), 175-185.

Goodson, I. (1993). Un pacte avec le diable ou des éléments de réflexion à l'intention des formateurs des maîtres. *In Actes du troisième colloque de l'Association québécoise universitaire en formation des maîtres – L'Université et le milieu scolaire : partenaires en formation des maîtres* (p. 3-21). Montréal : Université McGill.

Gouvernement du Québec (1992). *La formation l'enseignement secondaire général. Orientations et compétences attendues.* Québec : Ministère de l'Éducation.

Gouvernement du Québec (1994). *La formation à l'éducation préscolaire et à l'enseignement primaire. Orientations et compétences attendues.* Québec : Ministère de l'Éducation.

Goyette, G. et Lessard-Hébert, M. (1987). *La recherche-action : ses fonctions, ses fondements et son instrumentation.* Québec : Presses de l'Université du Québec.

Grawitz, M. (1996). *Méthode des sciences sociales* (10ᵉ édition). Paris : Dalloz.

Grenon, G. et Viau, S. (1996a). *Méthodes quantitatives en sciences humaines : de l'échantillon vers la population* (Tome 1). Boucherville : Gaëtan Morin.

Grenon, G. et Viau, S. (1996b). *Méthodes quantitatives en sciences humaines : du modèle théorique vers l'inférence statistique* (Tome 2). Boucherville : Gaëtan Morin.

Groupe Innovation International (1999). *Innover ou disparaître.* Québec : Groupe Innovation International.

Guba, E.G. (dir.) (1990). *The paradigm dialog.* Newbury Park (CA) : Sage Publications.

Guba, E.G. et Lincoln, Y.S. (1982). *Effective evaluation.* San Francisco (CA) : Jossey-Bass.

Guba, E.G. et Lincoln, Y.S. (1989). *Fourth generation evaluation.* Newbury Park (NJ) : Sage Publications.

Guba, E.G. et Lincoln, Y.S. (1994). Competing paradigms in qualitative research. *In* N. Denzin et Y.S. Lincoln (dir.), *Handbook of qualitative reasearch* (p. 105-117). Thousand Oaks (CA) : Sage Publications.

Guedon, J.C. (1998). Electronic publication of theses. *Scientist, 12*(15), 8.

Gueyaud, J.A. et Dassa, C. (1998). La configuration des corrélations entre le concept de soi et le rendement scolaire : une méta-analyse. *Revue des sciences de l'éducation, XXIV*(2), 299-322.

Guilloton, N. et Cajolet-Laganière, H. (2001). *Le français au bureau* (5ᵉ édition). Québec : Office de la langue française.

Habermas, J. (1987). *Théorie de l'agir communicationnel* (Tome I – Rationalité de l'agir et rationalisation de la société). Paris : Fayard.

Hamel, J. (1993). *Case study method.* Beverly Hills (CA) : Sage Publications.

Heron, J. (1996). *Co-operative inquiry : Research into the human condition.* Londres : Sage Publications.

Hobson, D. (1996). Beginning with the self : Using autobiography and journal writing in teacher research. *In* G. Burnaford, J. Fischer et D. Hobson (dir.), *Teachers doing research* (p. 1-17). Mahwah (NJ) : Lawrence Erlbaum.

Huberman, A.M. (1989). *La vie des enseignants, évolution et bilan d'une profession.* Neuchâtel : Delachaux et Niestlé.

Huberman, A.M. et Miles, M.B. (1991). *Analyse des données qualitatives. Recueil de nouvelles méthodes.* Bruxelles : De Boeck.

Huberman, A.M. et Miles, M.B. (1994). Data management and analysis methods. *In* N.K. Denzin et Y.S. Lincoln (dir.), *Handbook of qualitative research* (p. 428-444). Thousand Oaks (CA) : Sage Publications.

Husserl, E. (1985). *Idées directrices pour une phénoménologie* (Edeem I). Paris : Gallimard.

Jaccoud, M. et Mayer, R. (1997). L'observation en situation et la recherche qualitative. *In* J. Poupart, J.P. Deslauriers, L.H. Groulx, A. Laperrière, R. Mayer et A. Pirès (dir.), *La recherche qualitative : enjeux épistémologiques et méthodologiques* (p. 211-250). Boucherville : Gaëtan Morin.

Jackson, S.M. (1999). Issues in the dating violence research : A review of the literature. *Aggression and Violent Behavior, 4*(2), 233-247.

Johnson, D.W. et Johnson, R.T. (1985). Motivational processes in cooperative, competitive, and individualistic learning situations. *In* R. Ames et C. Ames (dir.), *Research on motivation in education* (Vol. 2 – The classroom milieu) (p. 249-286). New York (NY) : Academic Press.

Johnson, J.M. (1975). *Doing field research.* New York (NY) : The Free Press.

Jonas, H. (1990). *Le principe responsabilité* (2ᵉ édition). Paris : Flammarion (1ʳᵉ édition, 1979).

Joyce, B. et Weil, M. (1980). *Models of teaching.* Engelwood Cliffs (NJ) : Prentice-Hall.

Karsenti, T. (1998). *Étude de l'interaction entre les pratiques pédagogiques d'enseignants du primaire et la motivation de leurs élèves.* Thèse de doctorat, Université du Québec à Montréal.

Karsenti, T. (1999a). Comment le recours aux TIC en pédagogie universitaire peut favoriser la motivation des étudiants : le cas d'un cours médiatisé sur le Web. *Cahiers de la recherche en éducation, 4*(3), 455-484.

Karsenti, T. (1999b). Les TIC au service de la pédagogie universitaire – Bilan d'une expérience de cours sur le Web en formation des maîtres. *ReuSite, 1*(1). Document téléaccessible à l'adresse <http://www.uquebec.ca/ReuSite/index.html>.

Katz, L.G. (1986). Developmental stages of preschool teachers. *In* J. Nias (dir.), *Teacher socialisation, the individual in the system* (p. 56-59). Australie : Deakin University Press.

Kemmis, S. (1991). Improving education through action research. *In* O. Zuber-Skerritt (dir.), *Action research for change and development* (p. 57-75). Aldershot : Avebury.

Kennedy, M.A. (1997). The connection between research and practice. *Educational Researcher, 26*(7), 4-12.

King, J.A. et Lonnquist, P. (1996). *A review of action research* (1944-present). Communication présentée à la réunion annuelle de l'American Educational Research Assocation (AERA), Center for Applied Research and Educational Improvement, College of Education, University of Minesota, Minesota.

Knowles, M. (1990). *The adult learner: A neglected species*. Houston (TX): Gulf.

Kohn, A. (1986). *False prophets*. Oxford/New York (NY): Basil Blackwell.

Kolb, D. (1984). *Experiential learning*. Englewood Cliffs (NY): Prentice-Hall.

Kotiaho, J.S., Tomkins, J.L. et Simmons, L.W. (1999). Unfamiliar citations breed mistakes. *Nature, 400*, 307.

Krathwohl, D.R. (1998). *Methods of educational and social science research: An integrated approach* (2ᵉ édition). New York (NY): Addison Wesley Longman.

Kuhn, T. (1972). *La structure des révolutions scientifiques*. Paris: Flammarion.

Lalonde, C. (1998). *L'art et l'ère pour une éducation fondamentale*. Maîtrise en éducation, Université du Québec à Hull.

Landsheere, G. de (1979). *Introduction à la recherche en éducation*. Paris: Armand Colin.

La Rochefoucauld, F. duc de 1613-1680 (1946). *Réflexions, sentences et maximes morales*. Montréal: B.D. Simpson.

Latour, B. et Woolgar, S. (1988). *La vie de laboratoire*. Paris: Éditions La Découverte.

Lavoie, L., Marquis, D. et Laurin, P. (1996). *La recherche-action: théorie et pratique*. Québec: Presses de l'Université du Québec.

L'Écuyer, R. (1988). L'analyse de contenu: notion et étapes. *In* J.P. Desaulniers (dir.), *Les méthodes de la recherche qualitative* (p. 49-65). Québec: Presses de l'Université du Québec.

L'Écuyer, R. (1990). *Méthodologie de l'analyse développementale du contenu. Méthode GPS et concept de soi*. Québec: Presses de l'Université du Québec.

Lecompte, M.D. et Preissle, J. (1993). *Ethnography and qualitative design in educational research*. San Diego (CA): Academic Press.

Legendre, R. (1993). *Dictionnaire actuel de l'éducation*. Montréal: Guérin (1ʳᵉ édition, 1988).

Legendre, R. (1995). *Entre l'angoisse et le rêve*. Montréal: Guérin.

Legros, C. (1999). *Analyse des connaissances des étudiants du postsecondaire en français écrit à travers leurs discours métalinguistique et métatextuel.* Thèse de doctorat. Faculté des sciences de l'éducation, Université de Montréal.

Lenoir, Y. (1996). La recherche collaborative, les facultés d'éducation, le milieu scolaire et les organismes subventionnaires : un concept à clarifier, une situation fragile, des rapports institutionnels précaires ! *In* Y. Lenoir et M. Laforest (dir.), *La bureaucratisation de la recherche en éducation et en sciences sociales : constats, impacts et conséquences* (p. 205-232). Sherbrooke : Éditions du CRP.

Lessard, C. et Bourdoncle, R. (1998). Les formations professionnelles universitaires. Place des praticiens et formalisation des savoirs pratiques : utilités et limites. *In* D. Raymond et Y. Lenoir (dir.), *Enseignants de métier et formation initiale. Des changements dans les rapports de formation à l'enseignement* (p. 11-33). Bruxelles : De Boeck.

Lessard, C., Perron, M. et Bélanger, P. (dir.) (1991). *La profession enseignante au Québec – Enjeux et défis des années 1990.* Québec : Institut québécois de recherche sur la culture.

Lessard-Hébert, M., Goyette, J. et Boutin, G. (1990). *La recherche qualitative : fondements et pratiques.* Montréal : Éditions Nouvelles.

Leukefeld, C.G. et Bukoski, W.J. (1997). An introduction to drug abuse prevention intervention research. Methodological issues. *Substance Use and Misuse, 32*(12-13), 1631-1636.

Levine, R.H. (1993). A researcher's concern with ethics in human research. *The Journal's Ethics Issue, 5*(1). Document téléaccessible à l'adresse <http://www.mhsource.com/hy/j51.html>.

Levine, R.H. (1999). *Reflections on 100 years of experimental social psychology.* San Francisco (CA) : Basic Books/Perseus.

Lewin, K. (1946). Action research and minority problems. *Journal of Social Issues, 2*, 34-46.

Lherme-Piganiol, E. (1998). Les « pseudo-délinquants ». À propos des troubles du caractère et du comportement chez les adolescents n'accédant pas à la pensée formelle. *Psychologie et éducation, 42*, 89-98.

Lincoln, Y.S. (1995). Emerging criteria for quality in qualitative and interpretive research. *Qualitative Inquiry, 1*(3), 275-289.

Lincoln, Y.S. et Guba, E.C. (1985). *Naturalistic inquiry*. Beverly Hills (CA) : Sage Publications.

Louvet, A. et Baillauquès, S. (1992). *La prise en fonction des instituteurs*. Paris : Institut national de recherche pédagogique.

Maillet, D. (1996). *Évaluation de l'application d'un modèle pédagogique innovateur auprès d'élèves réguliers de sixième année intégrant des élèves ayant des difficultés d'apprentissage*. Maîtrise en éducation, Université du Québec à Hull.

Malinowski, B. (1985). *Journal d'ethnographe* (2ᵉ édition). Paris : Éditions du Seuil.

Manning, K. (1997). Authenticity in constructivist inquiry : Methodological considerations without prescriptions. *Qualitative Inquiry, 3*(1), 93-115.

Mark, M.M. et Shotland, R.L. (dir.) (1987). *Multiple methods in program evaluation*. San Francisco (CA) : Jossey-Bass.

Marshall, C. et Rossman, G.B. (1989). *Designing qualitative research*. Newbury Park (CA) : Sage Publications.

Martella, R.C., Nelson, R. et Marchand-Martella, N.E. (1999). *Research methods : Learning to become a critical reseach consumer*. Needham Heights (MA) : Allyn and Bacon.

Martineau, S., Simard, D. et Gauthier, C. (2001). Recherches théoriques et spéculatives : considérations méthodologiques et épistémologiques. *Revue des sciences de l'éducation, XXIV*(2), 3-32.

McCutcheon, D. et Meredith, J. (1993). Conducting case study research in operations management. *Journal of Operations Management, 11*, 239-256.

McMillan, J.H. et Wergin, J.F. (1998). *Understanding and evaluating educational research*. Merrill (NJ) : Prentice Hall.

McNiff, J. (1995). *Action research for professional development*. Bournemouth (GB) : Hyde.

McNiff, J., Lomax, P. et Whitehead, J. (1996). *You and your action research process*. Londres : Routledge.

Mead, G. (1934). *Mind, self and society : From the standpoints of social behaviorist*. Chicago (IL) : University of Chicago Press.

Merriam, S.B. (1988). *Case study in education : A qualitative approach.* San Francisco (CA) : Jossey-Bass.

Mesnier, P.-M. et Missotte, P. (2003). *La recherche-action : une autre manière de chercher, se former, se transformer.* Paris : L'Harmattan.

Miles, M.B. et Huberman, A.M. (1984). *Qualitative data analysis : A sourcebook of new methods.* Newbury Park (CA) : Sage Publications.

Miles, M.B. et Huberman, A.M. (1991). *Analyse de données qualitatives : recueil de nouvelles données.* Bruxelles : De Boeck.

Ministère du Multiculturalisme et de la Citoyenneté (1991). *Pour un style clair et simple.* Ottawa : Approvisionnements et services.

Morin, E. (1977). *La méthode.* Paris : Éditions du Seuil.

Morin, E. (1986). *La connaissance de la connaissance.* Paris : Éditions du Seuil.

Moss, P.A. (1996). Enlarging the dialogue in educational measurement : Voices from interpretive research traditions. *Educational Researcher, 25,* 20-28, 43.

Moulin, M. (dir.) (1990). *Contrôler la science ? La question des comités d'éthique.* Montréal/ Bruxelles : ERPI/De Boeck Wesmaël.

Mucchielli, A. (1996). *Dictionnaire des méthodes qualitatives en sciences humaines et sociales.* Paris : Armand Colin.

Mucchielli, R. (1974). *L'analyse de contenu des documents et des communications, connaissance du problème.* Paris : ESF.

Namer, É. (1966). *Giordano Bruno.* Paris : Seghers.

Nodie Oja, S. et Smulyan, L. (1989). *Collaborative action research : A developmental approach.* Londres : The Falmer Press.

Noffke, S. (1997). Professional, personal, and political dimensions of action research. *Review of Research in Education, 22,* 305-343.

Nunneley, R.D. (1997). *Validating standards for action research.* Communication présentée lors de la conférence annuelle de l'American Educational Research Association (AERA), Chicago, avril.

Oléron, P. (1993). *L'argumentation* (2ᵉ édition). Paris : Presses universitaires de France (1ʳᵉ édition, 1983).

Organisation internationale de normalisation (1987). *Documentation – références bibliographiques – contenu, forme et structure* (2ᵉ édition). Genève : Organisation internationale de normalisation.

Ouellet, A. (1994). *Processus de recherche en éducation.* Québec : Presses de l'Université du Québec.

Paillé, P. (1996a). Recherche qualitative. *In* A. Mucchielli (dir.), *Dictionnaire des méthodes qualitatives en sciences humaines et sociales* (p. 196-198). Paris : Armand Colin.

Paillé, P. (1996b). Échantillonnage théorique. *In* A. Mucchielli (dir.), *Dictionnaire des méthodes qualitatives en sciences humaines et sociales* (p. 54-55). Paris : Armand Colin.

Paillé, P. (1996c). Qualitative par théorisation (analyse de contenu). *In* A. Mucchielli (dir.), *Dictionnaire des méthodes qualitatives en sciences humaines et sociales* (p. 184-190). Paris : Armand Colin.

Paillé, P. et Mucchielli, A. (2003). *L'analyse qualitative en sciences humaines et sociales.* Paris : Armand Colin.

Pandit, M.R. (1996). The creation of theory : A recent application of the grounded theory method. *The Qualitative Report, 2*(4). Document téléaccessible à l'adresse <http://www.nova.edu/ssss/QR/QR2-4/pandit. html>.

Papillon, S., Rousseau, R., Tremblay, Y. et Potvin, P. (1987). Les orientations de la recherche en éducation dans les constituantes de l'Université du Québec. *Revue des sciences de l'éducation, XIII*(1), 51-83.

Paquet, G. (1992). *Méthode et techniques de travail intellectuel* (Cahier). Montréal : Guérin.

Perelman, C. et Olbrechts-Tyteca, L. (1988). *Traité de l'argumentation, la nouvelle rhétorique* (2ᵉ édition). Bruxelles : Éditions de l'Université de Bruxelles (1ʳᵉ édition, 1958).

Pettigrew, A.M. (1990). Longitudinal field research on change : Theory and practice. *Organization Science, 1*(3), 267-292.

Piaget, J. (1968). *La psychologie de l'enfant.* Paris : Presses universitaires de France.

Pinard, A., Lavoie, G. et Delorme, A. (1977). *La présentation des thèses et des rapports scientifiques.* Montréal : Institut de recherches psychologiques.

Pirès, A.P. (1993). La recherche qualitative et le problème de la scientificité. *In Les méthodes qualitatives et la recherche sociale : problématiques et enjeux.* Actes du Colloque du Conseil québécois de la recherche sociale (p. 33-44). Rimouski : Université du Québec à Rimouski.

Pirès, A.P. (1997). De quelques enjeux épistémologiques d'une méthodologie générale pour les sciences sociales. *In* J. Poupart, J.P. Deslauriers, L.H. Groulx, A. Laperrière, R. Mayer et A. Pirès (dir.), *La recherche qualitative : enjeux épistémologiques et méthodologiques* (p. 3-54). Boucherville : Gaëtan Morin.

Popper, K. (1973, c. all. 1934, angl. 1959). *La logique de la découverte scientifique.* Paris : Payot.

Postic, M. et De Ketele, J.M. (1988). *Observer les situations éducatives.* Paris : Presses universitaires de France.

Potter, W.J. (1996). *An analysis of thinking and research about qualitative methods.* Mahwah (NJ) : Lawrence Erlbaum.

Potvin, P., Deslandes, R. et Leclerc, D. (1999). Perceptions des éducatrices à l'égard de leurs élèves de maternelle qui vont redoubler une année. *Revue québécoise de psychologie, 20*(1), 57-72.

Poupart, J., Deslauriers, J.P., Groulx, L.H., Laperrière, A., Mayer, R. et Pirès, A. (dir.) (1997). *La recherche qualitative : enjeux épistémologiques et méthodologiques.* Boucherville : Gaëtan Morin.

Pourtois, J.P. et Desmet, H. (1988). *Épistémologie et instrumentation en sciences humaines.* Bruxelles : Pierre Mardaga.

Punch, M. (1994). Politics and ethics in qualitative research. *In* N.K. Denzin et Y.S. Lincoln (dir.), *Handbook of qualitative research* (p. 83-97). Thousand Oaks (CA) : Sage Publications.

Ragin, C.C. et Becker, H.S.(1992). *What is a case? Exploring the foundations of social inquiry.* Cambridge (GB) : Cambridge University Press.

Reason, P. (1996). Reflections on the purposes of human inquiry. *Qualitative Inquiry, 2*(1), 15-28.

Reboul, O. (1984). *Le langage de l'éducation.* Paris : Presses universitaires de France.

Reboul, O. (1991). *Introduction à la rhétorique – Théorie et pratique.* Paris : Presses universitaires de France.

Reese, H.W. (1999). Strategies for replication research exemplified by replications of the istomina study. *Developmental Review, 19*(1), 1-30.

Reichardt, C.S. et Gollob, H.F. (1987). Taking uncertainty into account when estimating effects. *In* M.M. Mark et R.L. Shotland (dir.), *Multiple methods in program evaluation* (p. 7-22). San Francisco (CA): Jossey-Bass.

Reynolds, P. D. (1979). *Ethical dilemmas and social science research. An analysis of moral issues confronting investigators in research using human participants.* San Francisco (CA): Jossey-Bass.

Ricœur, P. (1998). *Du texte à l'action – Essais d'herméneutique II* (2ᵉ édition). Paris: Éditions du Seuil (1ʳᵉ édition, 1986).

Roy, G.-R. (2001). D'un enseignement actuel décontextualisé de la grammaire à un enseignement grammatical axé sur la vie. *In* Y. Lenoir, B. Rey et I. Fazenda (dir.), *Les fondements de l'interdisciplinarité dans la formation à l'enseignement* (p. 399-420). Sherbrooke: Éditions du CRP.

Roy, G.-R. (2002). *L'écriture d'un article scientifique.* Communication présentée aux membres de l'Association de recherche collégiale, Cégep du Vieux-Montréal, 26 avril.

Roy, G.-R. (2004). *Préparer un article scientifique.* Communication présentée à l'Association des étudiants du CRIFPE, Sherbrooke, 20 février.

Roy, G.-R. et Lafontaine, L. (1992). *La maîtrise du français écrit à l'université.* Sherbrooke: Éditions du CRP.

Roy, G.-R., Lafontaine, L. et Legros, C. (1995). *Le savoir grammatical après treize ans de formation.* Sherbrooke: Éditions du CRP.

Savoie-Zajc, L. (1989). Les critères de rigueur de la recherche qualitative. *In Actes de colloque de la Société de recherche en éducation de l'Abitibi-Témiscamingue* (SORÉAT) (p. 49-66). Rouyn: Université du Québec en Abitibi-Témiscamingue.

Savoie-Zajc, L. (1993a). *Évaluation du projet d'une classe de secondaire général utilisant les modules Tardivel à l'école secondaire Sieur de Coulonge.* Rapport d'évaluation. Document inédit.

Savoie-Zajc, L. (1993b). Qu'en est-il de la triangulation? Là où la recherche qualitative interprétative se transforme en intervention sociale. *Revue de l'ARQ, 8,* numéro thématique, M. Anadón et D. Côté-Thibeault (dir.), «La recherche qualitative en éducation: réflexions sur ses fonde- ments, ses méthodes et ses pratiques», 121-133.

Savoie-Zajc, L. (1994). Le discours sur l'école de jeunes identifiés à risque de décrochage scolaire. *In* L. Langevin (dir.), *L'abandon scolaire: on ne naît pas décrocheurs* (p. 79-109). Montréal: Les Éditions Logiques.

Savoie-Zajc, L. (1996a). Pédagogie et méthodes qualitatives. *In* A. Mucchielli (dir.), *Dictionnaire des méthodes qualitatives en sciences humaines et sociales* (p. 153-156). Paris: Armand Colin.

Savoie-Zajc, L. (1996b). La triangulation. *In* A. Mucchielli (dir.), *Dictionnaire des méthodes qualitatives en sciences humaines et sociales* (p. 261-262). Paris: Armand Colin.

Savoie-Zajc, L. (1996c). Journal de bord. *In* A. Mucchielli (dir.), *Dictionnaire des méthodes qualitatives en sciences humaines et sociales* (p. 116-117). Paris: Armand Colin.

Savoie-Zajc, L. (1997). De la bonne volonté individuelle aux enjeux collectifs: évaluation d'implantation d'un projet d'intervention auprès d'élèves à risque de décrochage scolaire. *In* M. Hardy, Y. Bouchard et G. Fortier (dir.), *L'école et les changements sociaux* (p. 519-540). Montréal: Les Éditions Logiques.

Savoie-Zajc, L. (1999). *La recherche-action en éducation: ses cadres épistémologiques, sa pertinence, ses limites.* Communication présentée au Colloque du doctorat en éducation, Chicoutimi, août.

Savoie-Zajc, L. (2001). La recherche-action en éducation: ses cadres épistémologiques, sa pertinence, ses limites. *In* M. Anadón et M. L'Hostie (dir.), *Nouvelles dynamiques de recherche en éducation* (p. 15-49). Québec: Presses de l'Université Laval.

Savoie-Zajc, L. (2003). L'entrevue semi-dirigée. *In* B. Gauthier (dir.), *Recherche en sciences sociales: de la problématique à la collecte des données.* (4e édition, p. 293-316). Québec: Presses de l'Université du Québec.

Savoie-Zajc, L., Brassard, A., Corriveau, L., Fortin, R. et Gélinas, A. (2002). *Role representations at the the core of school principals' practices in the midst of school reform in Quebec.* American Educational Research Association (AERA), New Orleans, 1er au 5 avril (ERIC EA031900).

Savoie-Zajc, L. et Dolbec, A. (1994). Quelle recherche pour quel changement? *In* J. Chevrier (dir.), *La recherche en éducation comme source de changement* (p. 85-101). Montréal: Les Éditions Logiques.

Savoie-Zajc, L. et Dolbec, A. (1999). Former pour transformer : une recherche-action impliquant des chefs d'établissements scolaires et visant la mise en place d'une culture de formation continue dans leurs écoles. *In* G. Pelletier (dir.), *Former les dirigeants de l'éducation* (p. 133-151). Bruxelles : De Boeck.

Savoie-Zajc, L. et Garnier, C. (1999). *La triangulation par l'analyse.* Atelier École d'été du CIRADE sur l'analyse de données qualitatives, Montréal, août.

Schön, D.A. (1983). *The reflective practitioner. How professionals think in action.* New York (NY) : Basic Books.

Schön, D.A. (1987). *Educating the reflective practitioner. Toward a new design for teaching and learning in the professions.* San Francisco (CA) : Jossey-Bass.

Schön, D.A. (1994). *Le praticien réflexif.* Montréal : Les Éditions Logiques.

Schutz, A. (1987). *Le chercheur et le quotidien.* Paris : Méridiens Klincksieck.

Schwandt, T.A. (1996). Farewell to criteriology. *Qualitative Inquiry, 2*(1), 58-72.

Schwandt, T.A. (1997). *Qualitative inquiry : A dictionary of terms.* Thousand Oaks (CA) : Sage Publications.

Schweiger, D.M. et DeNisi, A. (1991). Communication with employees following a merger : A longitudinal field experiment. *Academy of Management Journal, 14*(1), 110-135.

Scriven, M. (1988). Philosophical inquiry methods in education. *In* R.M. Jaeger (dir.), *Complementary methods for research in education* (p. 129-149). Washington (DC) : American Educational Research Association.

Senge, P. et Gauthier, A. (1991). *La cinquième discipline.* Paris : First.

Shaw, K.E. (1978). Understanding the curriculum : The approach through case studies. *Journal of Curriculum Studies, 10*(1), 1-17.

Simard, C. (1996). *Méthodes quantitatives : approche pédagogique progressive pour les élèves en sciences humaines.* Québec : Le Griffon d'argile.

Slakind, N.J. (1997). *Exploring research.* Merrill (NY) : Prentice-Hall.

Snook, I.A. (1972). *Concepts of indoctrination : Philosophical essays.* Boston (MA) : Routlegde and Kegan Paul.

Soler, L. (2000). *Introduction à l'épistémologie.* Paris : Ellipses.

Soltis, J.F. (1985). *An introduction to the analysis of educational concepts* (2ᵉ édition). New York (NY) : University Press of America (1ʳᵉ édition, 1968).

St-Arnaud, Y. (1992). *Connaître par l'action*. Montréal : Les Presses de l'Université de Montréal.

Stake, R.E. (1994). Case Studies. *In* N. Denzin et Y. Lincoln (dir.), *Handbook of qualitative research* (p. 236-246). Thousand Oaks (CA) : Sage Publications.

Stake, R.E. (1995). *The art of case study research*. Thousand Oaks (CA) : Sage Publications.

Stenhouse, L. (1975). *An introduction to curriculum research and development*. Londres : Heineman.

Strauss, A.L. et Corbin, J.M. (1990). *Basics of qualitative research : Grounded theory procedures and techniques*. Newbury Park (CA) : Sage Publications.

Strauss, A.L. et Corbin, J.M. (1994). Grounded theory methodology : An overview. *In* N.K. Denzin et Y.S. Lincoln (dir.), *Handbook of qualitative research* (p. 273-285). Londres : Sage Publications.

Stringer, E.T. (1996). *Action research : A handbook for practitioners*. Thousand Oaks (CA) : Sage Publications.

Tardif, J. (1992). *Pour un enseignement stratégique – L'apport de la psychologie cognitive*. Montréal : Les Éditions Logiques.

Tardif, M. et Gauthier, C. (1999). *Pour ou contre un ordre professionnel des enseignantes et des enseignants au Québec*. Québec : Les Presses de l'Université Laval.

Tashakkori, A. et Teddlie, C. (1998). *Mixed methodology : Combining qualitative and quantitative approaches*. Thousand Oaks (CA) : Sage Publications.

Tesch, R. (1990). *Qualitative research : Analysis types and software tools*. New York (NY) : The Falmer Press.

Tourraine, A. (1984). *Le retour de l'acteur. Essais de sociologie*. Paris : Fayard.

Tourraine, A. (1992). *Critique de la modernité*. Paris : Fayard.

Toussaint, N. et Ducasse, G. (1996). *Apprendre à argumenter – Théories et exercices*. Québec : Le Griffon d'argile.

Trudel, R. et Antonius, R. (1991). *Méthodes quantitatives appliquées aux sciences humaines*. Montréal : Centre éducatif et culturel.

Vaillant, D. (1997). *L'étude du processus d'implantation d'un programme de formation pédagogique pour formateurs universitaires*. Thèse de doctorat, Université du Québec à Hull.

Van der Maren, J.-M. (1993). *Méthodes de recherches pour l'éducation*. Montréal : Librairie de l'Université de Montréal.

Van der Maren, J.-M. (1995). *Méthodes de recherche pour l'éducation*. Montréal/ Bruxelles : Les Presses de l'Université de Montréal/De Boeck.

Van der Maren, J.-M. (1999). *La recherche appliquée en éducation : des modèles pour l'enseignement*. Bruxelles : De Boeck.

Villers, M.-É. de (2003). *Multidictionnaire* (4ᵉ édition). Montréal : Québec/Amérique.

Walsham, G. (1995). Interpretive case studies in is research : Nature and method. *European Journal of Information Systems, 4*, 74-81.

Warschauer, M. (1996). Motivational aspects of using computers for writing and communication. *In* M. Warschauer (dir.), *Telecollaboration in foreign language learning. Proceedings of Hawaii symposium* (p. 29-46). Honolulu (HI) : Second Language Teaching and Curriculum Center, University of Hawaii. Document téléaccessible à l'adresse <http://www.III.hawaii.edu/nflrc/NetWorks/NW1>.

Weber, M. (1968). *Essais sur la théorie de la science*. Paris : Plon.

Wenzel, J.W. (1992). Perspectives on argument. *In* W.L. Benoit, D. Hample et P.J. Benoit (dir.), *Readings in argumentation* (p. 121-143). New York (NY) : Foris Publication.

Wiersma, W. (1991). *Research methods in education*. Boston (MA) : Allyn and Bacon.

Yin, R.K. (1984). *Case study research. Design and methods*. Beverly Hills (CA) : Sage Publications.

Yin, R.K. (1994). *Case study research. Design and methods* (2ᵉ édition). Thousand Oaks (CA) : Sage Publications.

Yin, R.K. (2003). *Case study research. Design and methods*. (3ᵉ édition). Thousand Oaks (CA) : Sage Publications.

Zuñiga, R. (1975). The experimenting society and radical social reform. The role of the social scientist in Chile's unidad popular experience. *American Psychologist, 30*(2), 99-115.

Zuñiga, R. (1994). *Planifier et évaluer l'action sociale.* Montréal : Les Presses de l'Université de Montréal.

Ouvrages disponibles aux Éditions du CRP

Téléphone (819) 821-8001 ; télécopieur (819) 821-7680 ;
Courriel : Editions.Crp@USherbrooke.ca ; adresse Internet : http://www.usherb.ca/edcrp

Adaptation scolaire

Enseignement et difficultés d'apprentissage.
G. Debeurme et N. Van Grunderbeeck
S'entraider – Programme d'amélioration de la relation d'aide. *J. Limoges*

Didactique

La place des TIC en formation initiale et continue. *F. Larose et T. Karsenti*
L'analyse de pratique assistée par vidéo. *F.V. Tochon*
Enseigner le français oral à l'école. *F.V. Tochon*
La bureaucratisation de la recherche en éducation et en sciences sociales.
Y. Lenoir et M. Laforest
La lecture en formation professionnelle. *G.-R. Roy, H. Hensler, D. Marceau,*
G. Boudreau, F. Larose et A. Therriault
Le savoir grammatical après treize ans de formation. *G.-R. Roy, L. Lafontaine*
et C. Legros
Les bébés livres ou l'émergence de l'écrit. *S. Pouliot*
L'interdisciplinarité au primaire : une voie d'avenir ? *R. Delisle et P. Bégin*
Parents experts. *J.-M. Miron et F.V. Tochon*
Réussir dès l'entrée dans l'écrit. *G. Boudreau*
S'approprier l'orthographe grammaticale par l'approche «donneur → receveur».
G.-R. Roy et H. Biron
Sens des didactiques et didactique du sens. *Ph. Jonnaert et Y. Lenoir*

Enseignement et recherche

Guide de rédaction et de présentation des mémoires et des thèses. *Y. Lenoir,*
M.-P. Dessaint et M. Tardif
Livres, revues & littérature – Éditeurs québécois des années 1940 et 1950 pour
l'enfance et la jeunesse. *S. Pouliot*
Mondialisation, politiques et pratiques de recherche. *L. Corriveau et W. Tulasiewicz*
Nouveaux espaces de développement professionnel et organisationnel. *D. Raymond*

Formation des maîtres

Difficultés d'adaptation sociale ou scolaire et intervention éducative. *F. Larose*
Formation des maîtres, entre cours et stages… un partenariat INTRA-
universitaire ? *C. Gervais, C. Garant, F. Gervais et C. Hopper*
Former et se former entre formateurs. *J. Fernandez*
Guide de planification d'une leçon. *H. Hensler et A. Therriault*
La planification de l'enseignement – Deux approches, deux visions ? *R. Viau*
La recherche en éducation et le développement de la pratique professionnelle en
enseignement. *A. Beauchesne, S. Martineau et M. Tardif*
La recherche en éducation : étapes et approches. *T. Karsenti et L. Savoie-Zajc*
La recherche en formation des maîtres : détour ou passage obligé sur la voie de
la professionnalisation ? *H. Hensler*

Le manuel scolaire et l'intervention éducative – Regards critiques
sur ses apports et ses limites. *Y. Lenoir, B. Rey, G.-R. Roy et J. Lebrun*
Le rôle du manuel scolaire dans les pratiques enseignantes au primaire.
C. Spallanzani, D. Biron, F. Larose, J. Lebrun, Y. Lenoir, G. Masselter et G.-R. Roy
Les fondements de l'interdisciplinarité dans la formation à l'enseignement.
Y. Lenoir, B. Rey et I.C.A. Fazenda
Nouveaux fondements de l'éducation au Québec. *L. Desmeules*
Nouveaux défis en formation des maîtres. *C. Garant, F. Lacourse et M. Scholer*
Partenariat, coopération et appropriation des savoirs. *J.-C. Kalubi,*
J.-M. Bouchard, J.-P. Pourtois et D. Pelchat
Recherches et pratiques en formation des maîtres. *D. Martin, C. Garant,*
C. Gervais et C. St-Jarre

Interculturel

Enjeux interculturels des événements du 11 septembre. *F. Ouellet et M. Vatz-Laaroussi*
L'éducation à la citoyenneté. *M. Pagé, F. Ouellet et L. Cortesão*
L'enseignement culturel des religions. *F. Ouellet*
L'image de l'Autre – Une étude des romans de jeunesse parus au Québec de 1980
à 1990. *S. Pouliot*

Orientation professionnelle

Guide d'auto-accompagnement en recherche d'emploi…
l'énergie d'une démarche réflexive et structurée
D. Fontaine, C. Nault et M.-J. Richer
La formation et l'insertion professionnelle, enjeux dominants dans la société
postindustrielle. *C. Laflamme*
Stratégie d'élaboration de programmes de formation. *R. Lemaire et R. Bouffard*

Collection « Intégration sociale »

Famille et situation de handicap. *S. Tétreault, P. Beaupré, J.-C. Kalubi et B. Michallet*
Les centres de formation en entreprise et récupération – Pour une pédagogie
émancipatrice. *N. Rousseau*

Collection « Les professions de l'enseignement »

Les identités enseignantes – Analyse de facteurs de différenciation
du corps enseignant québécois 1960-1990. *C. Lessard et M. Tardif*
Les réformes en éducation, leurs impacts sur l'école et sur la formation des maîtres.
M. Carbonneau et M. Tardif
Savoir, former et intervenir dans une éducation physique en changement.
C. Borges et J.-F. Desbiens

Autres titres

Anorexie et boulimie – Guide-conseil pour les proches et les intervenants.
G. Pépin, M. Boulard et F. Bergeron
Comprendre les marchés financiers – Engraisser votre portefeuille
sans vous faire plumer. *L. Ascah*
Les secrets de la préparation financière à la retraite. *L. Ascah*